浙江省高职院校"十四五"重点立项建设教材
高职高专金融类"十四五"规划系列教材

小额信贷实务

（第三版）

（工作手册式）

XIAO'E XINDAI SHIWU

主编　凌海波　邱俊如

中国金融出版社

责任编辑：王　君
责任校对：李俊英
责任印制：丁淮宾

图书在版编目（CIP）数据

小额信贷实务／凌海波，邱俊如主编． --3版． -- 北京：中国金融出版社，2025.7． --（高职高专金融类"十四五"规划系列教材）． -- ISBN 978 - 7 - 5220 - 2853 - 8

Ⅰ. F830.5
中国国家版本馆 CIP 数据核字第 20251E93F1 号

小额信贷实务（第三版）
XIAO'E XINDAI SHIWU（DI-SAN BAN）

出版
发行　中国金融出版社

社址　北京市丰台区益泽路 2 号
市场开发部　（010）66024766，63805472，63439533（传真）
网 上 书 店　www. cfph. cn
　　　　　　　（010）66024766，63372837（传真）
读者服务部　（010）66070833，62568380
邮编　100071
经销　新华书店
印刷　北京七彩京通数码快印有限公司
尺寸　185 毫米 ×260 毫米
印张　14.5
字数　326 千
版次　2012 年 3 月第 1 版　2020 年 11 月第 2 版　2025 年 7 月第 3 版
印次　2025 年 7 月第 1 次印刷
定价　49.00 元
ISBN 978 - 7 - 5220 - 2853 - 8
如出现印装错误本社负责调换　联系电话（010）63263947

前　言

　　随着普惠金融在我国的迅速发展，商业银行和各类信贷机构高度重视数量规模庞大的个人客户（农户）、个体工商户和小微企业等的贷款服务工作，亟需专业知识扎实、业务能力强、职业素养高的贷款客户经理。本教材正是基于这一人才培养需求，主要围绕商业银行贷款客户经理岗位工作对知识、能力、素养的要求，采用项目教材编写模式组织教材内容。

　　本教材是浙江省高职院校"十四五"首批重点建设教材，具有理论知识精要、实务操作具体、紧密联系实际的显著特点，适合作为小额信贷实务、银行信贷实务等课程的配套教材，也可以作为贷款客户经理岗位的培训学习教材。

　　本教材共分为七个项目：项目一小额信贷概述，主要包括贷款和小额信贷的相关概念内涵、小额信贷模式分类、小额信贷发展历程三个模块；项目二小额信贷业务规范，主要包括小额贷款业务操作流程、小额信贷产品开发与营销、小额信贷客户经理岗位要求三个模块；项目三小额信贷技术，主要包括小额信贷技术概述、交叉检验技术、财务与非财务分析三个模块；项目四农户贷款实务，主要包括农户贷款概述、农户贷款模式与产品、农户贷款流程操作三个模块；项目五个体户贷款实务，主要包括个体户贷款概述、个体户贷款产品与方案、个体户贷款流程操作三个模块；项目六小微企业贷款实务，主要包括小微企业贷款概述、小微企业贷款产品与服务创新、小微企业贷款流程操作三个模块；项目七小额信贷绩效评价，主要包括财务绩效评价、社会绩效评价两个模块。本教材的每个项目都明确提出知识目标和能力目标，每个项目的若干个内在联系、相互独立的内容模块由来自行业企业的案例导入，配套贷款风险管理、贷款工作经验、贷款业务借鉴、相关法律法规等拓展知识，电子资源和课后习题，方便教师开展教学活动。教材内容的具体活动设计详见教材目录。

　　通过本教材的学习，读者可以掌握贷款和小额信贷的基本知识，熟悉小额贷款业务流程操作规范，理解和应用小额信贷评估分析技术，具体掌握农户贷款、个体户贷款和小微企业贷款的客户特征、产品服务和业务操作处理，深入了解小额信贷的岗位工作规范和绩效评价。

　　本教材第三版修订工作主要由凌海波完成，编者根据《中华人民共和国民法典》《个人贷款管理办法》《流动资金贷款管理办法》等法律法规更新了贷款知识和业务操作规范，将数字信贷等最新实践和发展融入教材内容，同时更新了相关数据、案例和资料等。杭州联合银行、天台农商银行、台州银行等金融机构为本教材的编写提供了多方面的帮助；中国金融出版社王君编辑为本教材的修订出版做了大量工作；教材编写过程中参考了大量相关教材、论著和网络资料，吸收了其中的一些研究成果。在此一并表示诚挚的感谢！

　　囿于编者的专业功底与知识水平，本教材难免存在不妥之处，还望广大读者和各位专家批评指正！

编　者

2025 年 4 月于杭州

目　　录

项目一

小额信贷概述

XIAO'E XINDAI GAISHU

【知识目标】

理解贷款、信贷、授信的概念内涵及其联系与区别；掌握贷款的主要分类应用；理解小额信贷、微型金融、普惠金融的概念内涵及其联系与区别；掌握小额信贷的主要分类和发展小额信贷应坚持的基本原则；了解国际、国内小额信贷发展的历程，以及我国小额信贷行业发展的主要成绩。

【能力目标】

能够分析小额信贷到微型金融再到普惠金融的发展脉络，深入理解和科学评价小额信贷行业的目标定位和任务使命，能够分析不同模式类型小额信贷的主要特点，陈述我国小额信贷行业的发展。

模块一　相关概念内涵

活动1　理解贷款、信贷、授信的概念

一、贷款

发放贷款是银行最重要的资产业务，但并不是只有银行能够发放贷款，贷款公司、小额贷款公司、农村资金互助社、小额信贷机构等也可以发放贷款。贷款是指商业银行或其他信用机构以一定的利率和按期归还为条件，将货币资金使用权转让给其他资金需求者的信用活动。我国1996年8月1日施行的《贷款通则》中所称贷款是指贷款人对

借款人提供的并按约定的利率和期限还本付息的货币资金。贷款是信贷的一种形式，也是授信使用的一种形式。

在一笔贷款业务中，客户是借款人，银行等信贷机构是贷款人。贷款人是向借款人发放贷款的人或金融机构。借款人是取得贷款的法人、其他经济组织、个体工商户和自然人。其中，法人是具有民事权利能力和民事行为能力，依法独立享有民事权利和承担民事义务的组织；其他经济组织是指合法成立，有一定的组织机构和财产，但又不具备法人资格的组织，包括私营独资企业、合伙组织、法人依法设立的分支机构等。

二、信贷

信贷是指一切以实现承诺为条件的价值运动形式，是债权人贷出货币，债务人按期偿还并支付一定利息的信用活动，如银行存款、贷款等。

广义的银行信贷是银行筹集债务资金、借出资金或提供信用支持的经济活动。狭义的银行信贷是银行借出资金或提供信用支持的经济活动，主要包括贷款、担保、承兑、信用证、减免交易保证金、信贷承诺等。

三、授信

授信是指金融机构（主要是银行）向客户直接提供资金支持，或对客户在经济活动中的信用向第三方作出保证的行为。银行授信是指银行根据客户的信用状况、财务状况以及经营情况等因素，对客户授予一定的信用额度，允许客户在一定期限内从银行获得贷款或进行信用交易。

《贷款通则》

贷款人应关注借款人各类融资情况，建立健全客户统一授信管理体系，并根据业务发展情况和风险控制需要，适时予以调整。我国商业银行对同一借款人的授信总额不得超过商业银行资本余额的10%，对同一集团客户授信总额不得超过商业银行资本余额的15%；小额贷款公司对同一借款人的贷款余额不得超过其资本净额的5%。这些限制主要是为了控制授信或贷款的集中度。

授信按期限分为短期授信和中长期授信，短期授信指一年以内（含一年）的授信，中长期授信指一年以上的授信。表内授信形式包括贷款、项目融资、贸易融资、贴现、透支、保理、拆借和回购等，表外授信形式包括贷款承诺、保证、信用证、票据承兑等。"表"是指资产负债表，凡涉及"出借货币资金使用权"的均反映在表内，不涉及实际资金占用的就不记入资产负债表，即反映在表外。

活动 2　掌握贷款的常用分类

一、根据经营模式，分为自营贷款、委托贷款、特定贷款、银团贷款

自营贷款是指贷款人以合法方式筹集的资金自主发放的贷款，其风险由贷款人承担，并由贷款人收回本金和利息。

委托贷款是指由政府部门、企事业单位及个人等委托人提供资金，由贷款人（即受托人）根据委托人确定的贷款对象、用途、金额期限、利率等代为发放、监督使用并协助收回的贷款。贷款人（受托人）只收取手续费，不承担贷款风险。

特定贷款是指国务院批准并对贷款可能造成的损失采取相应补救措施后责成银行发放的贷款。

银团贷款是指由两家或两家以上银行基于相同贷款条件，依据同一贷款合同，按约定时间和比例，通过代理行向借款人提供的本外币贷款或授信业务。

二、根据贷款期限，分为短期贷款、中期贷款、长期贷款

短期贷款通常是指贷款期限在 1 年以内（含 1 年）的贷款，中期贷款通常是指 1 年以上（不含 1 年）5 年以内（含 5 年）的贷款，长期贷款通常是指贷款期限在 5 年以上（不含 5 年）的贷款。

个人贷款的期限应符合国家相关规定。用于个人消费的贷款期限不得超过 5 年；用于生产经营的贷款期限一般不超过 5 年，对于贷款用途对应的经营现金流回收周期较长的，可适当延长贷款期限，最长不超过 10 年。

流动资金贷款期限原则上不超过 3 年。对于经营现金流回收周期较长的，可适当延长贷款期限，最长不超过 5 年。流动资金贷款的期限规定主要包括临时贷款、短期贷款和中期贷款。临时贷款的期限通常在 3 个月（含）以内，主要用于企业一次性进货的临时需要和弥补其他季节性支付资金不足。短期贷款的期限为 3 个月～1 年（不含 3 个月，含 1 年），主要用于企业正常生产经营周转的资金需求。中期贷款的期限为 1～3 年（不含 1 年，含 3 年），主要用于企业正常生产经营中经常性的周转占用和铺底流动资金贷款，适用于生产经营正常、成长性好，产品有市场，经营有效益，无不良信用记录且信用等级较高的客户。

固定资产贷款期限一般不超过 10 年。确需办理期限超过 10 年贷款的，应由贷款人总行负责审批，或根据实际情况审慎授权相应层级负责审批。

三、根据贷款方式，分为信用贷款、担保贷款和票据贴现

信用贷款指凭借款人的信誉发放的贷款。

根据担保方式的不同，担保贷款通常分为保证贷款、抵押贷款和质押贷款。

保证贷款指按《中华人民共和国民法典》（以下简称《民法典》）规定的保证方式以第三人承诺在借款人不能偿还贷款时，按约定承担一般保证责任或者连带保证责任而发放的贷款。保证人可以是放贷机构认可的个人、企业，也可以是担保公司、保险公司等，一般在保证合同中明确约定保证人承担连带保证责任。《民法典》规定机关法人、以公益为目的的非营利法人和非法人组织不得为保证人。

抵押贷款指按《民法典》规定的抵押方式以借款人或第三人的财产作为抵押物发放的贷款。借款人（债务人）或第三人为抵押人，贷款人（债权人）为抵押权人，提供担保的财产为抵押财产。

《民法典》规定的可抵押财产包括：建筑物和其他土地附着物，建设用地使用权，海域使用权，生产设备、原材料、半成品、产品，正在建造的建筑物、船舶、航空器，交通运输工具，法律、行政法规未禁止抵押的其他财产。抵押物财产必须权属无争议、法定可以抵押且其处置不妨碍公共利益、价值稳定且依法可以流通转让。

下列财产不得抵押：土地所有权；宅基地、自留地、自留山等集体所有土地的使用权，但是法律规定可以抵押的除外；学校、幼儿园、医疗机构等为公益目的成立的非营利法人的教育设施、医疗卫生设施和其他公益设施；所有权、使用权不明或者有争议的财产；依法被查封、扣押、监管的财产；法律、行政法规规定不得抵押的其他财产。

质押贷款指按《民法典》规定的质押方式以借款人或第三人的动产或权利作为质物发放的贷款。借款人（债务人）或者第三人为出质人，贷款人（债权人）为质押权人。质押必须转移质物为质押权人占有，质物为动产和财产权利，出质人对质物必须享有处分权，质押权人按照约定条件有权就质物的价值优先受偿。交付的动产为质押财产，权利质物包括：汇票、本票、支票，债券、存款单、仓单、提单，可以转让的基金份额、股权，可以转让的注册商标专用权、专利权、著作权等知识产权中的财产权，现有的以及将有的应收账款，法律、行政法规规定可以出质的其他财产权利。

《中华人民共和国民法典》

票据贴现指贷款人以购买借款人未到期商业票据的方式发放的贷款。票据贴现的贴现期限最长不得超过 6 个月，贴现期限为从贴现之日起到票据到期日止。

四、根据贷款风险程度，分为正常贷款、关注贷款、次级贷款、可疑贷款、损失贷款

根据贷款的风险程度对贷款资产质量进行分类，也称为"五级分类"，实际上是判断借款人及时足额归还贷款本息的可能性，有利于银行及时发现贷款发放后出现的问题，更准确地识别贷款的内在风险，便于及时采取措施，提高信贷资产质量。次级贷款、可疑贷款和损失贷款合称为不良贷款。

对贷款进行分类时，要以评估借款人的还款能力为核心，把借款人的正常营业收入作为贷款的主要还款来源，贷款的担保作为次要还款来源。借款人的还款能力包括借款人现金流量、财务状况、影响还款能力的非财务因素等。

正常贷款是指借款人能够履行合同，没有足够理由怀疑贷款本息不能按时足额偿还。

关注贷款是指尽管借款人目前有能力偿还贷款本息，但存在一些可能对偿还产生不利影响的因素。

次级贷款是指借款人的还款能力出现明显问题，完全依靠其正常营业收入无法足额偿还贷款本息，即使执行担保，也可能会造成一定损失。

可疑贷款是指借款人无法足额偿还贷款本息，即使执行担保，也肯定会造成较大损失。

损失贷款是指在采取所有可能的措施或一切必要的法律程序之后，本息仍然无法收回，或只能收回极少部分。

我国引进贷款五级分类管理实际上从 1994 年开始。1994—1997 年，在世界银行技术援助项目下，中国人民银行在对部分商业银行的资产质量检查中，试用了"五级分类"方法。1997 年 11 月，第一次全国金融工作会议明确提出，要参照国际惯例，结合我国实际情况，完善现行信贷资产质量分类和考核办法。1999 年，中国人民银行印发《贷款风险分类指导原则（试行）》，推行贷款质量五级分类管理。2001 年 12 月 24 日，中国人民银行印发《贷款风险分类指导原则》，从 2002 年 1 月 1 日起，在我国各类银行全面施行贷款质量五级分类管理，对所发放和管理的贷款，根据日常风险变化情况进行监控和分类，纳入日常信贷管理工作。各商业银行应按贷款质量五级分类结果，提取贷款损失准备金。2007 年 7 月 3 日，中国银行业监督管理委员会印发《贷款风险分类指引》，对贷款明确五级分类监管要求。

2023 年 2 月 10 日，由中国银保监会会同中国人民银行联合制定的《商业银行金融资产风险分类办法》正式发布，将风险分类对象由贷款扩展至承担信用风险的全部金融资产。商业银行开展风险分类的核心是准确判断债务人偿债能力，逾期天数和信用减值是资产质量恶化程度的重要指标。金融资产逾期后，应至少归为关注类，逾期超过 90 天、270 天应至少分别归为次级类、可疑类，逾期超过 360 天应归为损失类。预期信用损失占账面余额 50% 以上应至少归为可疑类，占账面余额 90% 以上应归为损失类。

《贷款风险分类指引》

《商业银行金融资产风险分类办法》

五、根据贷款期限管理，分为正常贷款、逾期贷款、呆滞贷款、呆账贷款

这种分类主要是以贷款是否超过合同期限及超过时间长短为依据，其特点是便于统计、简单易行，其缺点是对贷款质量的识别滞后，难以及时、全面和真实地衡量贷款的实际风险，是一种根据贷款期限而进行的事后监督管理方法，也称为"四级分类"。其中后三类（逾期、呆滞、呆账）为不良贷款，简称"一逾两呆"。逾期贷款是指借款合同到期未能归还的贷款，呆滞贷款是指逾期超过 1 年仍未归还的贷款，呆账贷款则指不能收回的贷款。

贷款还有其他分类。（1）根据用途可分为流动资金贷款、固定资产贷款、项目融资、并购贷款、生产经营贷款、生活消费贷款等。比如，流动资金贷款是指贷款人向法人或非法人组织（按照国家有关规定不得办理银行贷款的主体除外）发放的，用于借款人日常经营周转的本外币贷款。固定资产贷款是指贷款人向法人或非法人组织（按照国家有关规定不得办理银行贷款的主体除外）发放的，用于借款人固定资产投资的本外币贷款。贷款人应与借款人约定明确、合法的贷款用途，并按照约定检查、监督贷款的使用情况，防止贷款被挪用，不得发放无指定用途的贷款。贷款资金不得用于从事股票、期货、金融衍生产品等投资，不得用于注册资本金、注册验资、增资扩股、借款人股东分红，不得用于国家禁止生产、经营的领域和用途以及其他违反国家法律法规和政策的项目。借款人不得套取贷款用于借贷牟取非法收入，不得违反国家外汇管理规定使用外币贷款。（2）根据客户类型可分为个人贷款、个体户贷款、公司贷款、单位贷款等。比如，个人贷款是指贷款人向符合条件的自然人发放的用于个人消费、生产经营等用途的本外币贷款。（3）根据货币种类可分为人民币贷款、外币贷款等。（4）根据偿还方式可分为利随本清贷款、分期偿还贷款等。（5）根据利率可分为固定利率贷款、浮动利率贷款等。

活动3　理解小额信贷、微型金融与普惠金融

【案例导入】

尤努斯：穷人的银行家

孟加拉国银行家穆罕默德·尤努斯（Muhammad Yunus）及其创办的孟加拉乡村银行（Grameen Bank，也译作格莱珉银行）获得2006年度诺贝尔和平奖。颁奖辞称："持久的和平，只有在大量人口找到摆脱贫困的方法后才成为可能，尤努斯创设的小额贷款正是这样的一种方法。"

1940年6月28日，尤努斯出生在孟加拉国吉大港的一个中产阶级家庭，其自传《穷人的银行家》中提到："是母亲对家人和穷苦人的关爱影响了我，帮助我发现自己在经济学与社会改革方面的兴趣。"1972年孟加拉国独立，尤努斯放弃在美国的教职，回母校吉大港大学担任经济学主任。1976年，尤努斯走访乔布拉村中一些最贫困的家庭。一个叫苏菲亚的21岁年轻农妇生育有3个孩子，以做竹凳为生。每天从高利贷者手中获得相当于22美分的贷款用于购买竹子，编织好竹凳交给高利贷者还贷，每天只能获得约2美分的收入，这使她陷入了一种难以摆脱的贫困循环。正式的金融体系把这些渴望贷款的穷人排除在信贷体系之外，使他们难以用贷款来改变生活。

当时，像苏菲亚这样无力提供担保的人根本无法从银行获得贷款，因为银行家们认为穷人是没有信用的。尤努斯拿出27美元，以小额贷款的形式借给了42个农村女性开展试验，她们由此摆脱了中间商的盘剥，获得了销售竹凳的全部利润，很快就把钱还给了尤努斯。事实证明，穷人的信用丝毫不比富人差。

尤努斯把这次探索命名为"格莱珉工程"，在孟加拉语中，"格莱珉"是乡村的意思。后来，这项工程像滚雪球一样越做越大，最终得到孟加拉国政府的认可。1983年，政府正式批准尤努斯成立格莱珉银行，全面开展小额信贷业务，该银行成为一家专门为穷人服务的银行。尤努斯坚信贷款不只是生意，如同食物一样，贷款是一种人权。现在，这一小额信贷的成功模式已经在全球100多个国家得到推广。穆罕默德·尤努斯被誉为"国际小额信贷之父"。

资料来源：选编自顾列铭.尤努斯——穷人的银行家，管理与财富［J］.2006（10）：7-11.

请思考：格莱珉银行为什么要将穷人作为贷款对象？

一、小额信贷

小额信贷是金融行业的一部分，也是一种发展工具。实践证明，小额信贷是最有效的"扶贫武器"。小额信贷（Microcredit）是指专门向低收入群体、小微企业等主要目标客户提供持续的、较小额度信贷服务的金融活动。小额信贷的基本特征是额度较小、服务于金融弱势群体、无抵押担保、申请流程流畅且简单、操作

小额信贷：
给你一个机会

方式贴近客户，贷款用途一般是生产经营。小额贷款（Small Loan）主要是指较小额度的贷款，小额信贷比小额贷款具有更丰富的内涵特征，如拥有特定类型的客户对象。世界银行扶贫协商小组（CGAP）将小额信贷的低收入客户群体界定为收入在贫困线左右的人群，具体包括极贫者、贫困者、脆弱的非贫困者或一般收入者，但不包括赤贫者和富裕者。实践中，小额信贷的服务对象主要是低收入居民、农业户、个体工商户、微型企业主和小企业主等。

小额信贷起源于非政府组织（Non‑Governmental Organizations，NGO），以扶贫为宗旨，以创新的金融理念、制度、手段开展服务于弱势群体的经济社会活动。小额信贷可以由专门的小额信贷机构或组织（Microfinance Institutions，MFIs）提供，也可以由商业银行、农村信用合作社等正规金融机构提供。在一些国家和地区，正规金融机构已成为小额信贷供给的主力军。家庭、朋友、存贷轮会等非正规小额信贷供给者通常在没有政府规章制度的情况下运行。

关于小额信贷的额度实际上没有统一的标准。根据国际主流观点，小额信贷的单笔放贷额度应不高于本国或本地区人均 GDP 或人均国民总收入（GNI）的 2.5 倍。当前我国农户小额信用贷款的额度在经济欠发达地区一般为 10 万元以内，在经济发达地区一般为 30 万元以内。2018 年，中国人民银行将普惠型小微企业贷款的单户授信总额限制在 1000 万元以内。2024 年，中国人民银行将普惠小微贷款的认定标准放宽到单户授信不超过 2000 万元。

二、微型金融

1997 年美国华盛顿峰会后，微型金融（Microfinance）概念被创造出来，逐渐取代小额信贷并被接受和使用，使得为贫困和低收入群体提供金融服务进入了一个新阶段。根据世界银行的定义，微型金融是指为低收入人口提供的小额金融服务，包括小额信贷、储蓄存款、支付转账、汇兑、保险等一系列金融服务。从概念上说，小额信贷是微型金融的一个组成部分。

如今，传统的微型金融与更广泛意义上的金融体系之间的边界越来越模糊。在一些国家，银行和其他商业组织已经进入微型金融行业，建立完全面向贫困人口和弱势群体的金融体系。

理解小额信贷与
普惠金融内涵

三、普惠金融

（一）概念内涵

普惠金融（Financial Inclusion）是一个与金融排斥（Financial

Exclusion）相对的概念，普惠金融是解决金融排斥的主要力量。普惠金融的发展经历了从小额信贷到微型金融，再到普惠金融的演化历程。2005年，联合国推广"国际小额信贷年"时将微型金融进一步发展，提出建设普惠金融体系。

在普惠金融领域，两本奠基性的重要报告分别是联合国（UN）于2006年出版的《建设普惠金融体系》（*Building Inclusive Financial Sectors for Development*，俗称《普惠金融蓝皮书》）和世界银行扶贫协商小组（CGAP）于2006年出版的《服务于所有的人：建设普惠金融系统》（*Access for All：Building Inclusive Financial System*）。国际上对普惠金融只有Inclusive Financial System（普惠金融体系）和Financial Inclusion（金融普惠化或普惠性）两种用词。普惠金融不是金融业务，不是金融机构，也不是金融产品，而是一个金融生态系统。普惠金融包括"普"和"惠"两个层面，"普"即广泛包容性，指金融机构能够为社会各个阶层提供金融服务；"惠"即能够以合理的价格为居民、企业提供金融产品，是"惠及""覆盖"而不是"优惠"。

普惠金融体系的核心是金融服务的覆盖率，强调的是金融服务的普遍性，体现的是一种平等权利。普惠金融有明确而强烈的扶贫倾向，其核心是消除社会最底端群体的金融排斥现象，如果一个金融体系里还有最底端的群体被排斥在外，即便其他群体的金融服务得到改善，这个金融体系也不是普惠的。同时，需要认识到普惠金融既然是一个体系概念，就不必要求所有机构为穷人服务，而应该建立多层次、广覆盖的金融机构体系，让不同类型的机构针对不同的市场分层提供最适当、最有效的金融服务。《普惠金融蓝皮书》对普惠金融体系的前景是如此描述的：在健全的政策、法律和监管框架支持下，每一个发展中国家都应有一套相互关联的金融机构，共同为所有阶层的人们提供合适的产品和服务。

值得注意的是，21世纪初以来，互联网和信息技术进步极大地促进了普惠金融体系的发展，它们在降低信息不对称和交易成本方面具有很大优势。例如，网上银行和手机银行提高了消费者获取金融服务的便捷度，降低了获取金融服务的时间成本。

（二）中国实践进展

2009年10月，中国银监会正式启动全国金融机构空白乡镇基础金融服务全覆盖工作。2012年，时任国家主席胡锦涛在墨西哥举办的二十国集团（G20）峰会上第一次在公开场合正式使用"普惠金融"概念。2013年，党的十八届三中全会通过的《中共中央关于全面深化改革若干重大问题的决定》首次正式将"发展普惠金融"作为完善金融市场体系的重要内容。此后在中国，普惠金融的理念、理论和实践得以倡导和快速发展。2015年底，国务院颁布《推进普惠金融发展规划（2016—2020年）》，将普惠金融定义为立足机会平等要求和商业可持续原则，以可负担的成本为有金融服务需求的社会各阶层和群体提供适当、有效的金融服务。小微企业、农民、城镇低收入人群、贫困人群、残疾人和老年人等特殊群体是当前我国普惠金融重点服务对象。发展普惠金融的主要目标是提升金融服务的覆盖率、可得性和满意度，也是提升实体经济运行效率的必要前提和基本保证。

2016年9月，G20杭州峰会审议通过由普惠金融全球合作伙伴（Global Partnership

of Financial Inclusion，GPFI）制定的《G20数字普惠金融高级原则》，成为数字普惠金融领域首个国际纲领。数字普惠金融处于不断发展阶段，没有统一的定义。数字普惠金融泛指一切通过使用数字金融服务以促进普惠金融的行动。它包括运用数字技术为无法获得金融服务或缺乏金融服务的群体提供一系列正规金融服务，其所提供的金融服务能够满足他们的需求，并且是以负责任的、成本可负担的方式提供，同时对服务提供商而言是可持续的。数字普惠金融涵盖各类金融产品和服务（如支付、转账、储蓄、信贷、保险、证券、财务规划和银行对账单服务等），通过数字化或电子化技术进行交易。依托数字技术，提升了金融机构的整体服务能力，有助于推进普惠金融高质量发展，有效提高金融服务效率，改善用户体验，提升金融服务的覆盖性、可得性、可能性和可控性，有助于破解金融服务不平衡、不充分的难题。

《推进普惠金融发展
规划（2016—2020年）》

2017年，银监会印发《大中型商业银行设立普惠金融事业部实施方案》，鼓励大中型商业银行积极提供普惠金融服务和产品，并成立普惠金融事业部。

2018年"中央一号文件"指出我国的普惠金融重点要放在乡村。2023年10月，国务院印发《关于推进普惠金融高质量发展的实施意见》，指出我国普惠金融发展取得长足进步，金融服务覆盖率、可得性、满意度明显提高，基本实现乡乡有机构、村村有服务、家家有账户，移动

《G20数字普惠
金融高级原则》

支付、数字信贷等业务迅速发展，小微企业、"三农"等领域金融服务水平不断提升。10年来，我国基本形成了多层次、广覆盖、有差异的普惠金融服务体系，普惠金融理念逐渐深入人心，普惠金融产品不断丰富、服务成本稳步下降。未来5年，高质量的普惠金融体系基本建成，重点领域金融服务可得性实现新提升，普惠金融供给侧结构性改革迈出新步伐，金融基础设施和发展环境得到新改善，防范化解金融风险取得新成效，普惠金融促进共同富裕迈上新台阶。基础金融服务更加普及，经营主体融资更加便利，金融支持乡村振兴更加有力，金融消费者教育和保护机制更加健全，金融风险防控更加有效，普惠金融配套机制更加完善。

2023年10月在北京举行的中央金融工作会议首次提出要"加快建设金融强国"，并指出要做好科技金融、绿色金融、普惠金融、养老金融、数字金融"五篇大文章"，为推进金融高质量发展指明了方向。

《国务院关于推进
普惠金融高质量
发展的实施意见》

✉ 【拓展知识1-1】

世界银行扶贫协商小组（CGAP）的小额信贷基本原则

1. 穷人需要多样化的金融服务，不仅是贷款，还包括储蓄、保险和资金结算等；
2. 小额信贷是与贫困斗争的有力工具；

3. 小额信贷意味着要建设为穷人服务的金融体系；

4. 小额信贷能够实现自负盈亏，而且，如果它的目标是服务于非常大规模的穷人，它也必须这样做，也就是说它的服务收费应足以覆盖其运营的一切成本；

5. 小额信贷的目标在于建立持久的地方金融机构；

6. 小额信贷并不是万能的，对于那些没有收入或缺乏还贷手段的赤贫者，其他形式的扶持可能更有效；

7. 利率封顶的限制政策，由于使穷人难以得到贷款而伤害了他们，小额贷款的成本高于大额贷款，利率封顶使小额信贷机构难以覆盖其运营成本，因此不利于对穷人贷款的供给；

8. 政府的职责应是使金融服务有效，而不是自己去提供金融服务，政府自己几乎不可能很好地运作贷款业务，但它能营造良好的政策支持环境；

9. 捐助者的资金与私营资本应是互补而不是竞争的关系，捐助者的补贴应设计为一定时期的支持，尤其是在机构启动时提供支持，以使它顺利发展到能够吸引私人资金的投入；

10. 小额信贷发展的主要瓶颈是缺少强有力的机构和经营管理团队，捐助者的支持应集中在能力培训和提升上；

11. 小额信贷机构不仅需要提供准确和可比较的财务运营报告（如还贷和自负盈亏状况），也需要提供社会发展状况指标（如服务客户的数量和客户的贫困状况）。

资料来源：杜晓山. 小额信贷与普惠金融体系［J］. 中国金融，2010（10）.

☞ 请思考：基于材料，谈谈你对做好小额信贷事业的理解。

模块二　小额信贷模式分类

【案例导入】

易县扶贫经济合作社及其信贷运作模式

易县位于河北省中西部，太行山北端东麓，华北平原西北边缘。总面积约 2534 平方千米，其中山区 1414 平方千米，占全县面积的 55.83%，丘陵 929 平方千米，占全县面积的 36.68%，平原仅有 190 平方千米，占全县面积的 7.49%，属中国政府划分的老、少、穷、旱地区。1988 年被河北省定为重点贫困县，1994 年被列入国家实施"八一"扶贫攻坚计划重点扶持的国定贫困县，2001 年再次被列为省级贫困重点扶贫开发县。

易县扶贫经济合作社（以下简称扶贫社）在易县民政局登记注册，取得社会团体法人登记证书，业务范围为引进和接受国内外扶贫开发资金，开展扶贫活动。该扶贫社是在中国社会科学院农村发展研究所，美国福特基金会和易县县委、县政府的支持下，由中国社会科学院农村发展研究所研究员杜晓山带领的小额信贷项目组在河北建立的第一家扶贫社,于1993年10月正式成立的民间社团组织,是最早以民间组织公益形式借鉴孟加拉乡村银行模式在全国开创小额信贷扶贫试验单位,旨在借鉴国际先进扶贫经验并结合易县农村的实际情况,向广大农村贫困户提供小额信贷服务,使广大贫困农户能够直接和持续地获得稳定的生产经营性资金,最终实现脱贫致富。杜晓山被誉为"中国小额信贷之父"。

扶贫社已形成较为成熟的运作模式,贫困户加入扶贫社,5户自愿组成小组,再由6个到8个小组组成中心,由小组自己选出小组长和中心组主任,实行自我管理,以市场利率运作和商业经营管理实现双赢为目标。

扶贫社贷款回收的原则是整贷零还。根据路途、山区等情况施行的两种小组贷款分别按两周、四周还款,利息按贷前贷后两次各付50%进行。短期贷款时间根据项目周期,由信贷员指导、贷户自己确定等相结合在约定3个、6个、9个月的时间内来确定分批分别还款时间,其分期还款比例根据借款金额确定,结息均为按月结息,利随本减和利随本清。

扶贫社重视风险的管控,逐步完善了有效的追责制度、账务处理制度以及风险准备金制度,从而保障扶贫社的持续发展,如五户联保、风险共担,一户不还,四户平摊的追责制度;实施员工第一信贷责任人终身追责制度和绩效工资激励制度,分社设有信贷审批小组等。

资料来源:王海净,田原,杨伟坤.如何做到扶贫与经济双赢?——河北易县扶贫经济合作社调查[J].银行家,2016(3).

  请思考:基于材料,谈谈扶贫社小额信贷模式的特点。

活动1 比较福利主义型与制度主义型

根据理念目标的不同,小额信贷可以划分为福利主义型(Welfarist)和制度主义型(Institutionist)两大派系。实践证明,制度主义型更符合小额信贷可持续发展的要求,因而也成为国际小额信贷的主流发展方向。

福利主义型强调社会服务功能,注重小额信贷对改善穷人的经济和社会福利的作用,一般来说贷款利率较低,不注重小额信贷机构的可持续性。福利主义型小额信贷机构认为若通过提高利率以达到可持续性,将变得越来越商业化,从而使得机构的盈利动机取代社会目标,最贫困者被边缘化。但是,这种类型的小额信贷机构因为没有压力去改进经营,缺乏效率,可能最终倒闭,低利率也会导致贷款不能送达真正需要它的贫困者手中。福利主义型小额信贷注重公益性,对贫困人口的金融支持和服务体现了小额信贷的社会性。

制度主义型强调小额信贷机构的可持续发展,认为客户能够接受小额信贷服务必要的利率,目标客户群体是那些处于传统正规金融机构贷款边缘的群体,利率甚至可以高于银行等金融机构的贷款利率。实践中,金融机构提高利率后,客户群体并没有减少对贷款的需求，因为借款人所能赚取的利润远远超过贷款利息，所以大多数借款人都继续申请贷款，且按期偿还贷款。CGAP 指出，慈善家的资金是有限的，若小额信贷机构只依赖捐赠资金来进行运营，其所提供的贷款服务只能惠及一小部分贫困者，而实现可持续性的小额信贷机构还能够吸引市场资金，可以为更多贫困人群提供金融服务。

两种模式虽然不尽相同，但是均包括覆盖面和可持续性两个基本层次的含义。

覆盖面主要是指服务的广度和深度，即小额信贷服务的低收入阶层客户的数量和对贫困人口特别是最贫困人口的服务状况。

可持续性是指机构的生存能力，一般将财务可持续作为小额信贷可持续发展的最重要指标。国际上，一般采用经营自足（Operational Self Sufficiency，OSS）和财务自足（Financial Self Sufficiency，FSS）来衡量小额信贷机构的可持续发展能力。经营自足即经营自负盈亏率，也称操作自负盈亏率，这是实现可持续发展的最低标准，它测量经营收入补偿经营费用的程度。财务自足即财务自负盈亏率，也称金融自负盈亏率，测量经营收入补偿所有费用的程度。实现财务自足的小额信贷机构能在接受很少或完全不接受捐赠的情况下，提供可持续性的服务，追求财务可持续使得小额信贷趋于商业化。具体计算公式如下：

$$OSS = 经营收入 \div （经营费用 + 财务成本 + 贷款损失准备金）$$

$$FSS = 经营收入 \div （经营费用 + 财务成本 + 贷款损失准备金 + 资本成本）$$

一般来说，只有当财务可持续性比率大于 100% 时，我们才认为小额信贷机构实现了可持续发展。

小额信贷实现可持续发展的历程可分为三个阶段，第一阶段强调为穷人提供贷款和以穷人偿还能力为中心目标，基于该类客户特征采用颠覆传统的贷款技术开展小额信贷服务，通过各种方法不断提高客户覆盖率以及实现其较高还款率；第二阶段是在实现第一阶段目标的同时，收取高利息以弥补借款成本，实现没有补贴的利率；第三阶段是吸引商业渠道资金达到金融可持续，进而逐渐实现正规化。小额信贷潜在的巨大利润也吸引着越来越多的正规金融机构进入小额信贷领域，市场面临越来越激烈的竞争压力。

活动2　理解村银行模式、小组贷款模式、个人贷款模式

根据客户的组织形式，小额信贷可划分为村银行模式、小组贷款模式、个人贷款模式。

村银行模式（Village Banking Model）是小额信贷机构以一个村的整体信用为支撑，在村范围内发放小额贷款。首先，由村民自发成立互助信贷组织——村银行，在该组织中存放一定的储蓄。然后，村银行以集体名义向外部小额信贷机构申请联合贷款。得到贷款后，由村银行在成员内部分配使用，内部资金使用利息由村银行自定，成员不直接与小额信贷机构发生关系，不直接承担还款义务。村银行可以定期召开会议，讨论贷款分配和还款。

小组贷款模式（Grouping Lending Model）是一种以社会担保代替实物担保的贷款模式，面向小组成员团体发放小额贷款。同一社区社会经济地位相近的借款人自愿形成小组，一般每5人组成一个贷款小组，组员之间相互担保，若违约，则小组全体成员无法继续获得贷款，因此借款人面临来自小组成员的压力。例如，孟加拉乡村银行和玻利维亚阳光银行都广泛运用小组贷款模式发放贷款。现实中，这种贷款模式已经扩展到个体工商户、小微企业等客户群体，推出了相应的联保贷款产品。

个人贷款模式（Individual Lending Model）是直接对自然人发放小额贷款。随着小额信贷客户的成熟，贷款额度也在不断增加。有些小额信贷机构为迎合客户的需求，开始发放个人贷款，这种模式的主要特点为个人向小额信贷机构提出贷款申请；小额信贷机构员工进行贷款审批，将贷款发放到个人；小额信贷机构根据借款人的现金流和还款能力确定贷款额度。个人贷款模式如扶贫贴息贷款、农户小额信用贷款、下岗失业人员小额担保贷款等。现实中，这种贷款模式的客户对象已扩展到城乡居民、家庭农场主、个体工商户主、小微企业主等。

✉ 【拓展知识1-2】

国际著名小额信贷机构的信贷模式

一、孟加拉乡村银行（Grameen Bank，GB）

孟加拉乡村银行模式（GB模式）经历了传统模式和第二代乡村银行模式。

在传统模式中，GB实行小组贷款制度，主要特点为：（1）瞄准最贫困的农户，并以贫困家庭中的妇女作为主要目标客户；（2）提供小额短期贷款，按周期还款，整贷零还；（3）无须抵质押，以5人小组联保代替担保，相互监督，一人无法按期还款即取消小组所有成员贷款资格，从而形成内部约束机制；（4）贷款优先贷给最贫穷的2人，然后贷给另外2人，最后贷给组长；（5）贷款利率采取市场化定价原则；（6）按照一定比例的贷款额收取小组基金和强制储蓄作为风险基金；（7）执行小组会议和中心会议制度，检查项目落实和资金使用情况，办理放款、还款、存款手续，同时还交流致富信息，传播科技知识，提高贷款人的经营和发展能力。

2002年起，GB开始推行更周到和更灵活的第二代模式：取消了小组基金，小组成员不再承担连带责任，可同时获得贷款，还款方式更加灵活，借款人可以提前偿还所有贷款，将无法按期偿还的贷款列入"灵活贷款"。

孟加拉乡村银行模式的关键点在于详细了解客户群体的经营状况，挖掘潜在客户，找到那些有创收能力但缺少资金的客户。该模式于1993年被引入中国。

二、印度尼西亚人民银行（Bank Rakyat Indonesia，BRI）

印度尼西亚人民银行是印度尼西亚主要的国有商业银行之一，成立于1895年。

1984年BRI在内部建立农村银行（以下简称村行），在有效地向低收入人口提供信贷服务的同时，也获得了巨大的商业成功。

BRI的村行系统的核心业务是按照商业化原则运行的小额信贷，其员工激励计划不以贷款户的增加为基数，而是以盈利为基础。

BRI的农村银行建立在乡镇，高度自治，村行经理拥有贷款决定权，村行对自然村派出工作站，工作站负责吸收储蓄和回收贷款。村行向支行提交报告，支行负有监督和监测职能，并帮助村行处理问题，支行经理对村行提供的报告负责。BRI的分行除了对支行具有领导检查权外，也充当支行和总部之间的信息中介。BRI分行以上机构的员工只占工作人员总数的不到1.1%，从事业务管理和行政管理的员工只占工作人员总数的0.6%，反映了村行系统的权力下放和一线业务人员的首要地位。

小额信贷：
从边缘到主流

BRI设计了面向无地者、农业劳动力、用谷物交租的佃农、家庭农业加工者、边缘小农、小养殖户、小渔民、谷物商人和手工业者的小额信贷产品，小额信贷服务以联保小组而非个人为对象。贷款额度根据需求和小组还款能力确定，还款频率可灵活确定。

☞ 请思考：比较2家机构的小额信贷模式，以及对做好小额信贷的启发。

活动3　了解各类组织机构操作的小额信贷

根据小额信贷业务（项目）操作的组织机构，小额信贷可划分为非政府组织操作的小额信贷、政府部门操作的小额信贷和金融机构操作的小额信贷。国际赠款、公益投资、政府资源的投入助推了很多小额信贷机构从默默无闻的非政府组织（NGO），逐步发展为商业化机构，再进一步发展为微型金融银行。

非政府组织操作的小额信贷是中国小额信贷发展的一个重要力量。具有代表性的NGO小额信贷案例包括中国社科院的扶贫经济合作社、中国扶贫基金会管理的贫困农户自立能力建设服务社、联合国开发计划署与中国国际经济技术交流中心管理的部分乡村发展协会，香港乐施会的部分项目、中国人口福利基金、中国计划生育协会等运作的"幸福工程——救助贫困母亲行动"等。

政府部门操作的小额信贷，主要是指借助小额信贷这一金融工具以实现扶贫攻坚为宗旨，以国家财政资金和扶贫贴息贷款为资金来源，由政府部门（如扶贫办）和金融机构（如中国农业银行、农村信用社）协作来操作政策性小额信贷扶贫项目。此外，还有政府出资担保的为解决城市下岗失业人员就业问题的小额担保贷款等。

随着小额信贷事业的发展，开展小额信贷业务的金融机构越来越多，已经成为小额信贷的供给主体；在我国，主要包括银行业金融机构、小额贷款公司等。很多银行业金融机构大力发展小额信贷业务，特别是以城市商业银行、农村商业银行、村镇银行为代表的中小银行将金融服务定位到中小微企业或"支农支小"，具有显著的小额信贷特征。此外，国家开发银行、中国邮政储蓄银行、中国工商银行、全国性股份制商业银行等大中银行也都在开展小额信贷服务。

外资金融机构（如德国复兴信贷银行、汇丰银行、富登金融控股公司）和一些国际组织（如国际金融公司等）也参与进来，通过参股中小商业银行，发起设立村镇银行、小额贷款公司等经营小额信贷业务。近年来，网商银行、微众银行等民营互联网银行也逐渐成为小额信贷市场的一支生力军。

模块三　小额信贷发展历程

活动1　了解国际小额信贷发展历程

一、小额信贷萌芽时期

小额信贷的发展历史可以追溯到 15 世纪的欧洲，意大利天主教堂于 1462 年成立了第一家官办的典当行，以应对社会上的高利贷，服务社区穷人，随后，这些典当行在欧洲城市地区广泛发展。其后经历约三个世纪，西方资本主义社会获得了重大发展，近代金融服务体系开始形成，相应的金融服务多样化和均等化理念与实践也得到发展。

18 世纪 70 年代，"爱尔兰贷款基金系统"成立，向没有抵押担保的贫困农户提供小额贷款。到 1840 年，该体系已拥有大约 300 家基金，遍及爱尔兰。在爱尔兰贷款基金运营的高峰时期，每年给 20% 的爱尔兰家庭提供贷款。

19 世纪欧洲出现了更大规模、更正规的储蓄贷款机构，致力于向乡村和城市贫困人口提供金融服务。例如，19 世纪 50 年代，德国建立了信贷合作社，帮助农村人口打破对放贷者的依赖。1865 年起，合作社运动在欧洲和北美快速发展，德国的合作社对当代非洲、拉丁美洲和亚洲的合作社都有影响。

20 世纪初期，现代意义上的金融体系开始建立，不仅在欧洲等老牌资本主义国家，甚至在拉丁美洲等新兴资本主义和殖民国家，也开始出现各种各样的存贷款机构。

20 世纪 50—70 年代，国有政策性金融机构、农民合作社及捐赠者们开始向小户农民及那些处于社会边缘的农民提供农业信贷，这些机构获得低息贷款资金再以补贴利率贷给借款户，但这些贷款由于利率低无法覆盖成本和大量借款户违约损失，损失了绝大多数的资本金，并最终破产。更严重的是，很多时候，信贷资金并没有到更需要资金的低收入者的手里，而是被那些较有影响力和生活水平更高的农民获得。

二、现代小额信贷形成并蓬勃发展时期

20 世纪 70 年代初，现代意义上的小额信贷诞生，以非政府组织为代表的国际性机构和有关国家的国内机构起到了关键作用。一些试验项目向贫困妇女提供小额贷款，帮助他们开展微型的生产经营活动。这些先驱者包括孟加拉乡村银行、拉丁美洲的行动国际（ACCION International）、印度自我就业妇女协会（SEWA）银行等。1976 年，尤努斯创办的孟加拉乡村银行，开创了向金字塔最底层穷人提供小额信贷服务的先河，使这些在正规金融体系下无法获得金融服务的穷人获得了发展的起步资本。

20 世纪 80 年代，小额信贷在全球快速发展起来，世界上众多的小额信贷项目不断

地改进创新，以便能够可持续发展，服务于更大规模的客户群体。例如，印度尼西亚人民银行（BRI）改造传统模式，不断使自己的农村信贷部成为能覆盖成本（通过合理利率）和达到高还贷率的小额信贷和农村金融机构，使它能可持续发展和服务于大规模的客户群体。

三、从微型金融到普惠金融服务时期

从 20 世纪 90 年代开始，小额信贷作为一种扶贫的有效工具开始受到国际社会的普遍重视，被越来越多的人所接受。数以万计的小额信贷项目和小额信贷机构力图把金融服务推进那些以往得不到此类服务的低收入阶层和小微企业中。以孟加拉乡村银行为代表的小额信贷模式逐渐被东亚、非洲、南美洲、北美洲和欧洲等很多发展中国家甚至发达国家效仿。越来越多的机构开始认识到，不能仅向低收入客户提供贷款，还要提供包括借贷、储蓄、保险以及转账在内的一系列全面金融服务，小额信贷被微型金融所取代。

1995 年世界银行扶贫协商小组（CGAP）的成立标志着小额信贷被主流发展组织所接受。1997 年，首届小额信贷峰会在华盛顿召开。1998 年 12 月，联合国大会将 2005 年定为"国际小额信贷年"。2005 年，联合国在"国际小额信贷年"推广活动中，率先提出了普惠金融体系（Inclusive Financial System）概念，强调建立能有效、全方位地为社会所有阶层和群体提供服务的金融体系。

普惠金融主张通过业务创新和技术创新扩大金融服务边界，向消费者提供多样化的金融服务选择，提高获得金融服务的便利性。互联网和信息技术进步极大地促进了普惠金融体系的发展，持续深化普惠金融服务。

国际、国内小额
信贷发展历程

活动2　了解国内小额信贷发展历程

新中国成立初期就有国家银行的扶贫小额贷款和农村信用合作社的小额贷款业务。

利用国际援助资金的小额信贷最早从 1981 年联合国国际农业发展基金（IFAD）在内蒙古 8 旗（县）开展的北方草原与畜牧发展项目开始，直到 1993 年，我国的小额信贷项目基本上都只是国际援华扶贫项目的一个组成部分或者一种特殊的资金使用方式而已。

此后至今，我国现代小额信贷发展经历了试点的初期阶段、项目的扩展阶段、全面试行并推广阶段和商业化运作阶段。

一、试点的初期阶段

从 1993 年底到 1996 年 10 月，小额信贷作为一种扶贫理念和独特的信贷技术逐渐传入我国，并主要在国际资金（附有优惠条款的软贷款或者捐赠资金）和技术援助下，由国内的非（半）政府组织操作，以非政府组织形式运行。这些非政府组织（NGO）小额信贷在技术上主要借鉴孟加拉乡村银行小组贷款模式，后来也有项目采用村银行模式和

个人贷款模式。

自 1993 年开始，中国社会科学院农村发展研究所先后在河北省和河南省与当地政府合作成立了 4 个"扶贫经济合作社"，引入孟加拉乡村银行模式开展扶贫试验，实现了信贷扶贫资金真正到达贫困户的"真扶贫，扶真贫"良好效果。另一个有代表性的 NGO 小额信贷项目是由联合国开发计划署（UNDP）援助、中国商务部直属事业单位中国国际经济技术交流中心（CICETE）从 1995 年开始运行的，在中国 17 个省的 48 个县（市）推行以扶贫等为目标的小额信贷项目。UNDP 和 CICETE 项目在技术上仍然借鉴孟加拉乡村银行的小组贷款模式，但组织结构适应我国政府组织系统，通过与不同的地方政府部门合作成立专门的"乡村发展协会"来管理和实施。此外，还有澳大利亚国际开发署（AusAID）援助的青海海东农行小额信贷项目，以及由中国扶贫基金会承办的陕西安康和四川阆中的世界银行项目等。

这一阶段的明显特征是，资金来源主要依靠国际捐助资金和软贷款，基本上没有政府资金的介入；运作模式重点探索的是孟加拉乡村银行模式在中国的可行性，以半官方或民间机构运作，并注重项目运作的规范化。这类半官方或民间机构，几乎都是在民政部门注册的群众性团体，本身并不具备开展包括信贷在内的金融服务资格，但在扶贫名义下，实际开展着小额信贷工作，其特点是扶贫资金到户率高、还贷率高、项目成功率高和贫困户素质提高快，被誉为"真扶贫，扶真贫"的好方法。中和农信农业集团有限公司就是起源于中国扶贫基金会执行的世界银行贷款秦巴山区扶贫项目，该公司于 2008 年成立，专注为农村地区小农户及小微企业主群体的可持续发展提供综合解决方案，现已发展成为国内领先的涵盖农村普惠信贷、农业生产、农村消费品及服务和农村清洁能源等多个领域的综合助农机构。

二、项目的扩展阶段

1996 年 10 月至 2000 年，为实现千年扶贫攻坚计划和新世纪扶贫任务，借鉴 NGO 小额信贷的技术和经验，中国主要采用孟加拉乡村银行的传统小组联保模式，以国家财政资金和扶贫贴息贷款为资金来源，政府开始在较大范围内推广政府主导型小额信贷项目，借助小额信贷这一金融工具来实现扶贫攻坚的目标。同时，在实施国际援助项目时也更注重与国际规范接轨。

随着国家扶贫政策的演进，政策性小额信贷扶贫项目在一些有非政府组织小额信贷经验的省（自治区），如山西、四川、云南、河北、广西、贵州等迅速发展起来，国务院扶贫办系统、民政系统、社会保障部门、残疾人联合会、妇联和工会等先后参与其中。当时，国有企业改革提速和城镇下岗再就业任务日益加重，依托政府再就业基金、工会"送温暖基金"和妇联网络，面向下岗失业人员和城镇低收入人口的城市小额信贷项目，也在这一时期开始运行。

1999 年前主要是由政府扶贫办下设的扶贫社代理中国农业发展银行扶贫贴息贷款，1999 年改由中国农业银行直接发放到农户，大部分扶贫资金由中国农业银行管理并直接以"扶贫贴息贷款"形式发放到户，也是我国政策性小额信贷的重要组成部分。

在这一阶段，以中国农业银行或农村信用社为代表的金融机构，开始用国家政策性扶贫资金和银行资本金从事小额贷款活动，这种贷款活动也称为金融机构小额信贷，其特点是资金雄厚、管理规范严谨、操作相对简便，但存在扶贫目标不准（如贷富不贷贫、项目成功率低）等问题。

三、全面试行并推广阶段

2000年至2005年6月，我国正规金融机构开始大规模介入小额信贷领域，小额信贷的目标也从"扶贫"扩展到"为一般农户及小企业服务"的广阔空间。

在促进"三农"发展的战略背景下，农信社根据中国人民银行扶持"三农"的要求，开始以农信社存款和中国人民银行再贷款为资金来源，在地方政府的配合下发放"农户小额信用贷款"和"农户联保贷款"，解决农户"贷款难"问题，成为对农户放贷的主力。从2002年开始，借鉴农信社的经验，城市商业银行陆续开展小额信贷和小额担保贷款业务，为城乡小微企业、个体工商户和下岗失业人员的创业提供支持，在吸收消化国际微贷技术的基础上，开发出适合中国小微企业特点的微贷技术，逐渐发展成为城市小额信贷和普惠金融的主力军。

四、商业化运作阶段

2005年6月以后，我国小额信贷进入探索"商业性小额信贷"的全新阶段，小额信贷进入了迅猛发展的阶段。在人民银行和政府推动下，农村信用社小额信贷项目全面铺开。2005年底，中国人民银行批准设立"只贷不存"的商业性小额贷款公司，其政策定位是在县域内发放小额、分散的贷款，服务实体经济，填补农村金融服务的空白，2008年5月，中国银监会、中国人民银行联合发布《关于小额贷款公司试点的指导意见》。截至2024年3月末，全国共有小额贷款公司5490家，贷款余额为7580亿元。

2006年底，中国银监会发布《关于调整放宽农村地区银行业金融机构准入政策　更好支持社会主义新农村建设的若干意见》，以"低门槛、严监管"为特点，开放农村金融市场，允许设立村镇银行、贷款公司和资金互助合作社。自2007年开始，中国村镇银行快速发展，截至2023年底，全国已组建村镇银行1636家，占中国境内银行业金融机构法人数量的36.33%，成为服务乡村振兴战略、助力普惠金融发展的金融生力军。

《关于小额贷款公司
试点的指导意见》

2007年8月，中国银监会印发《关于银行业金融机构大力发展农村小额贷款业务的指导意见》，将发放农村小额贷款的机构拓展到所有银行业金融机构；将小额贷款发放对象拓展到农村传统种养户、多种经营户、个体工商户以及农村各类小微企业；将小额贷款用途拓展到支持有利于发展现代农业、提高农民收入和改善农民生产生活环境的重点领域和各个关键环节；将小额贷款额度提高到发达地区10万元至30万元，欠发达地区1万元至5万元，联保贷款额度可在信用贷款额度基础上适度增加；将贷款期限结合农业季节特点、生产项目的不同周期和贷款用途以及借款人综合还款能力等合理确定，期限可延长至3年。同时，发放农村小额贷款的机构在法规和政策允许范围内，自主确定贷款利率，简化农村小额贷款手续，缩短贷款审查时间，改进小额贷款服务方式。

党的十八大以来,"扶贫小额信贷"被纳入精准扶贫十大工程,成为中国贫困治理的重要政策工具。作为为建档立卡贫困户量身定做的金融精准扶贫产品,其政策要点是"5万元以下、3年期以内、免担保免抵押、基准利率放款、财政贴息、县建风险补偿金"。

中国的小额信贷已由扶贫的涓涓细流发展成为服务居民大众和小微实体经济的普惠金融大潮,其功能从农村扶贫工具发展成扶持城乡小微企业和"大众创业、万众创新"的金融手段,其业务内容从单一的小额贷款发展到包括存款、支付、汇兑、保险等在内的综合性小微金融服务,其服务机构由公益性小额信贷机构为主发展到各类商业银行、政策性银行、农村合作金融机构、小额贷款公司、农民资金互助和互联网金融机构竞相参与的局面,其技术手段从手工操作发展到互联网、大数据和人工智能等金融科技的应用,其理论与政策视野从小额信贷扶贫产品与机理发展到包含宏观法律政策环境、中观基础设施和中介服务、微观金融产品与服务机制的普惠金融体系。

小额信贷行业的健康发展离不开行业协会组织的推动和自律。目前,中国小额信贷行业协会组织主要由三个层级组成:一是全国性小额信贷行业协会组织,如中国小额信贷联盟、中国小额信贷机构联席会、中国小额贷款公司协会等;二是省市级小额信贷行业协会组织;三是地市级小额信贷行业协会组织。2005 年,中国社会科学院农村发展研究所、中国国际经济技术交流中心和全国妇联发展部联合发起成立了"中国小额信贷发展促进网络",后更名为中国小额信贷联盟,成为中国首家全国性小额信贷行业协会组织。2011 年,中国小额信贷机构联席会成立,成为以小额贷款公司和省市级小额贷款公司协会为主要会员的全国性小额信贷行业协会组织。2015 年,中国银行业监督管理委员会发起成立了中国小额贷款公司协会。

【课后习题】

一、单项选择题

1. 当前,我国商业银行最主要的资产业务是(　　　)。

A. 存款业务　　　　B. 贷款业务　　　　C. 证券投资业务　　　D. 现金业务

2. 以第三人承诺在借款人不能偿还贷款时,按约定承担一般保证责任或者连带保证责任而发放的贷款是(　　　)。

A. 信用贷款　　　B. 保证贷款　　　C. 抵押贷款　　　D. 质押贷款

3. 按贷款风险分类法,尽管借款人目前有能力偿还贷款本息,但存在一些可能对偿还产生不利影响的因素的贷款应归为(　　　)。

A. 正常　　　　B. 关注　　　　C. 次级　　　　D. 可疑

4. 我国商业银行对同一借款人的授信总额不得超过商业银行资本余额的(　　　),对同一集团客户授信总额不得超过商业银行资本余额的(　　　)。

A. 5%,10%　　B. 8%,10%　　C. 10%,15%　　D. 10%,20%

5.《关于小额贷款公司试点的指导意见》中规定,同一借款人的贷款余额不得超过小额贷款公司资本净额的(　　　)。

A. 1%　　　　B. 5%　　　　C. 10%　　　　D. 15%

6. 国际上,小额信贷模式被广泛效仿的现代小额信贷先驱者是(　　　)。

A. 印度尼西亚人民银行   B. 玻利维亚阳光银行

C. 孟加拉乡村银行   D. 拉美行动国际

7. 普惠金融体系概念是联合国于哪一年提出的？（   ）

A. 2002 年   B. 2003 年   C. 2004 年   D. 2005 年

8. 联保贷款属于下列哪种小额信贷模式（   ）。

A. 小组贷款模式   B. 村银行模式   C. 个人贷款模式   D. 组合贷款模式

9. 我国将普惠小微贷款的认定标准放宽到单户授信不超过（   ）万元。

A. 500   B. 1000   C. 1500   D. 2000

二、多项选择题

1. 按照贷款方式划分，贷款可以分为（   ）。

A. 信用贷款   B. 抵押贷款   C. 质押贷款   D. 担保贷款

E. 票据贴现

2. 下列属于贷款五级分类不良贷款的是（   ）。

A. 关注贷款   B. 次级贷款   C. 可疑贷款   D. 损失贷款

E. 逾期贷款

3. CGAP 界定的小额信贷客户包括（   ）。

A. 赤贫者   B. 极贫者   C. 贫困者   D. 一般收入者

E. 富裕者

4. 当前，在我国从事小额信贷业务经营的机构类型有（   ）。

A. 大型商业银行   B. 中小商业银行   C. 小额贷款公司   D. P2P 网贷公司

E. 一些 NGO 组织

5. 我国小额信贷行业协会组织中全国性层级的包括（   ）。

A. 中国小额信贷联盟   B. 中国小额贷款联盟

C. 中国小微贷款协会   D. 中国小额信贷机构联席会

E. 中国小额贷款公司协会

6. 根据《推进普惠金融发展规划（2016—2020 年)》，我国普惠金融重点服务对象包括（   ）。

A. 农民   B. 小微企业   C. 贫困人群   D. 城镇低收入人群

E. 残疾人和老年人

7. 以下属于金融"五篇大文章"的是（   ）。

A. 科技金融   B. 绿色金融   C. 普惠金融   D. 养老金融

E. 数字金融

三、简答题

1. 请简述贷款、信贷、授信的概念及其区别联系。

2. 关于个人贷款、流动资金贷款、固定资产贷款期限管理的主要规定有哪些？

3.《民法典》关于贷款担保方式的主要规定有哪些？

4. 请简述小额贷款、小额信贷、微型金融、普惠金融的概念及其区别联系。

5. 试比较分析福利主义型和制度主义型小额信贷。

6. 小额信贷机构成功的两个标准及其衡量指标是什么？

7. 孟加拉乡村银行小组贷款模式的主要特点有哪些？

8. 试阐述小额信贷发展的主要趋势。

四、实训题

1. 分组学习《国务院关于推进普惠金融高质量发展的实施意见》，并以思维导图形式展示该文件主要内容。

2. 分组开展调研，以某经营小额信贷业务的机构为例，简要分析该机构的小额信贷服务情况。

参考答案：一、BBBCDCDAD；二、ADE、BCD、BCD、ABCDE、ADE、ABCDE、ABCDE

小额信贷业务规范

XIAO'E XINDAI YEWU GUIFAN

【知识目标】

掌握小额贷款业务操作流程及其每个环节的工作内容、工作要求及相关规定；理解贷款产品的构成要素；了解小额信贷产品开发和营销的基本知识和基本方法；理解小额信贷客户经理的岗位职责和从业准则。

【能力目标】

能够向客户介绍贷款业务的操作流程和各流程环节的主要工作，指导客户进行贷款申请、合同签订、贷款发放、贷款偿还等相关事宜；能够独立受理贷款申请，开展贷前调查与分析；能够向客户推介小额贷款产品，阐述贷款产品的要素特点；能够遵守和执行小额信贷客户经理岗位的从业要求。

模块一　小额贷款业务操作流程

【案例导入】

富国银行贷款"三查"中的 44 个流程环节

美国富国银行（Wells Fargo）创立于 1852 年。富国银行的贷款全流程非常严谨，一笔普通贷款的"三查"流程必须经历 44 个环节，每个环节都必须形成完整记录（书面记录或系统记录），并对内部风险管理部门、合规部门、内审部门和外部的审计机构、监管机构完全开放。

（一）贷前调查流程

1. 初步财务状况分析（客户经理）。

2. 研究贷款需求（客户助理、客户经理、操作风险经理、审贷员）。

3. 准备所需要的资料清单（客户助理）。

4. 现场拜访（客户经理）。所需了解的公司状况包括公司概述、商业模式、经营战略和投资理念、目标回报率和资产状况、竞争者情况、流动性情况和前瞻、组织架构运作情况和变革计划。

5. 拟定贷款条件清单（客户经理）。

6. 将客户资料和贷款申请录入信贷管理系统（客户助理）。

7. 准备贷款申请书面材料和电子档案材料（客户助理）。

8. 收回客户签字确认的贷款条件清单及其他信息资料（客户经理）。

（二）贷中审查和贷款发放流程

9. 完成财务分析（客户经理）。

10. 在信贷系统内完成成本收益评估、贷款可行性评估和环保评估（客户助理）。

11. 准备合规部门所需的材料（客户助理）。

12. 了解外部法律顾问的意见（审贷员）。

13. 准备贷前调查和确认客户不在美国政府"黑名单"内（客户助理）。

14. 准备有助于了解客户的其他辅助性材料（审贷员）。

15. 审阅所有的第三方对抵押物的评估报告（审贷员）。

16. 根据美国统一商法典（UCC）要求，进行所需保险项目的评估（客户助理）。

17. 审查项目预算、准备贷款预算、联系贷款申请登记部门（客户经理）。

18. 在信贷数据系统中建立贷款申请项目（审贷员）。

19. 准备审贷材料（审贷员）。

20. 在贷款申请通过后，收到开贷通知书（客户经理）。

21. 对全部贷款合同文件进行终审，并寄送借款人（客户经理、审贷员、法律顾问等）。

22. 完成全部合规性审查和财产保险工作（客户助理）。

23. 完成所有相关费用的计算，出具终稿（审贷员）。

24. 协调所有参与该笔贷款业务的人员，确认贷款发放前的全部工作结束。

25. 再次确认内外部贷款合同和文件的完整性（审贷员）。

26. 将第25个流程环节涉及的内外部合同和文件存档（审贷员）。

27. 完成贷款概览表并呈交上级审贷官备案，同时通知贷款作业中心进行放贷和簿记工作（审贷员）。

28. 将其他相关的文件材料存档（审贷员）。

29. 在UCC和纳税系统中建立工作档案（客户助理）。

（三）贷后管理流程

30. 开始贷后管理流程工作，完成"高风险客户"分析报告（客户助理）。

31. 完成对在建工程的现场检查计划（客户经理）。

32. 列出例外事项和棘手问题的清单，供贷后监管之用（审贷员）。

33. 完成合规自查清单（客户经理及其上级主管）。

34. 监督信贷资金的划付是否与贷款申请一致，并将不符情况提交部门主管和客户经理（贷款作业中心）。

35. 对信贷资金的使用情况进行跟踪和报告，并对借款人采取相应行动（客户经理）。

36. 每月出具贷后监管简报，对借款人财务指标和非财务因素的较大变化作出分析，对抵质押物情况进行评估和判断（客户经理）。

37. 每月收集和分析第三方评价报告，出具月度综合分析尽职报告，报送上级管理层直至批发业务条线负责人（贷后管理人员）。

38. 定期查阅客户关系自动化系统（CRAS），确保业务和流程的合规性（合规人员）。

39. 每季度根据借款人的季度财务报告进行内部评级（AQR）工作，即通过借款人评级（BQR）和抵质押物评级（CQR）计算 AQR 变动情况，并追溯历史记录以了解 AQR 变动趋势，并将变化上报上级管理层（客户经理）。

40. 按月生成贷款业务综合报告（Portfolio Credit Summary），提交批发业务信贷委员会，包括当月贷款与贷款承诺余额、新增贷款情况、新建信贷关系情况、AQR 降级客户情况、问题贷款情况等（贷后管理部门）。

41. 统计分析借款人的还款情况是否与原定还款计划一致，并将其反馈至部门主管和客户经理（贷款作业中心）。

42. 对还款情况进行跟踪和报告（客户经理），并对借款人采取相应行动。

43. 借款人到期全部还本付息，解除抵质押（客户经理、贷后管理部门）。

44. 将 AQR7 级及以下的贷款、部分恶化趋势明显的 AQR6 级贷款、非应计贷款和其他足够形成不安理由的贷款转交资产保全部（Workout Group）处理（客户经理、资产保全部人员）。

资料来源：搜狐网. 美国富国银行贷款管理全流程："5 个维度"与"44 个流程环节"[EB/OL]. [2016 – 11 – 29]. https：//www. sohu. com/a/120228649_499067.

☞ 请思考：结合材料，谈谈对贷款业务操作流程的认识。

1996 年 8 月 1 日起施行的《贷款通则》是我国最早全面规范商业银行信贷业务的法规文件，其第六章将贷款程序分为贷款申请、对借款人的信用等级评估、贷款调查、贷款审批（指审查后报批）、签订借款合同、贷款发放、贷后检查、贷款归还。其中，第二步对借款人的信用等级评估，要求商业银行应当根据借款人的领导者素质、经济实力、资金结构、履约情况、经营效益和发展前景等因素，评定借款人的信用等级。

对借款人信用进行评级，是国际上通用的防范信贷风险的一种基本制度。国际上的基本做法是，根据借款人的"五 C"，即品德（Character）、还款能力（Capacity）、资本（Capital）、担保（Collateral）、环境条件（Condition）情况评定其信用等级。金融机构根据借款人的信用等级在贷款利率上给予区别对待，或在贷款时间给予优先或滞后，抑或在贷款形式上给予方便或约束，从而形成一套规范的风险控制机制。《中国人民银行信用评级管理指导意见》要求对借款企业的信用评级应主要考察企业素质（包括法人代表素质、员工素质、管理素质、发展潜力等）、经营能力（包括销售收入增长率、流动资产周转次数、应收账款周转率、存货周转率等）、获利能力（包括资本金利润率、成本费用利润率、销售利润率、总资产利润率等）、偿债能力（包括资产负债率、流动比率、速动比率、现金流等）、履约情况（包括贷款到期偿还率、贷款利息偿还率等）和发展前景（包括宏观经济形势、行业产业政策对企业的影响，行业特征、市场需求对企业的影响等）六项要素。信用评级可由贷款人独立进行、内部掌握，也可由有权部门批准的评估机构进行。借款企业信用等级分三等九级，即 AAA、AA、A、BBB、BB、B、CCC、CC、C。

2009 年 7 月至 2010 年 2 月，中国银监会陆续发布了四个贷款新规——《个人贷款管理暂行办法》《流动资金贷款管理暂行办法》《固定资产贷款管理暂行办法》《项目融资业务指引》，即"三个办法一个指引"，进一步完善了我国银行业金融机构的贷款业务法规，对各类贷款业务流程做了详细规定。2024 年 1 月，国家金融监督管理总局正式发布《固定资产贷款管理办法》《流动资金贷款管理办法》《个人贷款管理办法》，这是对"三个办法一个指引"的修订，并于 2024 年 7 月 1 日起施行。明确贷款人开展各类贷款业务，应当遵循依法合规、审慎经营、平等自愿、公平诚信的原则，应完善内部控制机制，实行贷款全流程管理，全面了解客户和项目信息，建立贷款风险管理制度和有效的岗位制衡机制，将贷款管理各个环节的责任落实到具体部门和岗位，制定贷款操作规程，建立贷款各岗位、各操作环节的考核和问责机制。

《固定资产贷款管理办法》　　《流动资金贷款管理办法》　　《个人贷款管理办法》

综合以上关于贷款业务管理的规章制度，一笔贷款业务从客户申请到贷款收回，主要经历以下环节（见图 2 - 1）。

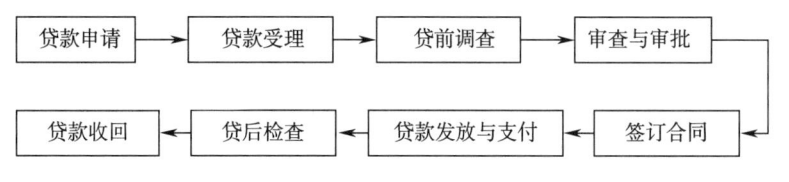

图 2 - 1 小额贷款业务操作流程

小额贷款业务操作
流程（上）

活动1　申请与受理

一、贷款申请

（一）申请路径和基本条件

客户可以主动到商业银行、小额贷款公司等信贷机构申请贷款，也可以联系业务受理专员或客户经理上门办理，越来越多的银行等信贷机构提供网上申贷平台供客户提出贷款申请。

根据《个人贷款管理办法》，贷款人应要求借款人以书面形式提出个人贷款申请，并要求借款人提供能够证明其符合贷款条件的相关资料。个人贷款申请应具备以下条件：（1）借款人为具有完全民事行为能力的中华人民共和国公民或符合国家有关规定的境外自然人；（2）借款用途明确合法；（3）贷款申请数额、期限和币种合理；（4）借款人具备还款意愿和还款能力；（5）借款人信用状况良好；（6）贷款人要求的其他条件。

根据《流动资金贷款管理办法》和《固定资产贷款管理办法》，贷款人应对贷款申请材料的方式和具体内容提出要求，并要求借款人恪守诚实守信原则，承诺所提供材料真实、完整、有效。

流动资金贷款申请应具备以下条件：（1）借款人依法经市场监督管理部门或主管部门核准登记；（2）借款用途明确、合法；（3）借款人经营合法、合规；（4）借款人具有持续经营能力，有合法的还款来源；（5）借款人信用状况良好；（6）贷款人要求的其他条件。

固定资产贷款申请应具备以下条件：（1）借款人依法经市场监督管理部门或主管部门核准登记；（2）借款人信用状况良好；（3）借款人为新设项目法人的，其控股股东应有良好的信用状况；（4）国家对拟投资项目有投资主体资格和经营资质要求的，符合其要求；（5）借款用途及还款来源明确、合法；（6）项目符合国家的产业、土地、环保等相关政策，并按规定履行了固定资产投资项目的合法管理程序；（7）符合国家有关投资项目资本金制度的规定；（8）贷款人要求的其他条件。

（二）申请工作要点

对于提出贷款需求的客户，客户部门业务受理专员或客户经理应尽可能通过面谈或者电话等方式了解客户基本信息、基本生产经营信息、借款用途、借款金额、借款期限、还款来源等，对借款人申请条件进行初步判断，向客户介绍相关贷款产品特点、贷款业务流程等，引导客户作出理性正确的贷款申请。对于符合申请条件的客户，应当向客户提供制式的"借款申请书"，并指导客户按照要求填写，其内容应包括客户基本情况、借款需求、担保方式、还款来源及方式等。对于担保贷款，应向担保人明确说明其应承担的担保责任。"借款申请书"在法律上相当于要约，是双方建立合同关系的开始；客户填写"借款申请书"表明愿意认真对待贷款申请。同时，还应向客户提供一份"贷款申请材料清单"，客户根据清单提供相关申请材料，具体包括客户身份证明、收入证明、财产证明、贷款用途证明等。借款人应恪守诚实守信原则，承诺所提供材料真实、完整、有效，不得向贷款人提供虚假的或者隐瞒重要事实的申请材料，不得采取欺诈手段骗取贷款。

表 2-1 借款申请书样本
（适用于个人借款和流动资金贷款业务）

申请日期： 年 月 日

申请人名称		证件号码	
住址			
固定电话（传真）		手机号码	
借款金额（大写）		贷款用途	
还款来源		还款日期	
还款方式	□一次还款 □分期还款	存款账号	
担保方式	□保证 □抵押 □质押	我行贷款余额	
一、担保人信息			
保证人名称	联系电话	身份证号或营业执照号码	
二、抵（质）押物信息			
抵押人（出质人）名称	抵（质）押财产名称	抵（质）押财产权证号	

其他事项：

申请人声明：申请人自愿向贵行提出申请，并按照贵行的要求提供有关资料，愿意按照贵行规定办理贷款手续；授权贵行对申请人的资信情况在人民银行征信系统中进行查询和报送。

借款人签字（签章）：

联系人： 联系方式：

二、贷款受理

贷款受理的主要工作是初步筛选，主要目的是初步确定是否接受该客户的贷款申请，是否值得投入更多的时间和精力进行后续的贷前调查等环节。在此阶段，不必对客户进行面面俱到的调查，只需了解客户的基本情况和贷款需求，并对客户是否满足贷款要求进行初步判断。

（一）受理工作要点

收到客户"借款申请书"和相关材料后，通过内部、外部资源查询有用的信息，内部查询包括信贷管理系统查询、征信查询、大数据查询等，了解客户已有相关贷款业务及其还款情况等，外部查询可以通过社会公开的网络资源查询相关信息，以及利用相关工具查询等，如企业信息公示系统查询、法律裁判文书网、失信被执行人、天眼查、企查查等。根据对客户基本情况、借款用途、项目可行性等情况的初步审查，认定客户是否具备贷款的基本准入条件，并对客户的信用状况、偿还能力作出初步分析，结合信贷投放计划给出受理意见。如果认为客户不符合贷款条件，应告知客户贷款申请未通过，不予受理，并做好解释工作。

在初步筛选中，应充分利用征信查询、工商信息查询、被执行人及失信被执行人查询、报刊网络信息检索等多种渠道调查了解客户的资信状况。主要考虑因素包括：（1）客户是否具备完备的主体资格；（2）客户从事的行业是否是国家支持的，或明令禁止、限制的行业，或者是否符合本机构业务操作的相关行业指引；（3）客户提供的资料是否齐全、完整，填写是否符合要求；（4）客户借款用途是否明确、合法；（5）对于担保贷款，能否按规定提供必要的担保措施；（6）客户的资信情况是否存在明显的不足与缺陷等。

（二）特殊情况提示

需要说明的是，很多商业银行、小额贷款公司等信贷机构并没有严格区分业务受理专员、业务调查专员等岗位，在贷款申请、受理、调查等工作环节都是由客户经理（或者信贷员）完成的。

需要注意的是，银行不得向关系人发放信用贷款，向关系人发放担保贷款的条件不得优于其他借款人同类贷款条件，银行授信工作人员对关系人申请的贷款业务，应申请回避。关系人是指商业银行的董事、监事、管理人员、信贷业务人员及其近亲属，以及上述人员投资或担任高级管理职务的公司、企业和其他经济组织。

以下情形一般不予受理：（1）年龄在18周岁（不含）以下，或在60周岁（不含）以上；（2）不能提供合法有效身份证明或固定住所证明；（3）无具体贷款用途或贷款用途不符合规定；（4）不能按照要求如实完整提供相应材料；（5）提供虚假证明材料；（6）从事非法生产经营活动；（7）有重大不良信用记录等。

活动2　贷前调查

对于同意受理的贷款申请，则进入贷前调查环节，贷款人应履行尽职调查职责，为信贷决策提供依据，形成调查评价意见或书面报告，并对其内容的真实性、完整性和有效性负责。贷前调查是贷款业务操作和信贷管理的重要程序和环节，调查的质量优劣、真实性和可靠性直接关系到贷款决策的正确与否以及贷款资金的安全。对后续贷款审查环节提出的问题，解释不清的，有责任再次进行调查。

一、贷前调查基本要求

贷款调查应以现场实地调查与非现场间接调查相结合的形式开展，采取现场核实、电话查问、信息咨询以及其他数字化电子调查等途径和方法。

对于金额不超过 20 万元人民币的个人贷款，贷款人通过非现场间接调查手段可有效核实相关信息真实性，并可据此对借款人作出风险评价的，可简化或不再进行现场实地调查（不含用于个人住房用途的贷款）。

为小微企业办理的流动资金贷款，贷款人通过非现场调查手段可有效核实相关信息真实性，并可据此对借款人作出风险评价的，可简化或不再进行现场调查。贷款人应根据自身风险管理能力，按照小微企业流动资金贷款的区域、行业、品种等，审慎确定借款人可简化或不再进行现场调查的贷款金额上限。

贷款人应建立并执行贷款面谈制度。贷款人可根据业务需要通过视频形式与个人贷款的借款人面谈（不含用于个人住房用途的贷款），视频面谈应当在贷款人自有平台上进行，记录并保存影像。贷款人应当采取有效措施确定并核实借款人真实身份及所涉及信息的真实性。必要时，贷款人在不损害借款人合法权益和确保风险可控的前提下，可将贷款调查中的部分特定事项审慎委托给具有资质条件的第三方代为办理。贷款人不得将贷款调查中涉及借款人真实意思表示、收入水平、债务情况、自有资金来源及外部评估机构准入等风险控制的核心事项委托第三方完成。

二、贷前调查原则

贷款调查一般要坚持双人调查、实地调查、真实反映、抓住重点等原则。

双人调查原则。贷款调查至少由主办和协办两名信贷人员参与，主办人员对贷款调查承担主要责任。

实地调查原则。实地调查是指调查专员深入客户生产经营场所进行现场调查，通过实地核查、面谈、核实账务等手段获取客户有关信息。对客户的财务、经营等情况进行账账、账实、账表核对，对客户资料的真实性和有效性进行核实，了解和核实担保人、重要关联客户的经营管理情况、资产分布状况、抵（质）押品的现状等相关信息。

真实反映原则。真实反映原则是指调查专员实事求是反映贷款调查所了解的情况，不主观臆测，不回避风险点。如果调查专员经过深入调查，提出了不予贷款的明确意见，任何人不得要求调查专员更改意见。

抓住重点原则。调查专员应将主要精力用于对借款人的偿债意愿、偿债能力、可持续经营能力及对其有重大不利影响的事项上，抓住重要风险点作为调查的重点。对于一般性的问题可以采取个别抽查推断的方式，对于异常及重点问题则需全面核实，取得充分的证据。

三、贷前调查内容

根据《个人贷款管理办法》，个人贷款的尽职调查包括但不限于以下内容：（1）借款人基本情况；（2）借款人收入情况；（3）借款用途，用于生产经营的还应调查借款人经营情况；（4）借款人还款来源、还款能力及还款方式；（5）保证人担保意愿、担保能力或抵（质）押物权属、价值及变现能力。

根据《流动资金贷款管理办法》，流动资金贷款的尽职调查包括但不限于以下内容：（1）借款人的组织架构、公司治理、内部控制及法定代表人和经营管理团队的资信等情况；（2）借款人的经营范围、核心主业、生产经营、贷款期内经营规划和重大投资计划等情况；（3）借款人所在行业状况；（4）借款人的应收账款、应付账款、存货等真实财务状况；（5）借款人营运资金总需求和现有融资性负债情况；（6）借款人关联方及关联交易等情况；（7）贷款具体用途及与贷款用途相关的交易对象资金占用等情况；（8）还款来源情况，包括经营产生的现金流、综合收益及其他合法收入等；（9）对有担保的流动资金贷款，还需调查抵（质）押物的权属、价值和变现难易程度，或保证人的保证资格和能力等情况。

根据《固定资产贷款管理办法》，固定资产贷款的尽职调查的主要内容包括：（1）借款人及项目发起人等相关关系人的情况，包括但不限于股权关系、组织架构、公司治理、内部控制、生产经营、核心主业、资产结构、财务资金状况、融资情况及资信水平等；（2）贷款项目的情况，包括但不限于项目建设内容和可行性，按照有关规定需取得的审批、核准或备案等手续情况，项目资本金等建设资金的来源和可靠性，项目承建方资质水平，环境风险情况等；（3）借款人的还款来源情况、重大经营计划、投融资计划及未来预期现金流状况；（4）涉及担保的，包括但不限于担保人的担保能力、抵（质）押物（权）的价值等；（5）需要调查的其他内容。

四、贷前调查流程

（一）调查准备

开展贷前调查的准备工作主要包括：（1）及时整理、审核借款人提供的贷款申请资料，提供的材料需齐全、有效，复印件要与原件一致并加盖公章，对存在要件缺失、内容不详、资料前后数据不连续等情况的，要求借款人及时补充资料或书面说明；（2）对于担保贷款，担保人提供的担保措施需符合《民法典》等有关法律法规及有关抵（质）押登记管理办法的规定，抵押物、质物的权属（权利凭证）须明晰；（3）除借款人提供的资料和信息外，还应从人民银行、工商、税务、法院、乡镇（街道）、村以及供应商、客户等处获取借款人的相关信息；（4）对所收集的申请资料和有关公共信息进行初步分析，了解借款人的行业特征、生产经营状况及主要风险，根据不同的业务申请和借款人的不同性质列出内容详细、重点突出的调查提纲；（5）调查专员在外出调查前，应提前预约借款人或保证人，商定现场调查时间，并提示需要准备的材料、需要到场的当事人，准备好笔、笔记本、相机、移动办贷设备等必要的调查工具。

（二）实地调查

实地调查主要有询问、观察、抽查、检查等几种方法，并将交叉检验技术贯穿整个调查流程，有利于丰富话题，促进客户诚实交流，增强优质客户对金融机构的认可度。实地调查的主要工作有以下几个方面。

小额贷款业务
操作流程（中）

1. 询问借款人本人，访问借款人的亲属、近邻、社区管理者或者股东、员工、供应商和客户、职能管理部门等有关当事人。了解借款人基本信息、生产经营情况、产品竞争力和市场行情、销售和利润、生产资料供应等情况，弄清借款用途和还款来源。通过第三方侧面了解借款人的资信状况，主要包括生产经营历史、诚信状况、家庭关系、生活水平、生活习惯、不良嗜好、民间借贷情况等。对于企业客户，应考察企业管理团队的整体素质（文化程度、主要经历、技术专长、经营决策、市场开拓、遵纪守法等），了解主要领导人员的信用状况、能力和综合素质。

2. 现场查看主要生产经营场所环境、生产经营运行情况、库存情况等。通过走、看、问，判断实际生产、经营情况，印证有关资料记载和有关当事人介绍的情况。

3. 对需进一步核实的材料，要求提供原件核对。比如，借款人身份证件、户口本、婚姻状况证明、相关经营证照、经营资质证明、代理经销协议、供货合同、销售合同、客户订单、水电气费发票、销售发票、工资单、客户欠款单等。

4. 对照实际情况，核实财务报表。（1）了解企业的主要会计政策，是否按会计准则记账；（2）企业的财务内部控制制度是否完备并有效执行；（3）通过采用抽查大项的方式，审核是否做到了账表、账账、账证、账实相符，核实资产、负债、权益是否有虚假；（4）对于审计报告的保留意见部分，掌握或有损失和或有负债情况。

5. 查看抵押物、质押物。如以房地产抵押的，要查看、了解抵押物的面积、用途、结构、竣工时间、原价和净值、周边环境等；以动产抵押、质押的，要查看、了解抵押物、质押物的规格、型号、质量、原价和净值、用途等；以汇票、本票、债券、存款单、仓单、提单等出质的，要查看权利凭证原件，辨别真伪，必要时请有关部门鉴定。

6. 核实保证人的保证意愿和担保能力。应向借款人和保证人分别询问其关系历史、保证人愿意为借款人担保的原因、保证人与借款人之间有无债权债务关系等。对保证人的基本信息、住址、联系方式、工作单位、职务以及收入状况进行调查核实，确定其担保能力。对于保证人为国家公务员、大中型企事业单位正式职工或教师、医生等有相对稳定收入的人群，可通过非现场调查核实保证人的身份和担保能力。对于保证人为小微企业主或者有稳定收入的村民，应对保证人进行现场调查，评估保证人担保能力。

（三）调查结果初评

在贷款调查过程中，若发现借款人不满足贷款申请条件或是禁止发放贷款对象，应立即停止贷款调查，明确拒绝贷款申请。

在贷款调查结束之后，应根据调查获得的信息，从借款用途、还款意愿、还款能力等方面进行初评，重点落实借款人的第一还款来源，对于不满足贷款要求的，应委婉拒绝贷款申请。对保证

微贷调查与交叉营销

人进行调查后，应对保证人的担保资格作出初步判断，对于不达标的，应要求借款人更换或者增加保证人，否则应拒绝贷款申请。

五、撰写调查报告

对于调查初评通过的贷款，应及时撰写贷款调查报告。调查报告须对证明借款人还款意愿和还款能力的关键信息进行详细分析和说明，写明调查结论和贷款建议，并签字确认。在小额贷款业务操作中，为了提高工作效率，通常采用贷款调查表替代调查报告。

贷前调查报告的具体内容包括：

1. 基本情况，主要是借款人的主体资格、基本条件是否符合要求；

2. 经营状况，主要是借款人近年的生产、销售、效益情况和发展前景预测；

3. 财务状况与还款能力，主要是借款人近年的资产负债、资金结构、资金周转、盈利能力、现金流量等现状及变化，落实还款来源和还款能力；

4. 信誉状况，主要是借款人有无拖欠金融机构的贷款本息和不良信用记录；

5. 经营者素质，主要是法定代表人和主要领导层的学识、经历、业绩、品德和经营管理能力；

6. 担保情况，主要是抵（质）押物的权属，价值和变现难易程度，保证人的保证资格和保证能力；

7. 贷款建议与风险提示。

✉ 【拓展知识 2 - 1】

贷款实地调查技巧

一、调查如何开场

见到客户时，应先向客户问好，或者先寒暄几句。然后向客户说明自己的来意，比如说"按照我们的制度要求，需要对您进行贷前调查。希望您积极配合我们的工作，这些都将有利于您快速得到贷款"。调查应从客户熟悉和并不隐私的内容开始，如客户的经营历史、经营情况。

二、调查中如何与客户交流

调查时应尽可能在安静的环境下交流，信贷员要以平静、平等的心态，多与客户进行互动，多目光接触，适当谈些客户感兴趣的话题，不能让客户产生"被审问"的感觉。

在调查过程中，还应把握调查的节奏。有的客户喜欢说个不停、喋喋不休，这样的客户需要引导按照事先确定的调查重点询问，或者及时转移话题，但不是生硬地打断客户的讲话。有的客户存在戒心，不喜欢多说，对于这种情况，应该鼓励客户多提供信息，并告知客户较多的信息对贷款的迅速审批有帮助，且保证不透露客户的信息给他人。

信贷员不能对客户许下贷款额度等方面的承诺，可以给客户什么时候能够答复的承诺。对于涉及客户的销售收入、应收款、负债、应付款等重要信息时，应多角度进行提问、交叉验证。对于关键的问题，应向客户多询问几次，以确认客户的回答，对于有矛盾的回答要求客户解释。

对于一问三不知的客户，可明确告诉他，如果再不配合，将终止调查。

三、如何询问一些财务数据

1. 如何询问销售收入。一般不要直接询问客户的销售收入，可以从销售量、价格，进货数量、进货频率、存货，销货单，进货单，成本等入手，也可以从不同渠道如雇员获得收入收据。对于销售收入必须从不同渠道获得数据，要取得尽量多月份的收入数据，且要描述详细。对于不愿透露的客户，要让他知道其提供的关于收入方面的信息越多，对于其贷款获得批准就越有利。

2. 如何询问应收款。应收款应根据客户所处行业、经营特点、生意的周期性、结算方式等判断是否应该有应收款。服务和商贸类客户的应收款一般比较少，生产制造业的应收款会比较普遍。一般客户在回答时都倾向于夸大自己的应收款以显示自己的实力，但是我们一定要看到欠条或笔记之类的纸质证明才能计入应收款。

有些客户不愿意透露，我们可以问"来您这拿货的，有多少不能当时结清"，"上级要求我们必须看一下您的赊销登记本，您支持一下，给我们翻翻吧"。

应收账款的登记本一般都比较破旧，且字迹较乱，比较随便地放在抽屉里，有的商户是由不同业务员分别保管的。

3. 如何询问应付款和负债。如果对客户直接询问，客户一般说没有或者少说。在询问时，可以旁敲侧击地询问，如"您有这么大的生产规模，每月都要进很多货，这些进货的钱怎么解决？"或者通过应收款项来估计应付款项数据。对于不愿意说的客户，要让他明白负债是很正常的事情，我们在做市场调查时，发现基本上每户都有欠别人货款，别人也欠他货款的情况，再问这个客户情况如何。

4. 如何询问所有者权益。与负债相比，客户更愿意透露所有者权益的信息。询问的方法是问本钱和持续投入等情况，如"您当初开始经营的时候投入了多少本钱"，要询问不同的本钱状况，包括资金、货物和设备等，并要弄清楚客户当时的本钱是如何筹集的。再问持续投入的情况，如"前几年的经营很顺利吧，每年的盈利大概是……最近几年的盈利平均下来有……""这些年赚的钱除了大的开销都投到生意里边了吧？"根据客户提供的信息估算客户的所有者权益。所有者权益的数据可以用来验证客户的负债信息。

四、如何确认贷款的用途

一般的贷款用途可能有以下一些情况：应收账款周期较长，占用正常周转资金；为销售旺季准备，采购原材料或货物；接到新的订单，需要前期投入；扩大生产经营规模或改善经营条件；投入新项目；家庭大额支出等。

对贷款用途真实性的判断上，首先，需关注客户的解释是否合理，与实际情况是否相符等。其次，要注意观察客户是否了解贷款用途的每一个细节，比如，贷款具体的用途，贷款的必要性，购买什么、金额、时间、供货方等。也可以询问申请人的家人是否了解该贷款，如果家庭成员不了解，一般用于转借的可能性较大。

五、如何判断客户的还款意愿

客户的还款意愿必须通过各种非财务的信息去分析，由于这些软信息包含大量非量化信息，需要信贷员通过多种渠道仔细观察获取。具体观察内容如下：（1）观察客户的外表——衣物打扮，接待其客户的态度；（2）观察客户家庭——是否温馨，是否有孩子的物品，是否有宠物，如果混乱，什么原因，是否有麻将桌，是否有酒精味道；（3）观察客户的经营场所——是否与生意要求符合，是否干净整洁，是否有辅助物品；（4）与其妻子或丈夫不经意地交谈——感觉妻子是否参与生意经营，是否知道以及支持贷款（要仔细观察反应）；（5）与其雇员不经意地交谈——雇员受雇多久了，雇员哪里人，随意问问什么时候忙。

✉ **【拓展知识2-2】**

银行业金融机构信贷业务七不准

银行业金融机构要认真遵守信贷管理各项规定和业务流程，按照国家利率管理相关规定进行贷款定价，并严格遵守下列规定，即"信贷业务七不准"。

1. 不得以贷转存。银行信贷业务要坚持实贷实付和受托支付原则，将贷款资金足额直接支付给借款人的交易对手，不得强制设定条款或协商约定将部分贷款转为存款。

2. 不得存贷挂钩。银行业金融机构贷款业务和存款业务应严格分离，不得以存款作为审批和发放贷款的前提条件。

3. 不得以贷收费。银行业金融机构不得借发放贷款或以其他方式提供融资之机，要求客户接受不合理中间业务或其他金融服务而收取费用。

4. 不得浮利分费。银行业金融机构要遵循利费分离原则，严格区分收息和收费业务，不得将利息分解为费用收取，严禁变相提高利率。

5. 不得借贷搭售。银行业金融机构不得在发放贷款或以其他方式提供融资时强制捆绑、搭售理财、保险、基金等金融产品。

6. 不得一浮到顶。银行业金融机构的贷款定价应充分反映资金成本、风险成本和管理成本，不得笼统将贷款利率上浮至最高限额。

7. 不得转嫁成本。银行业金融机构应依法承担贷款业务及其他服务中产生的尽职调查、押品评估等相关成本，不得将经营成本以费用形式转嫁给客户。

资料来源：节选自《中国银监会关于整治银行业金融机构不规范经营的通知》。

活动3 **审查与审批**

对于贷前调查环节通过的贷款申请，进入贷款评审环节。贷款评审是指相关信贷管理部门和岗位人员对信贷风险事项进行审查、审议、审批决策的过程，也是对其实施风险识别、风险计量、风险控制的过程。

贷款风险评价应全面分析借款人的信用状况和还款能力，关注其收入与支出情况、偿债情况等，用于生产经营的还应对借款人经营情况和风险情况进行分析，采取定量和定性分析方法，全面、动态、审慎地进行贷款风险评价。对于提供担保的贷款，贷款人应当以全面评价借款人的偿债能力为前提，不得直接通过担保方式确定贷款金额和期限等要素。

贷款评审方式一般根据业务种类、风险程度等情况，采取有权岗位或部门审查、贷款审查委员会审议、有权审批人审批等方式。

一、贷款审查

贷款调查人将借款人和担保人提交的各项资料和"贷款调查报告"提交信贷管理部或专职审查人进行审查，审查人在贷款审查时应遵循客观公正、独立审贷、依法审贷的原则。贷款审查应对贷款调查内容的合法性、合理性、准确性进行全面审查，重点关注调查人员工作尽职情况、借款人的偿还债务能力、信用状况、担保情况、抵（质）押比率、风险程度等，准确揭示业务风险，提出降低风险的对策，并按规定提交有权审批人。

贷款审查具体包括：

1. 基本要素审查。主要审查借款人和担保人应提供的信贷资料是否齐备，信贷业务内部运作资料是否齐全，资料的合规性、真实性和完整性。如关键要素是否填写完整、借款人及相关人员是否签字，调查报告是否按要求填写完整、关键财务指标计算是否准确、前后内容是否符合逻辑等。

2. 主体资格审查。主要审查借款人和担保人主体资格是否符合规定，借款人生产经营项目或服务是否符合规定，法人客户的法定代表人、其他高管人员或个人客户及其家庭主要成员、有关联的主要社会关系有无不良记录，社会信誉、道德品行等方面是否良好等。

3. 贷款政策审查。主要审查借款人信用等级是否符合准入条件，贷款用途是否合法、合规、合理，是否符合国家或上级部门和本机构有关政策规定，贷款额度、期限、方式、利率等要素是否适合借款人实际情况、是否符合本机构贷款政策等。

4. 贷款风险审查。主要审查信用评级结果的公允性、准确性以及贷款利率执行的准确性、贷款额度合理性、贷款方式有效性、风险可控性等，审查、复测、分析、揭示客户的财务风险、经营风险、市场风险等。

5. 贷款调查审查。审查调查专员是否按规定履行了实地调查职责，是否与贷款申请人为关系人，调查意见是否客观、属实等。

审查人员应根据贷款资料的合规性、真实性和完整性以及贷款风险评价等审查结果，签署审查意见。审查过程中，可以对贷款调查专员提出质询或要求补充资料；对于不符合条件的业务，须退回调查专员，由调查专员根据审查意见进行相应的材料补充

小额贷款业务
操作流程（下）

或委婉拒绝。

二、贷款审批

贷款人应根据审慎性原则，完善授权管理制度，规范审批操作流程，明确贷款审批权限，实行审贷分离、授权审批、分级审批，确保贷款审批人员按照授权独立审批贷款。

贷款人通过线上方式进行自动化审批的，应当建立人工复审机制，作为对自动化审批的补充，并设定人工复审的触发条件。对贷后管理中发现自动化审批不能有效识别风险的，贷款人应当停止自动化审批流程。

对于审查通过的贷款业务，有权审批人在授权范围内根据审查报告、会议纪要等资料，在审批表上对贷款进行签批，决定贷与不贷，贷多贷少以及贷款方式、期限和利率等，可以提出更为严格的信贷条件，但不得放宽审议通过的信贷条件。

根据贷款额度大小、风险情况及信贷机构的流程设计不同，有的贷款在给最终审批人签批之前，可能还需经贷款审查委员会（以下简称贷审会）进行审议。贷审会成员根据贷款资料，对贷款用途合理性、借款人还款能力和还款意愿的影响因素，以及调查不完整或存在疑问的方面进行提问，由调查专员、风险控制专员等当面进行回答。贷审会成员根据回答情况和贷款资料，独立作出同意、复议或不同意的决策。

有权审批人审批结果为同意的贷款业务，一般由业务部门通知借款人，明确贷款种类、金额、期限、利率、还款方式、担保方式、限制性条款、贷款管理要求及审批有效期等，并与客户约谈合同签订与贷款发放等事宜。

活动 4　签订合同与放款

一、签订合同

贷款经审批通过后，应及时通知借款人、担保人带上必要证件办理有关签约手续。贷款人应与借款人签订书面借款合同及其他相关文件，需担保的贷款应同时签订担保合同。

合同内容填写必须完整，对确无内容可填的空白格用斜线划掉；不得涂改，有改动的部分必须有相关各方当事人的签章；使用黑色签字笔或碳素墨水的钢笔书写。自然人客户当面签名并按手印，法人客户由代表人签名并加盖单位公章和法定代表人印章。

借款合同应符合《民法典》等法律规定，应当约定贷款的金额、期限、利率、用途、支付方式、还款方式以及借贷双方的权利、义务、违约责任和双方认为需要约定的其他事项。担保合同是主债权债务合同的从合同，包括抵押合同、质押合同和其他具有担保功能的合同。主债权债务合同无效的，担保合同无效，但是法律另有规定的除外。

对于金额不超过 20 万元人民币的个人贷款，可通过电子银行渠道签订有关合同和文件（不含用于个人住房用途的贷款）。当面签约的，贷款人应当对签约过程进行录音录像并妥善保存相关影像。

二、发放贷款

借款合同生效后，贷款人应按合同约定及时发放贷款。贷款人应遵循审贷与放贷分离的原则，贷款资金划付之前，由独立的放款管理部门或岗位负责落实放款条件，如放款资料是否齐全和相互一致，合同是否合规有效，借款借据是否合规有效，所有签章的真实有效性，借款用途、提款计划、提款进度是否符合借贷双方约定，相关抵（质）押登记、财产保险手续等是否办妥等，然后发放满足约定条件的贷款。在贷款发放阶段，借款人若出现严重风险情况，应及时采取措施防范风险，甚至停止放款。

贷款发放时，由借款人根据信贷业务合同约定的用款计划，一次或分次填制借款凭证（借据），签名并盖章。一般来说，商业银行、农村信用社等银行金融机构的贷款发放在本行（社）内即可完成。小额贷款公司等专业信贷机构一般将放贷通知书、借据等移交给合作的商业银行，由其审核后办理账务手续。

贷款人按照借款合同约定，通过贷款人受托支付或借款人自主支付的方式对贷款资金的支付进行管理与控制，监督贷款资金按约定用途使用。

贷款人受托支付是指贷款人根据借款人的提款申请和支付委托，将贷款资金支付给符合合同约定用途的借款人交易对象。借款人自主支付是指贷款人根据借款人的提款申请将贷款资金直接发放至借款人账户，并由借款人自主支付给符合合同约定用途的借款人交易对象。

具有以下情形之一的个人贷款，经贷款人同意可以采取借款人自主支付方式。

（1）借款人无法事先确定具体交易对象且单次提款金额不超过 30 万元人民币的；

（2）借款人交易对象不具备条件有效使用非现金结算方式的；

（3）贷款资金用于生产经营且单次提款金额不超过 50 万元人民币的；

（4）法律法规规定的其他情形。

贷款人应当通过账户分析、凭证查验或现场调查等方式，核查贷款支付是否符合约定用途，以及是否存在以化整为零方式规避受托支付的情形。

具有以下情形之一的流动资金贷款，应采用贷款人受托支付方式。

（1）与借款人新建立信贷业务关系且借款人信用状况一般；

（2）支付对象明确且向借款人某一交易对象单笔支付金额超过 1000 万元人民币；

（3）贷款人认定的其他情形。

对于固定资产贷款，向借款人某一交易对象单笔支付金额超过 1000 万元人民币的，应采用贷款人受托支付方式。

✉ 【拓展知识 2 - 3】

农信机构贷款"三查"工作中存在的问题

由贷前调查、贷时审查、贷后检查构成的贷款"三查"制度，是信贷管理的基础，是防范信贷风险基本措施，贷款"三查"制度的执行直接关系到信贷资产质量的好坏。现实中，由于受外部环境和内部机制等因素的影响，农信机构在贷款"三查"工作中仍存在一些问题。通过与农信机构信贷、审批、监察审计等不同岗位、不同级别人员的座谈，对"三查"制度的执行情况进行了梳理，分贷前、贷时、贷后三个阶段对存在的问题进行了归纳。

（一）贷前调查流于形式，未能有效识别风险

1. 听任借款人"包装"财务数据。农信机构大部分借款人为小微企业，财务制度不健全，财务报表数字不精确。个别信贷人员为了满足信贷的准入要求，默认甚至帮助企业在财务报表上动手脚。

2. 过分依赖第二还款来源，轻视对第一还款来源的分析。部分信贷员只要借款人提供房产抵押，不对借款人所经营的项目和第一还款来源作深入分析就给予办贷。但现实工作中，即便该抵押物变现能力再强，在对其进行处置时也要花费大量的时间和精力。

3. 调查缺乏完整性。例如，以听取借款人的口述代替实地调查。只注重调查借款人表面上不易变现的固定财产，轻视对借款人的人品、人格和信用记录的调查。以借款人的个人行政官位，代替其人品和信用观念、还款实力和意愿，调查报告往往与借款人的实际情况相差很大。

4. 高估抵押物价值、弱化担保能力。抵押贷款一般受到抵押率的限制，当抵押率满足不了借款人对贷款额度的要求时，借款人往往会要求评估机构对抵押物进行超过公允价值的评估。借款人为了凑数随便找两个没有担保能力的自然人担保，而信贷人员在调查时没有对担保人的担保能力进行认真细致的调查，导致贷款担保能力弱化。

（二）贷时审查存在"走过场"，未能堵住风险

1. 对贷款调查报告内容真实性缺乏审查。表现为在审查审批贷款时，审批人只根据下级上报的调查报告作出贷与不贷的决定，未对调查报告内容真实性进行实地审查。

2. 对贷款的安全性缺乏认真审查。部分审批人未能通过对报审项目的风险分析，审查贷款的可偿还性，揭示贷款的风险点并提出风险防范措施。

（三）贷后检查弱化，不能有效发现风险

1. 贷后检查报告不能及时反映借款人现金流量的变化情况，不能给借款人还款能力准确评估提供依据。

2. 不能及时反映借款人重大变动事项。部分贷后人员忽视借款人财务数据的重大变化，不能及时反映借款人改制等重大情况，给信用不良企业逃废银行债务留下了可乘之机。

3. 对已诉讼贷款和已核销贷款贷后跟踪不到位。特别是在大面积拆迁的地区，很多拆迁户是已核销贷款的借款人，在得到一定数额的拆迁补偿款后，很多人具备还款意愿和能力。但部分信贷人员由于未能密切关注贷后管理，在一定程度上放弃了收回贷款的机会。

资料来源：中国农村金融网．农信机构贷款"三查"工作中存在的问题与改进建议［EB/OL］．［2017－03－22］．http：//www.zgncjr.com.cn/content/200000234/C99160CFBF5A422B8966A9DD7AB7BA7C/1.html.

☞ **请思考**：基于材料，谈谈在贷款业务操作流程中对信贷人员的工作要求。

活动5 贷后管理

贷后管理是指从客户使用贷款到该贷款完全终止前各个环节的管理，是控制风险、防止不良贷款发生的重要一环，也是贷款风险化解的最后环节和途径。贷后管理包括贷后检查、合同变更、贷款归还、贷款风险分类与不良贷款管理、贷款档案管理等。

一、贷后检查

贷后管理中，最基础性的工作就是贷后检查。贷后检查是指贷款发放后，贷款人采取有效方式对贷款资金使用、借款人执行借款合同情况、借款人的信用及担保情况变化等进行跟踪检查和监控分析，确保贷款资产安全。贷款人应针对借款人所属行业及经营特点，通过定期与不定期现场检查与非现场监测，分析借款人经营、财务、信用、支付、担保及融资数量和渠道变化等状况，掌握各种影响借款人偿债能力的风险因素；应动态关注借款人经营、管理、财务及资金流向等重大预警信号。

对检查发现生产经营不善、现金流量不足、无发展前景及被风险预警的客户，需根据合同约定及时采取提前收贷、追加担保、到期减少续贷、停止贷款或诉讼、清收贷款本息等有效措施防范化解贷款风险。

对于简化或不再进行现场实地调查的业务，应当按照适当比例实施贷后实地检查。贷款人内部审计等部门应对贷款检查职能部门的工作质量进行抽查和评价。

二、合同变更

在合同履行期间，经客户申请，并经有关责任人各方协商同意，可对合同相关内容进行变更，如合同主体变更、还款账号变更、还款方式变更、贷款展期、贷款期限调整、分期还款额调整、担保变更等。

所有变更申请必须由合同当事人（包括借款人、保证人等）提出书面申请。在担保期内，根据合同约定必须事先征得担保人书面同意的，须事先征得担保人的书面同意。如需办理抵（质）押变更登记，还应到原抵（质）押登记部门办理变更抵（质）押登记手续及其他相关手续。

不能按期归还贷款的，借款人应当在贷款到期日之前，向贷款人申请贷款展期，贷款人应审慎评估展期原因和后续还款安排的可行性。同意展期的，需签订贷款展期协议。根据还款来源等情况，合理确定展期期限，并加强对贷款的后续管理，按照实质风险状况进行风险分类。需要办理抵（质）押登记手续延期的，还应到相关登记部门办理抵（质）押登记延期手续，并取得法定凭证。保证贷款、抵押贷款、质押贷款展期的，还应当由保证人、抵押人、出质人出具同意的书面证明。

期限1年以内的贷款展期期限累计不得超过原贷款期限；期限超过1年的贷款展期期限累计不得超过原贷款期限的一半；长期贷款（5年以上）展期期限累计不得超过3年，国家另有规定的除外。

三、贷款归还

贷款人在短期贷款到期1个星期之前、中长期贷款到期1个月之前，应当向借款人发送还本付息通知单。贷款人对不能按借款合同约定期限归还的贷款，应当按规定加罚利息；对不能归还或者不能落实还本付息事宜的，应当督促归还或者依法起诉。

（一）正常还款

正常还款是指借款人主动按照借款合同约定的期限和还款方式足额偿还贷款本息。约定扣划还款的，可按约定于贷款还款日自动从约定的客户扣划账户中划收。

客户还清贷款不再续贷的，客户部门应将抵（质）押权利凭证交还抵（质）押人，并作客户签收登记。设定抵（质）押登记的，应及时向客户提供办理注销抵（质）押登记的必备资料，协助客户办理注销手续。

客户归还贷款后，客户经理应与客户保持联系，及时调查了解客户资金需求情况，开展相关业务的再营销。

（二）提前还款

根据客户是否自愿分为客户要求提前还款和信贷机构要求客户提前还款或强制收回。经审批同意客户提前还款的，客户经理通知客户办理提前还款手续。对于提前归还部分贷款的，若不涉及解除部分抵（质）押权的，可按正常还款手续办理。若涉及解除部分抵（质）押权的，在客户按提前还款手续归还部分本金后，还应办理部分解除抵（质）押权手续。对不同意客户提前还款的应通知客户，并做好解释工作。对于全额提前还款的，其还款手续的处理一般按照正常还款手续办理。

（三）贷款催（清）收

贷款业务到期之日营业终了尚未归还的贷款业务列入逾期催收管理，客户部门填制逾期催收通知书，并约见客户，督促客户落实可行的还款计划，必要时通知律师向客户发出律师催收函。

协商后的还款计划仍然不能得到落实，则通过法律途径处理贷款违约，具体措施包括：（1）依法纠正借款人的违约行为；（2）对逾期贷款计收罚息；（3）停止发放未发放的贷款；（4）依法追索保证人的连带责任；（5）依法要求保险人履行保险责任；（6）依法处理抵（质）押物；（7）依法行使债权人其他权利。

四、贷款风险分类和不良贷款管理

贷款风险分类是指按照规定的标准和程序对贷款资产进行分类。贷款风险分类遵循不可拆分的原则，即一笔贷款只能处于一种贷款形态。目前主要采用贷款风险五级分类，即正常贷款、关注贷款、次级贷款、可疑贷款、损失贷款，其中后三类为不良贷款。商业银行应至少每季度对全部贷款进行一次分类。如果影响借款人财务状况或贷款偿还因素发生重大变化，应及时调整对贷款的分类。对不良贷款应严密监控，加大分析和分类的频率，根据贷款的风险状况采取相应的管理措施。逾期天数是分类的重要参考指标。

根据规定，商业银行对发放的贷款要计提贷款损失准备金，主要包括一般准备金（也叫普通准备金）、专项准备金和特别准备金。一般准备金是商业银行按照贷款余额的一定比例提取的贷款损失准备金，我国现行标准是贷款余额的1%；专项准备金是根据贷款风险五级分类的结果，对不同类别的贷款按照建议比例进行计提，如关注类贷款计提比例为2%，次级类贷款计提比例为25%，可疑类贷款计提比例为50%，损失类贷款计提比例为100%。特别准备金是针对贷款组合中的特定风险，按照一定比例提取的贷款损失准备金，一般只有遇到特殊情况才计提特别准备金。

关于银行贷款信用风险监管的主要指标包括不良贷款率、拨备覆盖率和贷款拨备率。

$$不良贷款率 = [（次级贷款 + 可疑贷款 + 损失贷款）/全部贷款] × 100\%$$
$$拨备覆盖率 = （贷款损失准备金/不良贷款）× 100\%$$
$$贷款拨备率 = （贷款损失准备金/全部贷款）× 100\%$$

客户部门、资产保全部门及其他相关部门，应紧密配合，上下联动，对不良贷款采取以下处置措施：

1. 确认不良贷款金额和形成原因。
2. 重新审核贷款文件，征求法律、审计、不良贷款管理等专家意见。
3. 对于尚未发放的贷款额度，依照约定条件和规定予以终止。依法难以终止或终止将造成客户经营困难的，应对未发放的贷款额度专户管理，未经有权部门批准，不得使用。
4. 向借款人发出贷款催收通知书或提前归还贷款通知书。
5. 要求保证人履行保证责任，追加担保或行使担保权。
6. 向所在地的司法部门申请保全冻结问题贷款客户的相应资产，以减少损失。
7. 其他必要的处理措施，如依法诉讼、贷款重组等。

对确实无法收回的不良贷款，贷款人按照相关规定对不良贷款进行核销后，需继续向债务人追索或进行市场化处置，即"账销案存、权在力催"。

五、贷款档案管理

贷款档案是指在办理贷款业务过程中形成的，记录和反映贷款业务申请、审批、发放、管理、收回全过程的重要文件和凭据，主要由相关契约及凭据、借款人的基本资料、借款人的贷款业务资料、各部门贷款管理资料等组成。贷款档案管理是指对贷款资料的收集整理、归档登记、保存、借（查）阅管理、移交及管理、退回和销毁的全过程。涉及国家、信贷机构和客户秘密的贷款档案，档案管理人员、调阅人员均需严格执行保密制度。

信贷部门应配备具有一定信贷业务知识、责任心强、办事仔细认真、严守秘密的专（兼）职档案管理员，负责对接收档案的完整性和规范性进行检查，对信贷业务档案进行编号、立卷、归档，并负责对档案调阅、移交、销毁的管理。应设立专用信贷业务档案库或档案专区。档案库应符合防盗、防火、防潮、防腐蚀、防有害生物的要求。涉及担保的权证类信贷档案专库保管。档案

《商业银行授信
工作尽职指引》

管理员要在贷款结清（核销）后，完成该笔贷款文件的立卷工作，形成贷款档案；永久、20年期贷款档案应向本单位（本行）档案部门移交归档。

✉ 【拓展知识2-4】

不良贷款催收的方法技巧

1. 主动出击法

主动出击法是指责任信贷员主动深入到借款人经营场所了解情况和催收贷款的方法。信贷员应经常深入到管辖的客户中研究实际问题，将客户群体分类排队，在"好、中、差"的类别中突出重点开展工作，本着先易后难、先好后差、先小额后大额、先近程后远程、先重点后一般的工作思路，寻找切入点。坚定信心，反复多次地开展工作，并同时签发催收通知书和办理相关合法手续，以达到管理贷款、提高质量、收回不良贷款的目的。

2. 感情投入法

对于出现不良贷款的客户，不要一概责备或训斥，不要使用强硬语言激化矛盾和以"依法起诉"相威胁，而首先应以一份同情心，倾听对方诉说苦衷与艰辛、困难与挫折。站在借款方的立场，换位思考，分析问题，查找根源，寻找出路，使自己的观点与客户相融合，以获得其同情，被对方所接受，在工作交往中融入感情，建立友谊。在此基础上，入情入理细说不良贷款带来的不利影响，如使诚信遭到破坏、形象受到损坏、朋友之路越走越窄、经营困难越来越多等；若能及时归还贷款，既能表现实力，又能申请再借，既是遵守合同，又是信守承诺，使信用度得到提高。通过利害分析，使之理解以达到工作目的。

3. 参与核算法

贷款管理人员与客户的工作关系，应当是合作、友好和知心的，应当经常深入到客户中去，掌握客户的经营状况，帮助客户客观分析经营中出现的问题和主要原因，使客户能欣然接受，进而参与到经营核算中。通过真实的会计账目做进一步研究，提出增收节支的具体措施，提高客户盈利水平，降低客户的经营成本，并关心客户的措施落实情况，力争取得成效，促进不良贷款的收回。

4. 借助关系法

对借款人的配偶、儿女、亲属、朋友进行详细的调查了解，选择有重要影响力的人物，与其进行接触、交谈、交往，达到融合程度，适时谈及用意，使之理解进而愿意帮助，由有影响力的人单独与借款人谈还款问题和利弊分析，劝其归还贷款，也可以共同与借款人讨论贷款问题，找出还款的最佳途径。

5. 调解法

在拒绝归还贷款和即将依法起诉的矛盾相持中，不要急于采取依法起诉方法，而应当拓展新的思路，寻找新的方法。村干部、乡镇政府干部、政法民政干部及公安干警等都是应考虑的因素，利用这些因素充当第三者，以中间立场出现，帮助分析利弊，拉近双方距离，化解矛盾，进行有效调解，使借款人在依法诉讼前归还贷款。

6. 多方参与法

相对于借款人的客观实际，要深入研究其薄弱环节，如借款人很爱面子，千方百计掩饰自己，生怕自己欠款的事外露，影响形象。在多次工作无效的情况下，应考虑动员其亲朋好友、同学、同事、乡村干部、上级领导等多人一同参与其工作，你一言我一语，发起攻势，促使其归还贷款。

7. 群体进攻法

信贷员一个人的能力和智慧是有限的，但应尽职尽责。面对难点，应当考虑让多名信贷员共同参与工作，深入研究、认真分析，寻找突破口，选择最佳时机，发起群体进攻，一气呵成，不可间断，直至取得成果。

8. 人员交换法

如果总是一副面孔、一个套路，此种工作方法可能对于个别不良贷款借款人收效不好，致使不良贷款继续增多。此时，应考虑人员交换或针对该类问题，选择得力人员专门加以解决或提供帮助，降低不良贷款占用率，提高贷款质量。

9. 领导出面法

具体工作都由领导去做，那是不可能的。但在现实工作中，的确有很多工作出现困难，通过领导协调就可以解决。因此领导要力所能及地深入实际，深入基层，解决实际问题。从实践中研究出新的工作方法，再指导实践。清收不良贷款也是如此。

10. 组织干预法

有些借款人不仅是党员干部，还拥有很多头衔和荣誉。金融机构可向为其命名的各类上级部门发出信函，告知不良贷款事由和归还贷款要求，请求组织干预，必要时应派人员前往商谈，以求问题的解决。

11. 刚柔相济法

面对不同脾气秉性的借款人，应当采取不同的方法。避其强，攻其弱，采用刚柔相济法，或先柔后刚或先刚后柔。论情、论理、论法层层深入，使借款人先从观念上转变，愿意归还贷款，再进一步开展工作。

12. "黑白脸"法

"黑白脸"是甲、乙信贷员各自扮演不同角色开展清收不良贷款配合工作的表现形式。"黑脸"以强硬姿态出现，清查账目、盘点资产，当着借款人公开阐明观点，拟将主要资产设备采取拆卸、封存、扣押、拍卖、冻结等手段进行处置。"白脸"则应在"黑脸"与借款人之间巧妙周旋，时而以温和姿态劝说借款人归还贷款，避免事态恶化，时而与"黑脸"协商给借款人宽限几天时间。最后与借款人商定出还款时间和还款金额，继而进一步配合清收。

13. 分解法

借款人早年借款，后因体弱多病，劳动能力降低，无力归还贷款，或借款人因意外伤害致残致使贷款形成不良，而且贷款额度不是很大。在这种背景下，应细心研究其近亲属分担贷款问题。首先调查其家庭经济状况，看亲属都从事什么工作，收入多少，品德如何，详细分析后择优开展工作。工作要有耐心，要以父母培养儿女的艰辛、对伤残亲属的同情心、儿女要有爱心、亲属要有善心这几个方面为切入点，融入感情反复与之交谈，经多次努力，使其近亲属愿意代为归还贷款。

14. 黑名单公示法

人是有尊严的，单位是有形象的，借款方也是如此，我们应尊重他们的尊严与形象。同时也要强调尊严与形象必须建立在诚信的基础上，失去诚信必然失去尊严与形象。借款方不能按期还本付息，且在多种努力无果的前提下，应当采取黑名单公示法。可在报刊、广播电台、电视台等多方位周期性公示，施加社会影响，促其归还贷款，贷款本息还清时撤销公示。

资料来源：陈工孟，傅建源 . 小额信贷理论与实务［M］. 北京：清华大学出版社，2017：157 – 159.

模块二　小额信贷产品开发与营销

【案例导入】

浙江农信网络贷款产品"浙里贷"

浙江农信不忘服务"三农"的初心，牢记"支农支小"的使命，坚守"姓农、姓小、姓土"的核心定位，承担了浙江全省1/2农户贷款和1/5小微企业贷款，以及绝大多数低收入农户贷款，创出了富有浙江特色的普惠金融模式。

浙江农信顺应"互联网＋普惠金融"发展大势，深入推进金融科技融合发展，研发推出纯线上小额信用贷款"浙里贷"，进一步解决农村金融服务不平衡不充分的问题。

"浙里贷"产品的信贷模式："1＋2＋3"。

"1"是"一键申请"，客户只要登录丰收互联即可一键申请；

"2"是"2分钟"，通过系统自动评级，2分钟内就能走好全部流程；

"3"是"30万元"，以发放30万元以下小额信用循环贷款为主。

"浙里贷"产品有以下五大创新亮点：

1. 授信一步到位。依托浙江农信经过连续10年的"走千家、访万户"积累了海量客户信息，并依托公积金、税务、工商、人民银行征信等政府公共数据，一步到位精准授信。

2. 资金一贷通用。在符合信贷政策的前提下，既可用于住房装修、购买汽车和旅游度假等日常消费项目，还可以用于购买原料设备、店面装修、支付租金等生产经营性项目，资金用途更为灵活多元。

3. 办贷一次不跑。"浙里贷"采用人脸识别、移动支付等信息技术，支持贷款业务全流程线上办理、自主操作、随借随还，让客户"一次不跑"就可享受到便捷服务，大幅改进了边远山区、海岛百姓的金融体验。

4. 费用一分不收。贷款利率远低于互联网贷款等产品定价，"浙里贷"产品的年利率最低仅为5.22%，并且不收任何附加的服务费、手续费等，有效解决担保难、融资贵等问题。

5. 风险一键排查。依托浙江农信丰收信用体系，系统创新接入人民银行征信、信用中国、信用浙江等最具公信力的信用数据，形成"丰收信用体系"，并设置了白名单自动筛选、风险预警系统实时核对、贷款资金流向监测等功能，运用大数据风控技术一键排查客户风险。同时，结合线下贷前尽职调查和贷后风控，以及人头熟、底子清、信息灵等"软信息"，可以最大限度地降低信贷风险。

资料来源：[1] 搜狐网. 浙江农信发布了一款网络贷款产品 [EB/OL]. [2018-07-13]. https：//www. sohu. com/a/241047442_618595.

[2] 搜狐网. 浙江百姓有福啦，浙江农信"浙里贷"全面来袭！[EB/OL]. [2018-07-13]. https：//www. sohu. com/a/241067748_175037.

☞ 请思考：结合材料，谈谈贷款产品通常包括哪些基本要素？

活动1 理解贷款产品及其构成要素

一、贷款产品概念与分类

贷款产品是金融产品的一个重要类别，是开展信贷业务的基础，是信贷客户经理手中最有力的武器。好的贷款产品可以提升信贷机构的知名度和美誉度，推进贷款业务需要不断创新贷款产品和服务。

根据贷款用途，贷款产品可分为消费贷款产品和生产经营贷款产品。住房按揭贷（安居贷）、汽车抵押贷、随薪贷、乐农贷、助学贷等都是典型的消费贷款产品，易农贷、创业贷、电商贷、流动资金贷、固定资产贷等都是典型的生产经营贷款产品。根据客户对象，贷款产品可分为个人贷款产品、农户贷款产品、企业贷款产品、农村经济组织贷款等。以浙江农商联合银行为例，其农户及个人贷款细分为丰收创业贷、丰收小额贷、农户联保贷、市场经营户贷、青年创业贷、大学生自主创业贷、农户住房贷、低收入农户创业贷等，农村经济组织贷细分为农家乐贷、林权抵押贷、农民专业合作社贷、农村流转土地经营权抵押贷、海域使用权抵押贷等。当前，各类信贷机构的贷款产品具有显著的同质性，以资金为载体，只是在额度、期限、利率、担保要求、还款方式、申请条件、办理流程等方面有所不同。贷款产品创新比较容易被其他同类机构复制或模仿。在贷款产品雷同的情况下，发展贷款业务更需要比拼贷款服务。

二、贷款产品构成要素

贷款产品的构成要素一般包括产品名称、贷款对象、贷款用途、贷款额度、贷款期限、贷款定价、担保方式、还款方式、办理条件、办理流程10个方面。

贷款产品及其构成要素

（一）产品名称

为了突出贷款产品的特征，方便开展贷款产品的市场营销和推广，商业银行、贷款公司等信贷机构越来越重视对设计开发的贷款产品进行命名，贷款产品的名称要能够准确传达该产品的主要特征，能够很容易被客户记住。

命名的方法各不相同，如打造爆款产品的命名方法，如中国工商银行的"商友贷"、中国民生银行的"商贷通"、宁波银行的"白领通"、杭州银行的"公鸡贷"、浙江农信（现浙江农商联合银行）的"浙里贷"等。

（二）贷款对象

贷款对象就是贷款的客户，一般将贷款产品的客户分为个人客户、单位客户，设计开发贷款产品时，通常要对个人客户和单位客户再进行细分。比如，个人客户可以细分为城市居民、农村居民（农户）、青年人、创业者、低收入人群、公务员、事业单位员工、下岗人员、学生等；单位客户可细分为大企业、中小企业、小微企业、农村合作经济组织等。

（三）贷款用途

贷款用途指贷款资金的具体去向，反映贷款用于解决哪一方面的资金需要。客户借款的用途是多种多样的，可能是用于消费、生产经营、补充流动资金、购买机器设备等。客户借款用途应满足真实、合理、合规、合法等基本要求，须在借款合同中写明。

（四）贷款额度

贷款额度是指贷款人给借款人的贷款金额数量，每款贷款产品一般会给出贷款额度的范围。额度应当适度，应与借款人偿债能力和实际需求相匹配，超过其实际偿债能力、实际需求或额度不够都存在风险。超额贷款，客户可能会因挪作他用造成风险；额度不足，客户有可能无法完成项目或寻求其他高息借款，风险同样很大。

（五）贷款期限

贷款期限是指贷款资金的使用期限。贷款期限应根据贷款的种类、性质、用途和客户的还款现金流状况综合确定。比如，个人消费贷款产品的期限不得超过 5 年，个人生产经营贷款产品期限一般不超过 5 年，流动资金贷款产品的期限原则上不超过 3 年，固定资产贷款产品的期限一般不超过 10 年。

（六）贷款定价

贷款定价是发放贷款的价格条件。定价过高，会驱使客户从事高风险的经济活动以应对过于沉重的债务负担，或者是抑制客户的借款需求，使之转向其他信贷机构或通过公开市场直接筹资；定价过低，信贷机构可能无法实现盈利，甚至不能补偿成本和承担的风险。

贷款价格包括贷款利率、贷款承诺费及服务费、提前偿付或逾期的罚息等，贷款利率是贷款价格的主要组成部分，年利率和月利率是最常用的两种利率单位。

（七）担保方式

担保作为债权保障措施，是借款人的第二还款来源。当贷款金额超出借款人信用时，需要通过担保来增信。虽然担保可以起到分散和补偿贷款风险的作用，但其不能取代对借款人的信用分析。从实践来看，一旦借款人的第一还款来源出现问题，信贷机构主张担保权利往往也不会很顺利。

（八）还款方式

还款方式应根据贷款的金额大小、具体用途、借款人现金流状况等综合确定，还款方式应当与借款人的未来现金流状况相匹配。通常有以下六种还款法。

1. 到期一次还本付息法。该方法又称期末清偿法，是指借款人在贷款到期日还清贷款本息，利随本清。一般适用于期限在 1 年以内（含 1 年）的贷款。

2. 等额本息还款法。该方法是指在贷款期内每期以相等的额度平均偿还贷款本息，每期归还的本金和利息的配比是逐期变化的，利息逐期递减，本金逐期递增。在利率调整或部分提前还款时，应根据未偿还贷款余额和剩余还款期数重新计算每期还款额。我国以一个月或者一个季度为一个还款期最为常用。

以每月还款为例，每月还款额计算公式为

$$每月还款额 = \frac{月利率 \times (1 + 月利率)^{还款月数}}{(1 + 月利率)^{还款月数} - 1} \times 贷款本金$$

3. 等额本金还款法。该方法是指在贷款期内每期等额偿还贷款本金，贷款利息随本金逐期递减，前期还款压力较大，之后每期还款逐渐减少。

以每月还款为例，每月还款额计算公式为

$$每月还款额 = \frac{贷款本金}{还款月数} + (贷款本金 - 已归还贷款本金累计) \times 月利率$$

4. 等比累进还款法。该方法也称等比递增（减）累进法，是指借款人在贷款发放一定时间内，每月等额还款，以后在每期还款额基础上增加一定比例的还款额。就是将整个还款期按一定的时间段划分，每个时间段比上一时间段多（少）还约定的固定比例，而每个时间段内每月须以相同的偿还额归还贷款本息的一种还款方式。

例如，一购房者向银行贷款 10 万元，贷期 10 年，按现行利率选择"等额本息还款法"，其每月还款额为 1089.20 元，10 年后他总共需支付本息 130704 元。但他如果预计 5 年后的收入将会有一个较大的提高，那么他可以选择"等比累进还款法"，以 5 年为周期，第二个 5 年的月付款比第一个 5 年上浮 50%，那么第一个 5 年内，他每月约还款 905 元；第二个 5 年内，每月约还款 1358 元，比 905 元上浮了 50%，10 年后他总共需支付约 135780 元。

5. 等额累进还款法。该方法也称等额递增（减）累进法，其与"等比累进还款法"类似，不同之处就是将在每个时间段上约定多（少）还款的"固定比例"改为"固定额度"，同样在每个时间段内每月以相同的偿还额归还贷款本息。

6. 组合还款法。组合还款法是一种将贷款本金分段偿还，根据资金的实际占用时间计算利息的还款方式；即根据借款人未来的收支情况，首先将整个贷款本金按比例分成若干偿还阶段，然后确定每个阶段的还款年限。每个阶段约定偿还的本金在规定的年限中按等额本息的方式计算每月偿还额，未归还的本金部分按月计息，两部分相加即形成每月的还款金额。这种方法可以比较灵活地按照借款人的还款能力规划还款进度，满足个性化需求。在小额贷款业务中，常用的分期付息到期还本可以说是组合还款法的一种特殊类型。

（九）办理条件

每一款贷款产品都有其适用的客户对象和贷款用途，对客户的申请条件有相应的基本要求，关于借款人基本条件要求具体参阅前文贷款申请的内容。如某商业银行创业通贷款产品的办理条件：有合法、稳定的创业经营项目，信用状况良好，有正常还款来源，有按期偿还贷款本息的能力，贷款用途明确、合法，提供有效身份证和企业证照，提供与生产经营或收入情况相关的佐证材料，以及贷款用途证明材料等。

（十）办理流程

贷款产品的办理流程就是贷款业务操作流程的具体化。越来越多的小额信贷产品简化了贷款办理流程，在某些环节采用更便捷的线上流程，一些网络贷款产品已经能够实现完全线上办理。

✉ 【拓展知识 2 – 5】

什么是好的贷款产品

好的贷款产品必须能够同时满足客户和放贷机构的需要，比如，（1）要有足够的包容度或弹性，最好能够满足多种经济活动的需要；（2）在一段较长时期内，有足够的有效需求；（3）产品的客户流失率低；（4）产品的还款率高、风险贷款率低；（5）产品运作成本较低、回报率较高等。

好的贷款产品应设计合理的额度、期限、还款频率、利率、担保措施以及发放回收方式等，能够减轻客户还款难度，降低信贷风险；保持较高的客户保留率，减少客户流失，降低客户营销等操作成本；有助于拓展市场，在竞争中占领先机；能够减少内部欺诈和腐败的发生。

客户所需和机构所需是不一致的，有时甚至会相互抵触（见表 2 – 2）。因此，好的贷款产品应该在满足客户需求和机构利益方面取得平衡，偏废任何一方都不能收到长久之效。好的贷款产品是具有丰富实战经验的开发人员准确把握客户需求和当地市场条件，评估机构的现实能力，仔细权衡客户和机构利益的产物。

表 2 – 2　　　　　　　客户与放贷机构对贷款产品的期望和要求

需求点	客户	机构	综合考虑
额度	• 足额满足经营需要 • 倾向于越多越好	• 太小成本高 • 太大风险高	• 所需资金共同分担 • 额度适中（地区经验数据） • 对客户有吸引力 • 与其他机构比有竞争力
期限	• 与生产周期完全一致 • 倾向越长越好	• 期限越长风险越大 • 考虑生产周期 • 考虑家庭收入结构 • 考虑机构负债的期限结构	• 一般不超过 1 年 • 相近的生产周期合并考虑

续表

需求点	客户	机构	综合考虑
定价	• 越低越好	• 能覆盖成本并有盈利 • 考虑风险因素 • 考虑通货膨胀 • 参考其他机构定价 • 不违法	• 确定平均资金成本 • 影子成本因素 • 确定盈亏平衡点 • 法定最高限价以内
抵押担保	• 简单，最好没有	• 简便、实用、有效 • 降低风险、低成本 • 可操作性 • 不违法	• 小组贷款、个人贷款区别对待 • 城乡区别对待 • 开发简便易行的抵押担保手段 • 做实小组联保
贷款发放 贷款收回	• 简便 • 最好门对门服务	• 低风险（道德风险、路途、假币风险等） • 低成本	• 力争做到无现金交易 • 探索利用金融系统平台（银行卡、POS 机、手机银行、网上银行等） • 农村和城市分别考虑
还款频率	• 越低越好 • 倾向整贷整还	• 考虑客户家庭现金流 • 风险低 • 成本收益比低	• 考虑地域差异、城乡差异、产业差异 • 考虑节假日、农忙农闲
其他要求	• 投放时机契合	• 与客户信用等级挂钩	
客户考虑的重点		机构考虑的重点	
• 简便、便宜、实用、合时		• 低风险、低成本、盈亏、需求量大小 • 合法、简便、有效	

资料来源：刘文璞．小额信贷管理［M］．北京：社会科学文献出版社，2011：148－149．

活动2　开发小额信贷产品

信贷产品开发主要包括六个基本步骤，即前期评估与准备—市场调研—产品设计—初步测试—推广产品—评估并完善。在整个流程中，客户的需求、竞争对手以及信贷机构本身的状况和能力等因素是信贷产品开发的出发点，其影响贯穿于整个流程。

一、前期评估与准备

前期评估主要包括对产品现状和对机构现状的评估。在开发新产品前，需要回答的核心问题是：现阶段有没有必要开发新产品？机构是否具备开发和运行新产品的条件？

一个小额信贷机构到底有多少贷款产品比较合适，这取决于机构的理念、规模、发展阶段、发展策略、管理水平、员工能力、管理信息系统、市场竞争程度等多种因素。产品多，客户选择余地大，有助于提高市场占有率，但运行成本高、信贷员工作效率受影响。品种少，客户需求满足可能要打折扣，但客户熟悉、运行成本低、信贷员工作效率高。国际上既有以产品多样化为特色的成功机构，也有靠产品标准化取胜的优秀机构。

一般来说，处于发展初期或能力较弱的机构，通常采取简单照搬其他机构的产品模式，或借助外部技术力量（如捐助机构或股东机构）帮助开发；处于发展阶段的机构可以在外部专家的指导下，共同设计开发；处于成熟阶段的机构已具有设计开发贷款产品的人才、技术和丰富的信贷经验，能够自主设计开发贷款产品。

二、市场调研

市场调研是产品开发的关键一环，市场调研的成功与否将决定产品的好坏。根据发展程度，小额信贷市场大体可分为新生市场、快速成长市场和成熟市场三类，市场特征和调查方式见表 2 – 3。

开发小额信贷产品

表 2 – 3　　　　　　　　　小额信贷市场类型及调查方式

市场类型	市场特征	调查方式
新生市场	• 市场上只有少数机构提供小额信贷服务 • 需求远远超过供给，属于卖方市场 • 产品驱动型市场，产品单一	• 粗略，非正规 • 在大概了解客户生产活动和信贷需求基础上直接推出产品
快速成长市场	• 提供小额贷款的机构不断增加 • 供求失衡状况正在改善，但依然有大量不能满足的需求 • 局部的竞争开始出现，市场从产品驱动型向客户驱动型转变 • 小额信贷机构开始注重信贷管理、服务和信贷系统的完善	• 机构开始关注客户的反应 • 大部分机构仍不需要专业、细致的市场调查
成熟市场	• 市场上有大量小额信贷机构可供选择 • 供求基本平衡，竞争变得激烈 • 客户驱动型市场，小额信贷机构需要对客户需求作出及时快速的反应，产品丰富且多元化	• 专业、细致的调查 • 密切追踪客户意见和反馈 • 关注竞争对手的举动

资料来源：刘文璞. 小额信贷管理 ［M］. 北京：社会科学文献出版社，2011：148 – 149.

市场调研的信息来源可以是一手资料，也可以是二手资料。一手资料包括一线员工的意见和反馈，客户贷款申请、调查、投诉时留存的贷款需求信息，访谈、问卷调查等方式获取的贷款需求信息。二手资料包括机构信贷分析报告、监测评估报告等，以及从政府机构、出版物、学术机构等获取的贷款需求信息。对调研信息的分析主要包括目标市场及人群定位分析、宏观和微观市场分析、竞争对手分析等。

三、产品设计

基于对目标客户、目标区域、竞争对手、成本、机构能力等因素的综合考虑，确定小额信贷产品的要素设计细节。

（一）贷款额度

确定贷款额度时，需考虑如下几点：（1）目标客户从事的主流生产经营活动对资金的客观需求；（2）大部分目标客户期望的贷款金额；（3）机构本身的资金实力；（4）当地的人均国民收入水平；（5）客户需要自己承担的部分资金，客户从事活动的所需资金不能全部靠贷款来解决，必须有一部分自有资金，这样可降低贷款风险。

（二）贷款期限

确定贷款期限时，需考虑如下几点：（1）重要生产经营活动的生产周期，长的周期可以涵盖短的周期，如当地生产经营活动的周期多为 3~6 个月，则设计 6 个月期限的小额信贷产品；（2）贷款的风险程度，一般而言，期限越长，风险越大，因此，一般小额信贷产品期限都不超过 1 年。

（三）担保方式

小额信贷领域较普遍的担保方式为小组联保和个人保证，也有专业担保公司担保、资产抵押、权利质押等方式。采用无抵（质）押的贷款方式更加符合小额信贷的初衷。

（四）组织模式

小额信贷的组织模式一般分小组模式和个人模式。小组模式一般适合传统的熟人型社区和额度相对较小的贷款；个人模式则更适合城市、人口流动较大的社区以及额度相对较大的贷款。

（五）还款方式

还款方式主要有整贷零还和整贷整还两种，应用较普遍的是整贷零还方式。在还款频率上，有每周还款、每旬还款、双周还款、每月还款、双月还款、每季还款、半年还款等多种形式，还款频率和还款方式的选择必须要与客户的现金流状况相匹配。

（六）贷款定价

贷款定价既要考虑客户的承受能力，又要兼顾机构的成本收益，还要考虑市场上同类产品的定价水平。在理论上，资金成本、管理成本、贷款风险程度、贷款期限、还款方式、信贷机构与借款人业务关系等都是影响贷款定价的因素。

贷款利率定价的成本加成法是指在分析发放贷款的流动性成本、经营管理成本以及风险水平的基础上，对每一笔贷款确定一个"有利可图"的利率水平。基准利率定价法也称为价格领导法，是指主要根据每笔贷款的信用风险大小，在基准利率的基础上加点或者乘以一个系数来确定，实践中，常用同业拆借利率、国债回购利率、贷款市场报价利率（Loan Prime Rate，LPR）等作为基准利率。比如，银行业金融机构要根据贷款市场报价利率和小微企业客群特征，合理确定小微企业贷款的利率。

贷款利率采用风险定价机制，要求在科学测算贷款成本的基础上，合理确定贷款的利率，以抵补贷款风险。自营贷款和特定贷款，除按中国人民银行规定计收利息之外，不得收取其他任何费用；委托贷款，除按中国人民银行规定计收手续费之外，不得收取其他任何费用。贷款利率、计息方法和收取方式等应按照相关法律法规要求，贷款利率不能超过我国政府对高利贷认定的利率水平。

四、初步测试

产品设计完成，在大规模投放市场之前，应在试点分支机构试行新产品，收集客户反馈信息，检验该产品的可行性，并根据反馈情况对新产品进行改进完善。

五、推广产品

在推广前，应制订产品营销推广计划，制作产品操作流程和指导手册，根据需要招聘新员工和对员工进行培训，相应升级管理信息系统等。

六、评估并完善

在信贷产品推广后，小额信贷机构应对已投入运行的信贷产品进行跟踪，记录客户反馈，分析产品市场竞争力，进行定期评估，对产品进行迭代完善。

✉ **【拓展知识 2 - 6】**

××小额贷款公司产品设计框架

一、小额贷款公司的目标市场

1. 目标客户。小额贷款公司的定位主要是为统筹城乡服务，服务于"三农"。但与农商行、村镇银行存在一定的市场重合，所以目前小额贷款公司的目标客户群定位于中心城市的零售商、批发商和小型制造企业，以及中心城市近郊的农户、农场主和农村企业。

表 2 - 4　　　　　　　　　　小额贷款公司目标客户群

目标客户	形态	市场范围	举例
零售商、批发商	小店、摊位、铺位	社区、批发市场、集中卖场	各类个体户、商贸企业等
农村小微企业	家庭作坊、微型企业、小型企业	农村、乡镇产业集中区、县（市）产业集中区	加工企业、制造企业、运销企业等
农户、农场主	种养大户、家庭农场	农村、现代农业园区	种植大户、养殖大户等

2. 客户限制（黑名单）。小额贷款公司根据控制风险和成本的需要，设立行业限制，避免与高风险行业的业务往来。

二、小额贷款公司产品设计

根据小额贷款公司的目标客户和业务特点，小额贷款公司的产品设计如表 2 - 5 所示。

表 2 - 5　　　　　　　　　　小额贷款公司产品设计

客户对象	个体户、微型企业、农户	小型企业、农村企业、农场主
划分标准	年营业额 10 万 ~ 100 万元	年营业额 100 万 ~ 500 万元
贷款产品	信用贷款	抵押贷款
贷款金额	1 万 ~ 10 万元	10 万 ~ 100 万元
贷款额度	≤年营业额的 8%	≤年营业额的 20%、抵押率≤70%
贷款期限	3 ~ 12 个月	3 ~ 24 个月
贷款用途	流动资金、生产设备与固定资产购置	
贷款利率	15‰ ~ 20‰	10‰ ~ 15‰
手续费	2%	1.5%
还款方式	按月等额还款	
担保方式	担保（配偶、家族成员或经审查通过的第三方）	抵押（房产、生产设备、营运车辆、私家车等）
审查周期	3 ~ 5 天	5 ~ 7 天
贷款发放	5 ~ 7 天	7 ~ 9 天

活动3　营销小额信贷产品

国际著名的小额信贷机构孟加拉乡村银行的创办者尤努斯，不仅是杰出的银行家，更是卓越的营销大师。孟加拉乡村银行通过开发特色化、差异化的信贷产品，布设密集而强大的渠道网络，创新客户组织模式，提供优质极致服务，整体提升机构的营销能力，争取更大的信贷市场。

现代营销学之父菲利普·科特勒认为，从管理的角度看，营销是计划和执行有关商品、服务和创意的观念、定价、促销和分销的过程，以创造符合个人和组织目标的交易促成过程。具体而言，营销是选择目标市场以及通过创造、提供和传达更好的顾客价值实现市场的扩张，来获得、保持和增加顾客。在营销产品时，只是给客户他们想要的东西是不够的，还必须帮助顾客了解他们需要什么。

一、小额信贷营销发展阶段

国际上，小额信贷营销经历了以下四个阶段。

1. 生产理念阶段：生产出来就能卖得出去。通常假定消费者感兴趣的是产品的实用性和低价格，因而强调以尽可能低的价格生产尽可能多的产品。生产理念在小额信贷发展的初期被普遍采用，并且相对有效，因为产品的需求很大而供给很少。

2. 产品理念阶段：做得好就能卖得出去。通常假定只要产品足够好，消费者就会买它们，因而强调生产尽可能最高质量的产品和服务，并不断加以改进。

3. 销售理念阶段：促销做得好就能卖得出去。通常假定消费者在进行购买时是犹豫的，并且通常并不清楚他们的消费选择或者对此感到烦恼，必须通过积极地销售和促销来说服他们进行购买。

4. 营销理念阶段：对市场有价值的东西就能卖得出去。通常认为通过理解目标市场和消费者的需求，并能在运营的各个方面对此作出反应，就可以比较容易地以一定的利润销售产品。

营销理念是一种由外（市场）而内（机构）的方法，强调找出市场需要什么并发展产品去满足市场。目前，越来越多以营利为目的的小额信贷机构转向围绕目标市场，采用需求驱动、顾客导向的营销理念。

二、小额信贷营销策略

小额信贷的营销策略可分为大量营销、细分市场营销和定向营销三种。大量营销策略是指将基本相同的产品卖给每一个客户，细分市场营销策略是指针对不同的细分市场销售不同的产品，定向营销策略是指集中机构所有的资源向一个特定的细分市场销售。三种营销策略的特征和优缺点见表2-6。

营销小额信贷产品

一般来说，刚进入小额信贷市场或规模较小的小额信贷机构，会选择大量营销策略或者定向营销策略，当发展到一定的规模和阶段，会采用细分市场营销策略。

表 2-6　　　　　　　　　　三种营销策略的特征与优缺点

策略	特征描述	优缺点
大量营销	• 客户没有差异，假定使用者是同质的 • 只适用于没有对市场进行细分的信贷机构 • 信贷机构对整个市场只有一个营销组合	• 优点：以最低的营销成本发掘单一产品最大的市场潜力，带来更低的成本和更高的利润 • 缺点：策略很少成功，因为市场并不是同质的。客户对产品价格、销售渠道、服务有不同要求
细分市场营销	• 对市场进行细分，满足不同细分市场的不同需求 • 每个细分市场的客户有类似的需求和要求 • 集中选择信贷机构希望占支配地位的细分市场 • 每个细分市场有其单独的产品和营销计划 • 针对不同的细分市场，信贷机构有不同的营销组合	• 优点：可以制订出更协调的产品、服务方案，给出更适当的价格；销售和交流渠道选择更容易；细分市场面对更少竞争者；能够降低机构整体收益风险；具有规模经济和范围经济带来的成本优势 • 缺点：要求更多的资源和努力发展不同的产品和服务。必须能够有效地细分市场，如果不能，细分市场营销就可能会不成功或者成本过高
定向营销	• 信贷机构为寻求与众不同收益的客户服务 • 信贷机构所有活动集中于一个特殊市场，以达到该市场最强 • 具有细分市场并选择有利可图市场的能力 • 信贷机构只有一个营销组合 • 经常是较小信贷机构的最佳策略	• 优点：只集中于一个细分市场，能比其他企业提供更好的服务。占据最大市场份额和利润有很大机会 • 缺点：风险较大；随着客户偏好的改变或者竞争者进入，可能导致利润下降，小额信贷机构的生存会出现问题

资料来源：金岩，赵坚. 微小企业贷款的研究与实践 [M]. 北京：中国经济出版社，2007：126-127.

三、小额信贷产品推介

向市场推介小额信贷产品，可分为准备产品信息和传递产品信息两个阶段。一般来说，产品信息要素主要包括以下几点。

1. 产品名称标识，信贷机构应给产品选择一个客户容易记住和理解的图形或名字；

2. 简要产品说明，可以是一个短语、句子或者标语、口号，期望客户如何看待这种产品，达到传递产品主要信息的目的；

3. 独特性销售说明，信贷产品与竞争对手产品区别开来的优势特色；

4. 利益陈述，清楚描述产品能够满足的客户需求，为客户提供的收益；

5. 定位陈述，希望产品在客户心目中的定位，这将影响消费者对机构和产品的认识。

产品信息准备好以后，传递产品信息可以通过媒体广告、个人销售、转介绍营销、公共关系等方式进行。信贷客户经理可以通过电话营销、会议营销、陌生拜访营销推介产品，实际工作中，"四进""四扫"开展产品推介，即"进社区、进小区、进楼道、进农户""扫园区、扫厂区、扫商区、扫市场"；发挥老客户对信贷产品的良好口碑评价是吸引新客户非常重要的方式；通过借助行业协会、市场管理方等组织及其活动，根据工薪阶层的生活习惯、消费场景等有针对性地营销目标客户，可以有效开展批量营销。金融产品的营销有别于一般商品营销，有效推介信贷产品需要赢得客户的信赖，而建立这种信赖关系需要一个相对更长的时间。借助人缘、地缘、亲缘和采取"网格化营销"都是有效的方式方法。比如，在农村地区广泛开展"整村授信"，基于客户画像在本地和异地开展各种营销活动；在城镇区域划分"物理网格"和"虚拟网格"，将街道、事业单位、公职单位、商圈、小区等划分不同的网格，在网格内开展各种营销活动。

（一）贷款产品推介模拟

在主动上门向客户推介小额贷款产品时，客户经理通常需要先表明自己的身份，然后告知对方自己的目的，通过对小额贷款产品的典型特征介绍，凸显该产品的特点和贷款基本程序，同时会与其他同类贷款产品做一些适当的对比，短时间内使客户获得最大信息量，并通过客户反应进一步甄别客户。

以下是典型的第一次对客户进行产品推介时的对话。

客户经理：您好！我是××银行的客户经理，我姓×，耽误您一点时间，向您介绍我行的贷款产品（双手递上宣传单）。

客户：（打量一下客户经理，接过传单开始浏览）。

客户经理：这是我行推出的专门服务您这样客户的贷款产品，贷款金额最高可达100万元，贷款期限最长可达2年。

客户：你们的利息是多少？

客户经理：日息最低可达万分之二，如果贷款1万元，日息2元，月息约60元，按照实际使用天数计算利息，没有其他费用。

客户：（惊讶地打断）这么高的利息？

客户经理：这款产品的办理手续非常简单，一般只需要3个工作日左右就可以完成放款，跟周边其他银行的同类产品相比，我们的利率是最低的了。

客户：你们需要提供什么抵押呢？

客户经理：不一定需要抵押，如果您的经营和资信情况非常好或者需要的贷款额度不高的话，可以信用贷款，不用提供抵押。如果您方便提供保证或抵质押等担保，我们可以适当降低利率。

客户：如果想贷款，去哪里办呢？

客户经理：您有资金需求的话，随时都可以联系我，我们加个微信方便联系，这个名片上也有我的电话号码，欢迎您到××银行××支行来找我。

客户：好，有需要时我联系你。

客户经理：好的，谢谢您，再见！

（二）产品推介中的注意事项

1. 要注意自己的着装、语言及表情。着装上以工作服为宜，语言上尽量简洁明快、突出重点，语气上要热情大方，与客户接触交流过程中，要面带微笑，使自己在最短的时间内得到客户最大限度的接纳。

2. 要注意对方的文化层次。对那些文化素质较高、具备一定金融知识的客户可以使用一些专业术语，让客户感到是专业人士在为其提供服务；对文化素质不高或金融知识薄弱的客户，要避免使用专业词汇，通俗易懂的语言更便于沟通。

3. 要采用灵活的交流方式，不必按框说话。要根据场合和客户的反应敏感地抓住客户想要了解的信息，进而抓住宣传推介的重点。

4. 要注意选择向客户推介的合适时机。要考虑客户是否介意有其他人同时在场；要注意对方的生意忙不忙，会不会打扰客户的生意；有些客户对业务有兴趣，但不想让其他人知晓贷款事宜；要重点对最近有资金使用需求的客户加强营销。因此，需要充分考虑客户感受和对客营销的时机选择。

5. 要掌握好说话内容的分寸。在做产品宣传时，对于当前不能确定的事项要谨慎回答，也不能给客户一定可以得到贷款的承诺。

模块三　小额信贷客户经理岗位要求

【案例导入】

咱们的新时代客户经理

"客户经理不能收礼，但是锦旗必须收！"王女士充满感激地对河北藁城联社城区微贷分中心客户经理夏毅楠说。

夏毅楠是踏着父辈的脚印，走进农信大家庭的新一代农信人，秉承老一辈踏踏实实、恪尽职守的农信精神，在平凡的岗位上继续战斗，绽放新生代风采，彰显着青春的活力。

第一次结识夏毅楠，是王女士在其他银行贷款屡遭碰壁后，抱着试试看的态度上门求问的。夏毅楠在了解了大概情况后，看王女士实在着急用钱，当天就和同事来回奔波了200公里，完成了贷前调查，加班向系统提交了贷款申请；第二天审批下来，出合同，办理房产抵押；第三天房管审批手续一下来，放款、转账。王女士在最短的时间内贷到了70万元的流动资金，解了燃眉之急。2018年9月，王女士在资金周转上又遇到了困难，就再次直接找到夏毅楠，又顺利地解决了资金问题。

就像夏毅楠刚走上客户经理岗位时在日记中写到的，"作为一名客户经理，心里要有一个坐标轴，在这个坐标轴上有制度、有行动、有金钱名利、有人生态度，找准自己的人生坐标，不要越位，不要偏离"。

学精专业知识。在夏毅楠的案头堆放着各种法律、法规、金融知识的书籍和文件，她在闲暇之余都会主动钻研信贷制度、总结信贷流程，为她在工作中能够及时准确地分辨出每笔贷款是否合规提供了保障。

主动营销客户。坐等顾客上门的时代已经过去了，无论"双基"共建还是脱贫攻坚活动中，无论是在夏日还是寒冬，夏毅楠从没有缺席过，常常一次走访就是几十户，到村民家里不厌其烦地普及各种优惠政策，通过沟通获取更多信息，以提供更有针对性的服务。

遵守职业操守。由于客户经理接触客户群的特殊性，容易受到利益的诱惑，夏毅楠说"法比天大"，在她这里是坚决杜绝"关系贷""人情贷"，只有合规合法才能贷。就像这位王女士说的："和夏毅楠认识了一年多，她连瓶矿泉水都没喝过我的。"

过硬工作作风。在工作中，夏毅楠是公认的"嘴甜、手快、效率高"，柔柔弱弱的一个小姑娘干起工作来总是雷厉风行。客户说她热心，同事说她有耐心，领导夸她很细心。她说："我们作为新一代农信人，背负着父辈、领导和同事的厚望，在新的社会形势下，就要展现出新时代的风采。"

资料来源：卢亚丽. 咱们的新时代客户经理［EB/OL］.［2018－11－20］. http：//www.zgncjr.com.cn/content/200000242/B3DF8452B8B7429B80F19AD2B3677DFA/1.html.

☞ **请思考**：你认为信贷客户经理应具备怎样的知识、能力和素质？

活动 1　了解信贷客户经理岗位职责

信贷客户经理既是信贷机构与客户建立关系、对外开展业务的代表，也是信贷机构对内对外沟通的重要桥梁，处于市场获客、产品营销、办理业务的第一线。因不同类型金融机构的业务或服务范围不同，客户经理的岗位职责也不一样。比如，商业银行的客户经理是指在银行各营业机构从事服务客户、组织资金、营销贷款、拓展业务、推介金融产品和开拓市场的工作人员，一般在服务辖区内代表所在营业机构稳定和发展与客户的关系，开展存款、贷款、理财、结算、代理、咨询等金融服务。规模较大的银行为提高服务专业化水平，一般还会对客户经理岗位进行细分，如分为以贷款业务为主的信贷客户经理、以理财业务为主的理财客户经理等。

小额信贷客户经理的岗位职责主要包括以下几个方面。

1. 营销拓展新客户。密切关注国家宏观经济政策和行业发展规划，结合所在区域的客户特点，有重点地开展市场调研，了解竞争对手情况、行业企业发展趋势、客户金融服务需求等；收集、整理、分析客户信息，细分客户类别，制订发展计划，推介业务产品，发展培育和吸引新的优质客户。比如，浙江农商联合银行2010年提出"走千访万"活动，发动全省所有信贷员要走村入企。走村要一户一户走，了解老百姓家庭情况、品质、资产负债等；入企要走进每家企业，了解企业的经营情况。

2. 处理小额信贷业务。调查了解辖区内的农户、城乡个体工商户、小微企业贷款需求情况，开展农户、个体工商户、小微企业的建档、评级、授信工作，指导成立贷款农户联保组织，开展信用户（村、社区、乡镇）评定工作；受理业务申请，进行贷前调查、贷款发放、贷后管理等工作。

3. 维护客户关系。（1）日常客户维护。包括加强与客户的日常联系，及时了解客户需求；定期拜访客户，撰写工作日志；统筹安排所在机构有关领导和相关业务部门会见客户；定期汇报工作进度，及时协调解决问题等，形成和巩固长期稳定的合作关系。（2）客户信息资料的整理。比如，对于企业客户，应尽力获取客户的战略规划、定期财务报表、重点人事变动和同业竞争情况等各项资料，按要求整理、更新及妥善保管。（3）客户关系交接。因离职、换岗或其他调整时，应按照有关要求在规定时间内完成包括客户关系、客户信息和相关业务资料等项工作的交接。

4. 其他营销服务工作。以信贷工作为主，兼顾本机构其他金融产品的交叉营销，对于吸收存款的机构，客户经理还需加强存款营销等。

✉ 【拓展知识 2-7】

××小额贷款公司客户经理/信贷内勤岗位职责

一、客户经理岗位职责

1. 积极拓展市场，寻找客户，向客户推介和销售贷款产品，完成业绩目标；

2. 向客户解释贷款流程、政策和手续，受理客户借款申请，开展贷前调查工作，评估贷款申请并提出建议，对受理、调查的贷款业务的合法性、合理性、真实性和完整性负责；

3. 负责对审批后的信贷业务同客户签订借款合同和担保合同；

4. 负责贷款的发放与收回并按期收回利息；

5. 负责对客户进行贷后管理以及不良贷款、应收利息、信贷退出的落实和清收；

6. 负责贷款风险分类的基础工作以及相关信贷报表的统计分析和上报；

7. 收集和整理企业客户财务报表和相关资料；

8. 负责贷款档案资料的传递交接工作；

9. 完成领导交办的其他工作任务。

二、信贷内勤岗位职责

1. 登记客户的贷款还款表，落实和检查客户的每期还款情况；

2. 每月 5 日、15 日给所支持的小组信贷员提供下期应还金额；

3. 每月 10 日、20 日检查客户本期还款金额到账情况；

4. 对未按时还款的客户即时上报；

5. 协助并且检查贷款合同，保证无差错，协助公司财务落实放款；

6. 整理客户资料、合同、借据、还款凭证、审贷会决议、客户分析表格、贷后监督表等，归档和保存客户相关资料；

7. 统计各项贷款信息；

8. 协助信贷员整理贷款信息；

9. 按照要求登记客户申请信息，及时更新和追踪客户的申请状态。

活动 2　遵守信贷客户经理从业准则

信贷客户经理
从业准则

一个合格的信贷客户经理要知道他是借款人的伙伴，借款人的成功就是信贷客户经理的成功。客户经理在工作中常常面临操作风险、信用风险、道德风险的考验，在工作、生活中，应严格遵循以下从业基本准则。

1. 诚实信用。诚实信用是任何行业规范所必须遵循的基本原则，也是客户经理的立身之本和基本要求。客户经理应实事求是，客观真实、拒绝作假。

2. 守法合规。客户经理应知法守法，包括法律法规、自律规范、规章制度等，养成合规意识，规范行事，维护国家利益和金融安全。

3. 作风端正。客户经理应公私分明、勤俭节约，具备良好的品德操守，严禁从事赌博、吸毒及其他违法违纪行为，无不良记录。

4. 勤勉尽职。客户经理要有勤勉谨慎的良好工作态度，认真履行岗位职责，在日常工作中仔细认真，避免差错。

5. 专业胜任。（1）具备岗位相应的专业知识，如掌握必要的经济和金融基础理论知识、贷款和授信业务知识、相关法律法规、会计和财务基础知识等，作为从事小额信贷的客户经理还应了解农业生产经营、个体工商经营、小微企业生产经营的知识，了解当地经济和民风民俗等；熟知信贷机构的业务规章、制度和流程，熟悉各种金融产品。（2）具备岗位资格，即取得与岗位相关的职业资格证书。（3）具备岗位业务能力，如具备一定的市场分析和客户开发能力、信贷客户信息调查与分析能力、良好的社会交际和组织协调能力等。客户经理在性格上应热情开朗，具有较好的心理素质和抗压能力，具有时间管理和团队精神等现代管理意识。

6. 严格保密。商业秘密指不为公众所知悉、能为权利人带来经济利益，具有实用性并经权利人采取保密措施的技术信息和经营信息。保守商业秘密、信息和隐私，既是国家法律法规的强制性规定，也是避免客户损失、维护所在机构声誉的必然要求。客户经理岗位严格保密包括两个方面：（1）保守本机构秘密。严禁窥视、窃取不应由本人了解的业务操作机密，以及对所在机构尚未公开的财务数据、重大战略决策和产品研发等内部信息。（2）保守客户秘密。不得向无关人员或其他组织透露客户的个人信息和生产经营信息等，不出于好奇或其他目的向其他同事打听客户的信息；妥善保管或销毁含有客户信息的单据、凭证等。

7. 规范操作。客户经理应规范执行各项业务操作流程，执行中当发现可能发生违章违纪行为，或可能导致风险时，应立即向上级报告。

8. 优质服务。客户经理应做到客户至上、语言文明、态度稳重、举止得体，讲究工作效率，提高工作质量，努力为客户提供热情、周到、优质、高效的服务。在日常工作交往中，客户经理应做到约见客户要遵守时间、拜访要事先约定、遇到客户要面带笑容，主动行礼问好致意；在推介业务时，无论是上门拜访还是工作接待，都要以礼相待。

9. 严禁商业贿赂。（1）严禁收受商业贿赂。客户经理在社会交往和商业活动中，不得接受或给予客户任何形式的非法利益。严禁客户经理借职务之便为客户融资提供有偿服务。（2）严禁违法行贿行为。客户经理在营销工作中应把握尺度，严禁违反法律的行贿行为，同时避免参与不健康、影响声誉的娱乐活动，避免有损其职业形象的行为举止。

10. 抵制内幕交易。客户经理不得利用内幕信息牟取个人利益，不得将内幕信息以明示或暗示的形式告知他人。严禁充当民间融资中介、为融资提供担保、收受好处费等非法牟利行为。严禁越权代表所在机构与客户签订任何形式的协议文书或向客户作任何超授权的单方面承诺。

《银行从业人员职业操守和行为准则》

微贷客户经理成长案例

【拓展知识 2−8】

两家银行的信贷客户经理从业原则规定

一、某商业银行客户经理"八不准"原则

1. 不准怠慢、顶撞或刁难客户；
2. 不准故意推脱、拖延、拒绝客户的业务申请；
3. 不准以权谋私、以职谋利，不准向客户提出工作以外的任何要求；
4. 不准索要和收受客户任何形式的宴请、礼金、礼物等；
5. 不准私自对外泄露客户经营、贷款、账户等重要信息；
6. 不准代替客户签名、违规代替客户办理贷款手续；
7. 不准向客户承诺未经审批的贷款；
8. 不准私下与客户签署任何协议或合同。

二、某村镇银行客户经理八项规定

1. 尊重客户，服务客户，以客户为中心，急客户之所急；
2. 客户资料上门核对索取，尽量一次索取完毕，最多不超过两次；
3. 不接受客户赠送的礼品、特产、消费券、购物卡等，确实无法拒绝的，及时上交总行办公室；
4. 不参与介绍买卖存款，不得收取存款组织揽客赠送的各种礼品、消费券、购物卡等；
5. 本人直系亲属有从事经商的，如实向总行办公室报备，并保证不与客户发生经营往来或利益关联；
6. 如实反映调查情况，不瞒报、虚报、隐匿客户真实经营、财务、对外投资、不利因素等信息，确保调查（核保）反映情况全面、真实、有效；
7. 本人及直系亲属禁止与客户发生任何资金往来；
8. 禁止参与民间借贷、高息揽存，为借款人安排担保人等。

【课后习题】

一、单项选择题

1. 客户经理应对客户提供的资料以及所收集信息的合法性、真实性进行核实，核实的过程和结果应予以记载。核实应以（   ）为主。

A. 电话访谈   B. 外部调查   C. 间接调查   D. 实地调查

2. 下列贷款用途中不合法的是（   ）。

A. 小张购买一套自住商品房   B. 小王用于购买上市公司股票

C. 小李支付承包鱼塘的养护费用   D. A 企业用于采购生产原材料

3. 银行向客户张某发放一笔个人住房贷款 45 万元，按照《个人贷款管理暂行办法》的规定，此笔贷款应采用哪种方式支付？（   ）

A. 委托支付   B. 自主支付   C. 受托支付   D. 自行支付

4. 某 5 年期的贷款合同中约定，该贷款本金分成第 1 年和后 4 年两个时间段偿还，利息则根据实际的占用时间计算，则该还款方式属于（   ）。

A. 等额本息还款法   B. 等额本金还款法

C. 一次性还本付息法   D. 组合还款法

5. 第一还款来源不包括（   ）。

A. 企业的产品销售收入   B. 个人的工资收入

C. 抵押房产变现   D. 固定的房产租金收入

6. 一般来说，长期贷款展期期限累计不得超过（   ）年。

A. 1   B. 3   C. 5   D. 10

7. 我国现行的一般准备金计提标准是贷款余额的（   ）。

A. 1‰   B. 5‰   C. 1%   D. 2%

8. 次级类贷款的专项准备金计提标准是该类贷款余额的（   ）。

A. 2%   B. 10%   C. 25%   D. 50%

二、多项选择题

1. 以下属于国际上对借款人信用评级 5C 标准的是（   ）。

A. 品德   B. 还款能力   C. 资本   D. 担保

E. 环境条件

2. 贷前调查的原则包括（   ）。

A. 双人调查   B. 实地调查   C. 全面调查   D. 真实反映

E. 抓住重点

3. 个人贷款的尽职调查内容包括（   ）。

A. 借款人基本情况

B. 借款人收入情况

C. 借款用途

D. 借款人还款来源、还款能力及还款方式

E. 保证人担保意愿、担保能力或抵（质）押物价值及变现能力

4. 流动资金贷款的尽职调查内容包括（　　）。

A. 借款人的经营范围、核心主业、生产经营、贷款期内经营规划和重大投资计划等情况

B. 借款人所在行业状况

C. 借款人所在城市或社区经济发展状况

D. 借款人的应收账款、应付账款、存货等真实财务状况

E. 还款来源情况，包括生产经营产生的现金流、综合收益及其他合法收入等

5. 贷款要素是贷款产品的基本组成部分，不同贷款要素的设定赋予了贷款产品千差万别的特点。贷款要素包括（　　）。

A. 贷款对象　　　　B. 贷款利率　　　　C. 还款方式　　　　D. 担保方式

E. 贷款额度

6. 下列关于等额本息还款法的说法，正确的有（　　）。

A. 贷款期内每月还款额度相等　　　　　B. 贷款期内还款额度逐月递增

C. 贷款期内偿还的本金逐月递减　　　　D. 贷款期内偿还的利息逐月递减

E. 当利率调整时，需要重新计算每月还款额

三、简答题

1. 请简述小额贷款业务操作流程。

2. 贷款申请受理环节的工作要点主要包括哪些？

3. 贷前调查的流程和主要工作内容有哪些？

4. 贷款调查报告主要包括哪些方面？

5. 贷款审查内容与审批工作要点有哪些？

6. 不良贷款管理的主要举措有哪些？

7. 贷款产品的主要构成要素有哪些？

8. 请简述信贷客户经理的从业基本准则。

四、实训题

1. 以某农户或者个体工商户贷款为例，具体陈述该贷款业务操作流程每个环节的主要工作。

2. 以推介某款小额贷款产品为例，编写客户与客户经理的对话，并进行实战演练。

3. 结合自身情况，谈谈如何成为一名合格的小额信贷客户经理。

参考答案：一、DBCDCBCC；二、ABCDE、ABDE、ABCDE、ABDE、ABCDE、ADE

项目三

小额信贷技术
XIAO'E XINDAI JISHU

【知识目标】

理解信贷技术的概念和作用，以及主要信贷技术特点；掌握小额信贷运作机制、IPC 信贷技术、评分卡技术、信贷工厂、小微信贷台州模式等小额信贷技术的内涵和要点；理解交叉检验的概念内涵；掌握财务信息和非财务信息的收集方法；熟悉交叉检验的主要线索，掌握营业额检验、利润检验、权益检验的方法；了解财务分析与非财务分析的作用，掌握资产负债表、利润表和现金流量表的分析方法，掌握主要财务比率的计算公式和含义；掌握个人和企业的非财务信息内容分析；了解不对称偏差分析法。

【能力目标】

能够分析各种信贷技术的主要特点，能够根据客户及其贷款需求状况，灵活运用适当的信贷技术；能够运用交叉检验的方法获取借款人的真实财务信息和非财务信息，能够对个人和企业的非财务信息进行内容分析，运用不对称偏差分析法对客户状况进行基本判断。

模块一　小额信贷技术概述

【案例导入】

哈尔滨银行：“我们为什么要输出小额信贷技术？”

随着国家对小微信贷政策的支持，很多银行金融机构都积极投入小微金融领域，但是他们最大的困难是没有掌握一套先进的小额信贷技术。为帮助更多中小金融机构理解和掌握适合中国国情的小额信贷技术，有效解决小微企业，广大农户创业、展业的融资难问题，哈尔滨银行开创了面向银行同业输出小额信贷技术之先河，对同业进行技术输出，是实力和胸怀的体现，更是企业社会责任感的驱动。

简单来说，小额信贷技术主要包括完善的产品体系，高效的业务流程，独特的调查技术、审批技术、贷后管理技术以及风险预警系统，先进的 IT 系统和卓有成效的具有一定拓展能力的专业团队。

为什么要进行小额信贷技术输出呢？小额信贷技术在中国是一个新的课题。传统的公司信贷技术依托的是公司客户规范的财务体系、报表和良好的抵押担保的方式，小微企业大部分不具备这样的融资条件，这就需要我们了解和探索并真正掌握适合小微企业的信贷技术。哈尔滨银行是最早把国际上先进的小微信贷技术引入到国内的银行之一，通过自己本土化的实践，总结出一套完善的小微信贷技术。

哈尔滨银行面向银行同业的小额信贷技术输出是全业务、全流程的战略性合作。业务种类包括小微企业信贷技术输出、农贷技术输出、小贷 IT 系统技术输出。输出内容主要有十个方面：一是小额信贷产品研发与产品组合设计，二是小额信贷营销管理与实战指导培训，三是小额信贷风险管理与打分卡技术，四是小额信贷财务信息的获取、分析与判断，五是小额信贷软信息的识别与判断，六是小额信贷队伍建设，七是小额信贷绩效管理与考核，八是小额信贷管理架构及运营模式设计，九是小额信贷 IT 支撑能力建设，十是小额信贷品牌管理。

资料来源：节选自孟扬．哈尔滨银行："我们为什么要输出小额信贷技术？"［N］．金融时报，2013 -
01 - 21.

 请思考：基于材料，一套完整的小额信贷技术包括哪些方面？

活动1　理解信贷技术的内涵

一、信贷技术的概念

金融业本质上是一个信息行业，其运转的核心就是要收集、整理、分配和使用各种信息。贷款决策需要依据对贷款风险的评估，即对借款人偿债能力和偿债意愿的分析，以及分析贷款本身的合理合规性。借款人的偿债能力是其履约的客观条件，由其财务状况决定，信贷人员主要关注客户的现金流。借款人的偿债意愿是其履约的主观条件，信贷人员一般通过品行、信誉相关信息来判断，缺乏偿债意愿会导致借款人有钱不还；具有强烈偿债意愿的借款人，即便用于还款的现金流出现短缺，也会积极寻求其他现金来源归还贷款本息。判断借款人的偿债能力和偿债意愿是信贷业务分析的重点，这就需要依靠借款人的信息。

信贷技术是为了控制信贷流程中相关风险的一系列活动，是在筛选、甄别和控制贷款风险过程中面临的信息不对称而产生的，是组织流程、管理方式、内控要点、风险控制措施、贷款监控和回收等要素的集合体，也可以泛指一种信贷模式。信贷技术贯穿贷款业务全流程。

　　低收入或贫困人群、小微企业等金融弱势群体难以获得传统银行体系提供的信贷服务，其原因主要是信息不对称和交易成本过高。信息不对称是指交易各方所拥有的、可影响交易的信息量不对等。以低收入人群为例，信用记录少、收入来源通常不稳定，难以获得可靠的收入证明，难以提供抵（质）押担保或者其他担保，很难有效监督其资金使用，贷款风险难以控制。小额信贷业务一般单笔交易金额小，难以发挥规模效应，交易成本相对较高。

　　传统信贷技术依托客户规范的财务体系、报表和良好的抵（质）押担保，但农户、个体工商户和小微客群一般不具有传统信贷技术要求的条件。这就要求创新小额信贷技术，解决信息不对称下的贷款高风险和高成本等难题。

二、信贷技术的分类

　　不同的信贷技术解决信息不对称的路径是不同的，根据不同的信息类型、信息来源和保证合约执行的机制，信贷技术可划分为交易型贷款（Transactional Lending）技术和关系型贷款（Relationship Lending）技术，具体可细分为基于财务报表的贷款、基于担保的贷款、基于信用评分的贷款和关系型贷款四类。

贷款技术
概念与分类

　　交易型贷款技术主要依赖定量的便于编码和传递的硬信息，如财务报表、信用评级、担保信息、经营预算等，适用于信息比较透明、信息不对称情况不太严重的借款人，如大中型企业。

　　关系型贷款技术主要依赖定性的、推断的、难以量化的软信息，适用于信息并不透明、信息不对称情况较为严重的借款人。个人的软信息主要包括经营能力、个人品质、从业经历、人脉口碑、家庭关系等，企业的软信息主要涉及企业主和员工素质、企业文化、企业信誉、核心业务能力、管理制度，行业进入障碍、行业周期、行业竞争状态、国家产业政策、宏观经济政策等。软信息较硬信息更加重要，软信息更加能够反映客户的可持续发展能力。鉴于软信息难以量化和准确传递的特点，更多依赖主观判断，需要授予信贷客户经理足够的贷款决策权。

　　（一）基于财务报表的贷款

　　基于财务报表的贷款是指主要根据对借款人的财务报表及其所反映的财务状况的分析揭示未来还款能力，进而决定是否发放贷款。该技术主要适用于那些历史记录较长、信息透明度高、财务制度相对完善的大中型企业。对于一些信息不透明的小微企业客户也可采用财务报表方法，通常的做法是信贷人员采集信息编制财务报表，以评估客户的资产负债状况和未来可能产生的现金流。

　　（二）基于担保的贷款

　　基于担保的贷款是指主要根据对借款人提供的担保情况分析决定是否发放贷款。担保贷款具有较强的事后监控功能，可以降低借款人道德风险的发生概率。例如，基于设备、厂房、土地等固定资产抵押的贷款，由于固定资产的存续期长、价值稳定、信息搜集和监控成本相对较低，最为广泛采用；基于应收账款、预付账款以及存货等流动资产抵押的贷款，在"贸易贷款"或"供应链贷款"中最为常用；基于个人、企业、小组联保、专业性担保公司、担保基金、保险等提供保证的贷款，在借款人违约时，保证人承担还款责任，在小微贷款中较为常用。

此外，保理和融资租赁也可被认定为基于担保的贷款的特殊形式。保理是指银行买入企业的应收账款，并作为代理处理相关的账款收取事宜。融资租赁是指出租人根据承租人（用户）的请求，与第三方（供货商）订立供货合同，根据此合同，出租人出资向供货商购买承租人选定的设备；同时，出租人与承租人订立一项租赁合同，将设备出租给承租人，并向承租人收取一定的租金。

（三）基于信用评分的贷款

基于信用评分的贷款是指运用信息技术和现代数理统计模型对借款人的信息进行信用评分来决定是否发放贷款。该贷款技术对信息采集和数据积累具有较高要求，应用范围受到限制，但具有贷款成本较低和决策效率较高的优势。大中型商业银行和互联网金融公司在小额信贷风控模式中主要运用信用评分卡技术，主要基于个人或企业主可量化的软硬信息进行信用评分。

（四）关系型贷款

关系型贷款通过信息跨时期的传递来缓解信息不对称问题，是指基于较长时间和多渠道的接触（包括贷前调查和贷后检查）所积累的关于借款人的相关信息（主要是软信息）来评估贷款的风险，进而决定是否发放贷款。小额信贷业务的性质和对软信息的需求，需要更多使用关系型信贷技术，基于与客户群体或客户所在的行业和社区的长期接触，从多种渠道获取信息以支持信贷决策、管理和风险控制，能够达到更好的效果。相对而言，中小银行比大银行更适合采用关系型贷款，因为其业务经营集中于相对较小的地域范围，管理决策链条较短，可以相对较低的成本获取并处理非正规的软信息。

活动2　掌握典型小额信贷技术

一、小额信贷运作机制

孟加拉乡村银行小额信贷模式的运作机制主要包括小组联保、动态激励、分期还款和担保替代，这些运作机制在国际上许多成功的小额信贷实践中都有所应用。

（一）小组联保

小组联保也称为小组贷款，其基本模式是那些互相之间比较了解且风险水平相近的借款人组成联保小组，并把风险较高的潜在借款人排除在小组之外。小组成员要对其他成员的违约承担一定的担保责任，违约的借款人面临来自小组其他成员的巨大社会压力。这种模式解决了信贷机构面临的信息不对称和抵押担保不足问题，放贷机构把个体贷款模式下本应由自己承担的风险识别责任的绝大部分，转嫁给了互相之间更加了解的潜在客户群体。小组联保机制的信用发现功能，有利于克服信息不对称造成的逆向选择问题，也有助于降低交易成本。

（二）动态激励

动态激励是小额信贷中确保高还款率的另一个机制。如果借款人在借款后续的还款过程中表现良好，那么他就可能反复得到信贷服务，获得更高额度的贷款（后续放款承诺），也可能获得优惠利率，简化贷款手续。动态激励用较小的贷款额度来进行尝试，以发现借款人的真实信用水平，可以用来帮助解决信息不对称和道德风险问题。

（三）分期还款

分期还款制度要求借款人在贷款后不久，就开始每周或每两周、每月、每季度进行还款。其作用如下：（1）通过对客户的现金流要求进行贷款风险控制。由于要求借款人在借入贷款几周后就开始归还贷款，其实质是要求借款人必须具有某种形式的资产或收入。虽然理论上客户可以用贷款资金投入项目产生的收入还款，但事实上很少有项目能够在很短的时间内就产生周期性收益。因此，客户必须有其他收入可以用于还款，这实质上是要求客户以其他资产或收入为还款进行担保。（2）"早期预警"功能。由于借款人需要在贷款后很快就开始高频度的还款，信贷机构能够从每次的还款情况上判断借款人的风险状况，提早发现具有较高风险的贷款。（3）有利于降低管理成本。定期等额还款的安排易于理解和操作，能够降低借款人的交易成本，容易被借款人接受。小额信贷机构的操作也较为简便，同时可以对大量借款人的还款进行集中处理，降低管理成本。（4）变相提高了贷款实际利率。分期还款制度使得实际利率高于合同上的名义利率。

（四）担保替代

中低收入群体和小微企业客户大都不能提供商业银行所认可的抵（质）押担保品，因此大多数小额信贷机构都不明确要求客户提供担保品，而是创新各种担保替代，如"小组共同基金""强制储蓄"。实践中，也在不断创新担保替代形式，如动产或者可以预期的未来收入和现金流，抑或政策性担保基金、担保公司或保险担保等。

二、IPC 信贷技术

（一）IPC 信贷技术概述

2005 年，由世界银行和国家开发银行牵头在我国 12 家中小银行率先引入德国 IPC 小微信贷技术。德国 IPC（International Project Consult GmbH）公司成立于 1980 年，全称为德国国际项目咨询公司，是一家专门为发展中国家和经济转型期国家进行小微信贷咨询的专业咨询公司，在中小微企业贷款方面具备完善的技术体系，在进行对外技术咨询项目中取得了较好的效果。

GB 模式小额
信贷运作机制

IPC 信贷技术的创新之处在于关注借款人的还款意愿以及经营情况和现金流来决定是否放贷，而不是根据客户资产价值评估决定。与其类似的技术有法国沛丰的小贷技术、印度尼西亚人民银行的小贷技术等，都是侧重于人与人沟通的技术。IPC 信贷技术重视实地调查和信息验证，主要通过对信贷客户经理调查走访、信息交叉验证等进行培训，提升辨别虚假信息的能力和编制财务报表的技能，从而防范信用风险。IPC 技术的信贷流程包括市场营销、贷款申请、信贷分析、信贷审批、贷款发放、贷款回收，大体上和我们传统的信贷没有什么区别，这也是该技术在国内被广为接受的重要原因之一。

在每个过程的细节上，充分考虑小贷的特点，能简单的尽量简单。比如，最简单的资产负债表只有 7~8 项，让信贷客户经理容易掌握，也方便从客户那里获取重要信息。

在组织管理上，IPC 技术一般要求小贷业务以独立的事业部方式运作，总行设小贷中心，分行设区域经理，归小贷中心总经理直接领导，区域经理下面是最小的信贷团队（一般在支行）。该团队一般 10 人左右，包括 1 个主管岗、1 个后台岗和 8 个信贷员客户经理岗，后台岗在业务上和主管岗没有直接管理关系，能够较好地实现内部交叉审核。

IPC 技术中图表工具特别重要，图表工具可读性强，容易被非专业人士迅速掌握关键信息，主要工具包括时间轴工具、上下游分析工具、资产负债表工具、损益表工具、现金流量表工具等。时间轴工具主要描绘企业或者企业主的从业历程，上下游分析工具用"输入—本企业—输出"的关系图，描绘企业的概要业务流程，说明企业是干什么的。资产负债表、损益表和现金流量表则分析企业是否有足够的现金流来支付贷款。

（二）IPC 信贷技术要点

IPC 信贷技术的要点是告诉信贷客户经理如何访谈，并对获取的信息进行交叉检验，分析还款意愿和还款能力，控制内部操作风险。具体可概括为四个方面：（1）以软硬信息分析为基础；（2）以交叉检验为判断方法；（3）还款能力和偿债意愿是放贷的唯一依据；（4）控制内部操作风险。

IPC 信贷技术

1. 以软硬信息分析为基础。软信息包括客户的基本信息和经营信息等，硬信息是指财务信息，通过对软硬信息的分析，综合判断客户的偿债意愿和还款能力。

2. 以交叉检验为判断方法。交叉检验是一种确认客户信息真实性和一致性的方法，是 IPC 技术的核心。交叉检验有两个作用，一是获取精确的关键数据，二是用于验证申请人的诚信。交叉检验就是对多个方面、多个角度、多个侧面获取的数据进行核对，如果数据偏差在一定范围，即认为是合理的。一个数据要成为对贷款分析有价值的信息，必须经过至少三种方法的检验。交叉检验的对象包括"软信息"和"硬信息"。

3. 还款能力和偿债意愿是放贷的唯一依据。客户不论大小，只要具备相应的还款能力和还款意愿，就不失为优质客户。紧扣这样的标准来筛选客户，不唯大、不唯抵押。评价客户还款能力主要是通过实地调查，了解客户的生产、营销、资金运转等状况，自行编制财务报表，分析借款人未来能够用于偿还贷款的现金流。未来现金流从来都是信贷认可的第一还款来源，这并非小微信贷技术所独创。评价客户偿债意愿，首先要评估客户个人的信用状况，具体包括个人声誉、信用历史、贷款申请的整体情况和所处的社会环境。其次，可要求提供抵（质）押担保，以降低客户的道德风险。

4. 控制内部操作风险。信贷客户经理道德风险和操作风险是 IPC 信贷技术必须要控制的主要内部风险，客户经理对一笔贷款的全过程负责，其收入也直接跟信贷业绩挂钩，促使客户经理既要关注贷款规模又要高度重视资产质量，对客户经理的激励和约束机制是内控制度建设的核心内容。同时，对客户经理的不诚信行为实行"零容忍"制度，一旦发现与客户勾结或收取好处，便会立即处理，必要时进行公告甚至诉诸法律。

（三）IPC信贷技术应用的局限性

劳动密集型业务调查模式管理压力大。从贷款申请、贷款调查到贷款发放，客户经理是全流程操作业务。虽说可以更为有效地为客户提供服务，但客户的所有信息均是由客户经理所收集并分析的，对客户经理的职业素养、经验积累和道德操守都有很高的要求。

营运成本较高。基于单户的分析技术，需要大量的信贷人员，对于贷款机构来说，发放一笔大额贷款和一笔小额贷款用的人力基本上是一样的，但收益却是不同的。

随着客户信用信息的完善、大数据分析技术的运用、金融科技手段的使用，客户经理的业务效率有可能获得较大提高，降低贷款成本。

三、评分卡技术

（一）评分卡技术简介

评分卡技术是将对客户的信用评分作为贷款发放的重要依据，是以计算机技术为核心，以取代人力为特征的大规模自动化处理方法。评分卡技术能够有效控制风险、降低业务人员数量、极大地提高审批效率，其应用已经从传统的信用卡业务扩展到汽车贷款、住房按揭、小企业贷款等业务中，使用场合包括营销评分、申请评分、行为评分、催收评分等。

德国IPC公司
信贷技术详解

评分卡模型又叫做信用评分卡模型，最早由信用评分机构美国个人消费信用评估（FICO）公司于20世纪60年代推出，在信用风险评估以及金融风险控制领域中广泛使用。FICO成立于1956年，其FICO信用评分技术已成为信贷决策的重要依据，甚至可以说是行业标准。银行利用评分卡模型对客户的信用历史数据的多个特征进行打分，得到不同等级的信用评分，从而判断客户的优质程度，据此决定是否准予授信以及授信的额度和利率。

2005年前后，中国大中型银行开始评分卡技术的研究和应用。由于我国大多数小微客群仍然无法提供评分卡模型所需要的可信信息，还是需要通过客户经理调查获取信息，评分卡技术优势减弱。但是，在一些特定场景领域和互联网信贷中，评分卡技术已经成为贷款决策的主要分析工具，比如，网商银行的"310"贷款模式，即3分钟填写贷款申请材料，1秒实现贷款到账，整个过程0人工干预。

（二）评分卡技术开发

评分卡技术的核心原理是使用一组变量，通过变量取值得到客户信用评分，该评分对应的实际上是好坏比率。对于信贷来说，掌握了好坏比率，就明确了未来的盈利情况。

评分卡技术开发方法，包括逻辑回归、神经网络、决策树、马尔科夫链、生存分析等，用的最多的是传统的逻辑回归。采用逻辑回归的评分卡开发基本流程大致为选取样本、定义好坏标准、寻找可用变量、选择变量、评分模型开发、设置取舍点6个过程。

浙江农信运用大数据创新"普惠快车"小额贷款系统　　　浙江省农信联社创新"小微专车"信贷模式

（三）评分卡技术的应用

1. 中国建设银行的应用。自 2013 年 8 月开始，中国建设银行针对单户授信在 500 万元以下的小微企业推出了评分卡信贷业务，结合客户经营的特点，建立小微企业评分卡信贷专属业务流程，通过批量化的客户群筛选、模式化审批以及非现场风险预警监测为主的贷后管理，标准化的业务操作大幅提高了业务流程效率。在原贷款到期前，由系统根据评分卡模型指标自动筛选客户进入续贷名单，审批通过后客户可继续使用贷款额度而不必先还后贷。

为建立适应小微企业特点的信贷业务流程，中国建设银行通过对 6 万多户小微企业客户的财务指标、账户行为、定性指标三大类 344 个指标，累计 86.7 亿条数据进行逻辑回归分析，针对 500 万元及以下小额贷款客户建立了申请评分卡评价模型。围绕小微企业履约能力、信用状况及交易信息等数据信息进行客户评价，提高了对小微企业客户评价的针对性和有效性。

2. 美国富国银行的应用。富国银行从 1994 年开始对 10 万美元以下的贷款通过信用评分来做决策，大部分贷款仅通过邮件、电话或分行柜台发放，没有信贷员。富国银行为了控制风险，设计了一套记分卡系统，对小微企业贷款申请者进行风险评估。根据企业所处行业、企业经营年限、账户存款月、收入总额、经营场所、企业信用记录、企业金融资金和负债总额 7 个因子的综合得分，得出对于每个申请者的评分，筛选出自动通过的申请者、需要淘汰的申请者和需要进一步审核的申请者。通过这种进行设计的记分卡，富国银行获得了信用良好的小微企业客户，减少了潜在的信贷风险。为持续开展风险管理，富国银行将记分卡技术运用到贷后的风险管理中，使用"行为评分"来监控小微企业借款人的信用状况和变化，依据对拖欠贷款额、贷款目的、超额守信额度等进行综合信用评价的结果，决定采取调整贷款定价、提高授信额度、关闭账户等风险管理措施，从而保持业务的稳定性和盈利性。

四、信贷工厂模式

（一）信贷工厂模式概述

在一般的小额信贷流程中，除审查、审批外，信贷客户经理几乎参与了一笔贷款从受理到收回的全过程，信贷风险控制的职责相对集中，也难免造成流程不经济和服务效率低下的问题。

打分卡技术与
信贷工厂模式

信贷工厂模式由新加坡淡马锡控股公司首创，针对小额信贷额度小、频次高等特点，开发了标准化、流程化和批量化业务操作模式，提升每个操作环节的标准化和专业度。信贷工厂是工业化流水线生产模式在信贷领域的运用，从前期接触客户到贷款的调查、审查、审批、发放，再到贷后管理、贷款回收等工作，均采取专业化分工、流水线作业、标准化管理，实行产品销售和后台作业相分离，执行统一的业务操作规程，每一个贷款环节都由专人负责、独立工作（不用为其他环节的工作负责）、提高业务办理效率和风险控制水平。

信贷工厂主要包括客户营销、客户评级、信贷业务操作和贷后管理四大流程环节，其主要特点是产品标准化、作业流程化、生产批量化、队伍专业化、管理集约化、风险分散化。信贷机构可以做到在既定的风险容忍水平内，提高效率、扩大规模、降低成本。

随着大数据技术、机器学习、金融量化等智能化、数字化技术的成熟和引入，信贷工厂2.0模式应运而生。信贷工厂2.0强调利用消费场景、大数据、反欺诈系统、决策引擎等金融科技手段进行信贷风险管理，通过强大的量化系统和自动化操作，提高运营效率，减少人工操作，节省运营成本，降低操作风险。

（二）信贷工厂模式的应用

在中国，商业银行在21世纪初开始引入信贷工厂模式。2007年，中国建设银行通过其战略投资者淡马锡，引入信贷工厂并率先在江苏镇江分行开展试点，随后将此模式推广至全国。2010年，中国银行借鉴淡马锡模式，在浙江金华、福建泉州进行试点。一些中小银行，如中国民生银行、杭州银行、济宁银行等也进行了信贷工厂模式的实践。

"中银信贷工厂"具有高效的组织架构。（1）坚持"集中管控"。没有走简单放权到基层行的老路，坚持统一经营，集约管理，授信审批仍集中到总行、省分行两级。（2）实现"机构专营"。突破了传统的"部门银行"设置，将原来分散在各个部门的职能集中于一个独立的机构，实现业务运作的专业化。（3）打造"流程银行"。借鉴"工厂化"运作模式，通过端对端、流水线和标准化的规范操作，重塑信贷流程和管理体制，提高服务效率与水平。顺应时代发展，中国银行于2019年初完成了"中银信贷工厂"的升级。一是扩大了服务范围，将更多小微企业纳入信贷工厂的服务范围；二是灵活设置授信担保条件，解决小微企业抵押担保难的问题；三是根据小微企业经营周期和资金需求，合理设置授信期限；四是鼓励借助大数据和信息科技手段代替人工作业，降低成本，让利客户，为发展网络金融产品打下基础。中国银行基于"中银信贷工厂"模式，聚焦线上融资产品，研发"中银企E贷"，推出"中银税贷通"等试点产品。

五、小微信贷台州模式

小微金融全国看浙江，浙江看台州。在这个领域，台州的三家城市商业银行——台州银行、浙江泰隆商业银行、浙江民泰商业银行的小微信贷经验做法和模式成为业内重要参考标准。

中银信贷
工厂介绍

（一）台州银行的信贷模式

台州银行创立自1988年的路桥银座金融服务社，是全国首家以市场化方式组建的城市商业银行，专注于小微金融市场精耕细作，建立起了独具特色的小微金融服务体系。2006年，台州银行与世界银行、国家开发银行合作开展微小企业信贷试点，吸收了德国IPC公司等的先进经验，形成了"下户调查、眼见为实、自编报表、交叉检验"十六字箴言和"三看三不看"的业务风控模式。

小微信贷台州模式

小微企业没有规范的报表，要了解企业真实的经营状况，客户经理必须亲自走访到户，打破信息不对称，这就是下户调查；下户调查的内容包括企业的生产状况、库存情况和销售情况，必须一一亲眼验过，即眼见为实；针对很多企业没有规范报表的情况，信贷人员根据亲眼看到的各种情况编制资产负债表和利润表，并通过这两张自制报表决定贷款与否以及贷多贷少，即自编报表；最后一步交叉检验很关键，通过借款人各类信息之间的钩稽关系验证信息真实性、准确性、完整性，当所有验证方法取得一致结果时，准确性就高，不一致时，就说明贷款调查有待深入。

"三看三不看"即"不看报表看原始单据、不看抵押看技能、不看公司治理看家庭治理"，捕捉最原始的信息，比如，经营能力和家庭技能，以此判断和识别企业的还款能力与风险。

台州银行也在推行线上线下融合化、数字化和智能化的小微金融平台。把一部分客户服务从线下转移到线上，加快移动端迁移。比如，客户经理利用平板电脑现场做开户、贷款调查和资料审核。系统后台对接大数据平台和风控模型，将数字风控模型和现场判断相结合，同时引入人工智能和人脸识别等技术。以前一个客户经理最多服务100多个小微客户，极限是200个；通过技术赋能，现在一个客户经理可以服务五六百个小微客户。

（二）浙江泰隆商业银行的信贷模式

微电影《业在深山》

浙江泰隆商业银行是一家专注于小微企业金融服务的城市商业银行，前身为1993年成立的台州市泰隆城市信用社，2006年8月改制为浙江泰隆商业银行（以下简称泰隆银行）。泰隆银行在实践中总结出一套以"三品三表、三三制""两有一无"为特色的小微信贷模式和风险控制技术，有效解决了小微客户财务报表不健全且缺少抵押物的问题，泰隆银行信保类贷款比例接近90%。

"三品"即人品、产品、押品。一看人品，主要解决"信不信得过"的问题，考察客户的还款意愿；二看产品，主要解决"卖不卖得出"的问题，考察客户的还款能力；三看押品，主要解决"靠不靠得住"的问题，考察客户的还款保障。"三表"即水表、电表、海关报表。水表、电表主要是了解生产型企业的用水用电，分析企业生产经营及其变动情况；海关报表、出入库单主要是查看企业一定时期内货物报关或出入库情况，了解企业销售规模和淡旺季。这三张表可以提供企业比较真实的信息，有效验证和补充企业财务报表信息。还可以通过查看企业的现金流水账、日记账等，大致了解企业的经营是否正常。"三三制"是指老客户贷款3小时办结，新客户贷款3天内答复，是对客户服务效率的承诺。随着流程的持续完善和金融科技快速发展，客户获得贷款的时间也在持续缩短。

"两有一无"是指申请人（市民和村民）有劳动意愿、有劳动能力、无不良嗜好，就有机会获得贷款。

泰隆银行根据小微企业有效抵押物不足的实际情况，积极探索和创新担保方式，全面推行保证贷款。在小微企业提供担保人的同时，要求追加其法定代表人、股东、实际控股人作为担保人，把企业的"有限责任"转变为个人的"无限责任"。充分挖掘小企业主、农民和城镇居民的信义文化，推出"道义担保贷款"，客户贷款由具有亲情、友情等道义关系的第三人提供保证即可。这些做法既创新了担保方式，也有效防范了客户的道德风险。

为了避免客户经理滋生道德风险，泰隆银行一直以来坚持"谁发放、谁负责、谁收回"的原则，在贷款完全回收之前，客户经理对于贷款负有完全责任，个人的福利、奖金和晋升均与贷款质量挂钩，做到权责统一。泰隆银行不断加强大数据建模风控的建设，引入征信、税务、工商等诸多外部数据平台，与内部自有数据相整合，使"三品三表"模型化。从"人品"信息中提炼50多个指标，从"产品、押品"与客户行为和社会信息中提炼上百项指标，建成了"客户评分模型""信用卡风险评分模型""客户关系管理系统"并投入使用。以大数据为基础，构建了一套贷前、贷中、贷后实时监控的系统，持续优化风险管控，有效提高风控能力。2016年，泰隆银行上线信贷工厂集中作业中心，建立前、中、后台分离的作业模式，加强对操作风险和员工道德风险的管控。

（三）民泰银行的信贷模式

浙江民泰商业银行（以下简称民泰银行）前身是创建于1988年5月的温岭城市信用社，2006年转制为城市商业银行，是一家专门从事小微金融服务的商业银行。"让合适的客户都能借到钱、让客户能更方便地借到钱、让客户能更便宜地借到钱"，是民泰银行创立之初明确的客户服务"三大目标"。在"三大目标"指导下，逐步探索形成了"根据地"模式，并总结出"五个一""九字诀"等特色做法。

"五个一"指的是重点开发"一个村居、一个园区、一个市场、一个行业、一个商会（协会）"。这些领域的小微客户具有经营状况相对清晰、信用质量相似、彼此联系紧密等特点，便于客户经理标准化开发，一旦成功为某些小微客户提供服务，能够较快形成样板案例和口碑效应，进而打造"小而美"的"根据地"。

"九字诀"指的是"看品行、算实账、同商量"的征信风控标准化机制，解决借款人信息不对称问题。"看品行"即通过借款人的生意伙伴、亲属朋友和工作同事等社交渠道了解其详细信息，做到对借款人品行"知根知底"，及时充分地掌握非财务信息。"算实账"就是做到"一查三看"，包括查征信，看水、电、税"三费"，看台账，看资金流量和结算情况，以此来综合判断借款人的贷款背景、资金用途、偿债能力。"同商量"即银行不仅关注贷款本身风险，还要更多参与到小微客户经营发展的关键环节，支持小微客户成长壮大，帮助客户设计个性化融资方案。

除了应用传统的以人工调查为主的风控手段，在金融科技浪潮下，民泰银行将"跑街"与"跑数"有机融合，应用金融科技建立授信评分、贷中和贷后管理等大模型，提升数字化风控能力。

✉ 【拓展知识 3 – 1】

温州农信"三有三无"微贷技术

"三有三无"微贷技术是浙江省联社（现浙江农商联合银行）温州办事处依托省联社普惠快车、小微专车系统研发出来的，用于评判、发放和管理小额贷款并使之标准化的核心技术。"三有"即有固定住所、有确定职业、有稳定收入，是用于确定和管理客户贷款额度的核心标准；"三无"即无不良记录、无过度融资、无负面评价，是用于评判贷款客户准入和退出的主要依据。

凡是"三有三无"这样的客户不管他是城里人还是农民，都可以得到 30 万元及以下的授信，而且非常简便。该技术改变了在传统模式下贷款风控措施不分贷款大小额的弊病，在保证小额贷款基本风控要求的前提下，利用大数法则，提高对单笔小额贷款逾期的容忍度，挖掘了农村小额市场，提高了办贷效率，促进了信贷业务发展。同时，缓解了担保难问题，进一步促进信贷资产向小散广、中长期和信用化转变。

温州农信"三有三无"微贷技术遵循以"小额、简便"为出发点，对符合"三有三无"的客户，第一时间确定客户准入情况、贷款额度和放贷时间。同时，小额贷款的审批权限基本下放到网点，一般无须上报审批。"三有三无"微贷技术能最大限度缩短贷款手续办理时间，在贷款资料齐全的情况下，客户贷到款最短只需 1 天。

温州农信通过传统方式与互联网技术双管齐下，不断提高客户体验，扩大融资服务覆盖面。一方面，为了提高客户体验，开通了互联网等多渠道贷款预约受理，使客户经理能在第一时间与客户取得联系，并跟进后续服务。另一方面，还成立 5 个微贷支行（中心），提供了一站式、专业化的微贷服务，并在 1698 多个行政村推进整村授信工作，为有个贷需求的客户实施精准上门服务。同时，推进移动办贷、集中办贷、约时办贷等服务方式创新，将"三有三无"微贷技术的便利延伸到社区农村、千家万户。

资料来源：胡加恩，郑娜，王克力. 破解贷款难温州农信创新推出"三有三无"微贷技术标准 [EB/OL]. [2016 – 10 – 17]. https：//finance. 66wz. com/system/2016/10/17/104921455. shtml.

✉ 【拓展知识 3 – 2】

小额信贷的主要技术和方法

近年来，小微市场出现的一个重要变化就是业务的专业化与技术化程度普遍提高。银行普遍关注小额贷款技术和先进方法，国内广泛引进了国外成熟的小微贷款技术，主要有法国沛丰协会、国际金融公司、德国复兴开发银行、新加坡淡马锡、孟加拉国格莱珉银行等。

1. 批量化和规模化。面对一群和一片客户，主要围绕商圈、商会、协会、社区、园区、产业链等小微客户集中的区域。这些区域专业内容相似，商户之间相互了解，通过对目标客户群的市场调查、量身定制、批量开发，根据集群类客户的业务风险特征，设计出专门的、标准化的金融服务方案。这种模式进行集中调查，立体化、多角度获取各类信息，批量授信，降低了银行的成本，并通过规模化调查与授信大大提高了效率。

2. 真实性原则。针对小微企业财务信息不透明的特点，贷款调查时应以真实性为核心原则，关注客户上下游产品质量与企业主口碑，采用现场观察法、逆算倒推法、交叉检验法，着重了解客户的三品（人品、产品、押品）、三表（水表、电表、工资表）、三单（对账单、货运单、报关单）、三流（现金流、物流、信息流），辨析企业实际经营状况，关注企业主的人品和企业的真实现金流。

3. 评分卡技术和流程工厂化审批。通过收集与分析客户大量的行为、信用和背景数据，主要包括年龄、性别、婚姻、教育、收入、住房、负债、职业等信息，建立起能够有效分辨"好客户""坏客户"的数学模型，准确计算出不同属性客户群所具有的消费能力和还款概率。

近年来，有不少银行经历了从对公业务操作模式向流程化零售银行模式的根本转变。在小微业务领域打造快速、便捷的特色以及上规模的小微业务操作流程。利用互联网技术梳理信贷流水线，建成真正的信贷工厂，实现贷款的批量化生产。在大数法则和收益覆盖风险核心经营理念的引领下，打造以批发销售、工厂化审批、标准化作业为主导的全新流程模式。通过开发评分卡模型和审批模型，自动实现小微企业评级、授信、信贷审批的三合一。

4. 交叉销售。交叉销售是银行服务小微企业业务战略的核心。银行在贷款的同时，既可开拓企业层面的产品，如承兑汇票、信用证、保函、代发工资、POS 机、贴现、融资咨询、财务管理等，也可延伸个人消费层面的服务，如网上银行、信用卡、理财、保险等，在全面满足客户需求的同时，也进一步增强了小微客户的稳定性。交叉销售可以提升客户综合贡献度，降低银行成本，为银行带来协同效应和范围经济的利润。

资料来源：黄隽. 小微金融服务市场分析［J］. 中国流通经济，2013（5）.

☞ 请思考：基于材料，谈谈如何破解信贷机构与客户之间的信息不对称和降低贷款业务成本。

模块二　交叉检验技术

活动1　理解相关概念内涵

客户对于自己的贷款用途、能还多少、愿不愿意还款是最清楚的，如果从客户处得到很少的信息或者假信息，则"信息不对称"引发的贷款风险会更突出。小额信贷的"信息不对称"问题更为凸显，更加需要对信息进行交叉检验，去伪存真。获取更多真实准确的客户信息，才能为贷款决策提供科学的依据。

客户可能会说谎，但是他每说一个谎都需要更多个谎来圆，从而难以逻辑自洽。一个人说假话容易，很多人说同一句假话很难。因此，从不同角度、不同人员对同一个事物进行核实，能够获取真实或接近真实的情况。

交叉检验是通过不同途径确认信息正确性的方法，是小额信贷实践中运用最为广泛的一种去伪存真的技术。交叉检验是信贷人员通过不同来源同一信息的相互比对，以及不同信息逻辑关系的验证，多角度确定贷款相关信息真实性、准确性、完整性的分析技术。交叉检验主要是对与客户还款能力和还款意愿相关的信息和数据进行验证。关键的贷款信息通常要经过至少3种方法的交叉检验，才能被用于贷款决策，信贷人员要尽可能多角度分析重要信息，以便接近真实。交叉检验的目的在于落实贷款相关信息的可靠性，不是进行审计，所以一定要抓住重点，有的放矢。

逻辑检验是利用信息之间的逻辑关系对信息可靠性进行验证的交叉检验方法，主要侧重于对客户财务信息的检验，是小额信贷业务中针对客户无正规可信财务报表的验证工具。逻辑检验的理论基础是信息之间有逻辑关联，客户各项财务数据之间的关联性决定了特定数据之间应该有一定的比例关系，这种关联性和比例关系提供了一个验证客户财务信息是否可靠的路径方法。

有些情况被验证信息与验证信息应完全相同，不可接受误差，如不同证件上客户的身份信息应完全匹配；有些情况利用略微模糊的逻辑关系进行验证，有些情况被验证信息与验证信息之间可接受的误差范围在5%以内，如清点的存货与账目中的存货可能由于损耗等有所偏差；有些情况利用相对更为模糊的逻辑关系进行验证，被验证信息与验证信息之间可接受的误差范围扩大至5%以上，信贷人员可根据实际情况作合理判断，如盘点存货仅使用抽查的方法，则盘点结果与账目的误差可能更大。

活动2　搜集财务信息与非财务信息

获取信息的目的是识别客户的借款需求、评估客户的还款能力，为客户匹配或设计适合的贷款方案，根本目标是保证贷款决策建立在可靠的数据资料基础上。

收集信息的方式主要来源于客户经理的"望闻问切"，像中医大夫诊脉一样，观察客户的神情及举止判断客户是否撒谎，听取周围人对客户的评价，询问沟通不明白的细节，"切"是真实地搜集到一些佐证材料。

一、财务信息的搜集

财务信息是判断客户是否具有还款能力的重要依据，主要包括经营活动的财务信息、投融资活动的财务信息和家庭活动的财务信息。经营活动的财务信息主要是指损益表中的收入、成本、费用、利润等信息，资产负债表中的资产、负债和权益等信息；投融资活动的财务信息主要是指初始投资、期间追加或提取、借贷或偿还；家庭活动的财务信息主要是指家庭的资产负债、其他收入、日常开支、重大支出等。

财务信息的获取渠道包括口头询问、书面资料、实地盘点盘查以及公开信息和行业信息等。

（一）口头询问

口头询问是获取财务信息的重要方式之一，运用适当，可以获得可靠的财务数据。口头询问时要做到主线清晰，问题简单、具体和明确，发问后注意观察申请人的反应，要认真倾听，重点地方要细化，要能够找出想要的精确答案。

（二）书面资料

1. 客户自用的书面资料。绝大多数生产经营客户都会有某种形式的用来记录其经营活动情况的书面材料，如进货记录、销售流水账、重要客户名单等，要能够辨别资料的真伪和可靠性。

2. 客户提供给上下游的书面资料。这些资料如发票、进货单、送货单、发货单、报价单、运输小票等。对于某些行业，此类资料非常重要且基本能全面反映销售情况，如服装批发行业，一般下游客户都要求开具进货单，作为退换货凭证和交易结账的凭证。

3. 由客户业务的上下游产生的书面资料。这些资料如进货单、送货单、发货单、签单、收据、结算单等。

4. 银行对账单或银行流水。银行流水是指银行活期账户的存取款交易记录，根据账户性质不同分为个人流水和对公流水。现阶段，微信和支付宝交易账号的流水也具有同等作用。通过客户账户流水可以核实客户与上下游公司的交易额，掌握客户的消费习惯，以及是否存在不良嗜好和隐性负债等。对于客户账户流水，需要特别注意大额资金、非正常的流入和流出、异常时间的交易，以及个人账户之间互相转账、出现新账户等信息。

5. 重要的合同、权证、凭证。无论客户多么小、多么不正规，某些权利对其经营非常重要，一定有相应的合同、权证、凭证做支持。如租赁合同，通常所有的微贷客户都有；经销合同，通常与上游之间存在长期稳定经销关系的都有，特别是区域独家经销的情况；与商场采用扣点经营的，通常会有联营/进店合同；有永久使用权的店面应有相应的合同或权证；缴付大额押金、保证金的应有相应的收据等。

（三）实地盘点盘查

实地盘点盘查是获取信息的主要方式。如盘点现金、盘查存货、查看生产经营场所面积、员工人数等，查看收银机的数据，某些客户有相对不错的信息系统，查看此类信息系统可以获得大量的财务信息。

二、非财务信息的搜集

非财务信息的获取可以通过实地查看客户的生产经营场所、家庭或所在单位，访问客户的家人、邻居、同事、上下游客户、员工、股东，查询征信、工商、法院等渠道收集。

对于非财务信息的搜集，要密切观察、关注细节、应用常识，还应注意客户的非财务信息与其财务信息是否匹配。比如，客户的消费行为是否与其收入相匹配，客户年龄与其家庭、财产状况是否相应对称，父母、家庭成员对其生产经营会产生什么影响，客户的经营场所与其经营业务、经济状况是否对应等。

活动 3　掌握交叉检验的主要线索

交叉检验在客户经理进行调查和分析过程中无处不在。客户经理与客户进行交谈的每一句话都是在进行交叉检验信息是否一致，以求在沟通交流中达到信息的一致性，解决信息不对称，减少贷款业务风险。

一、"听、看、盘"三渠道信息的一致性检验

"听、看、盘"是客户经理获取信息的三条渠道，三条渠道的信息传递者是不同的，需要相互验证。

听的时候，不同主体对同一事物提供的信息可能是不一致的，甚至是冲突的；看的时候，信息传递的主体是各种经营记录，不同的经营记录可能是由不同的独立主体提供的，这些信息更具真实性；盘的时候，深入生产经营场所，对实物资产和生产状况进行分析，别人很难操控。例如，客户口头提供的财务数据是否与原始单据、发票、经营记录、产权证明、实物状况等相一致；对比银行流水、销售记录和纳税申报凭证是否大致相当；客户提供的销售情况与观察到的销售情况是否一致；客户口头提供的雇员数量与现场实际看到的雇员数量是否一致；客户提供的生产情况与实际看到的生产设备开工情况是否一致；客户口头提供的存货、固定资产、现金等与实际看到和盘点的情况是否一致；客户的家庭生活状况与客户提供的年收入状况是否匹配等。

二、历史数据的一致性检验

客户提供的不同时点的数据是否相一致。如通过调查前几天的营业收入估算的月收入是否与客户提供的每月营业收入大体相同；每月的累计收入是否与每年的收入大体相同，淡旺季收入总计与全年的总收入是否相差不大；客户最近累计的销售收入是否与客户近期的现金和银行存款数额一致；根据营业场所的现金推算的日销售额是否与客户提供的日销售额大体相当；启动资金加上每年的利润、减去每年的非商业支出是否与实际权益大体相同等。

三、行业平均数据的一致性检验

客户都是在某一特定行业或特定区域生存的，行业或区域的共性通常是客户无法回避的，同一行业、同一区域的不同客户，在规模大小基本相当的情况下，很多指标具有很强的可比性。

客户提供的信息是否与当地该行业的平均水平大体相当。如营业额、营业费用、利润水平、淡旺季情况、应收款和应付款条件、平均库存天数、员工工资水平、房租、其他家庭收入、家庭支出等与当地平均水平或常识相比较是否一致等，如果不一致，应分析具体原因。

四、群体信息的一致性检验

不同的人对同一问题的回答很难完全相同，将这些人对同一问题提供的信息进行对比，如果出现严重偏差，就说明信息的虚假情况比较严重。如客户家庭成员对贷款用途的说法是否基本一致；客户、合伙人、雇员、会计人员等提供的营业额、利润、资产、负债等财务信息是否基本一致；对不同岗位或不同关系的人询问同一个问题，所得答案是否相差不大等。

五、类别信息的一致性检验

信息是分类的，有些是销售信息，有些是生产信息，有些是财务信息，等等。客户的这些信息之间是有互相联系和印证关系的，客户的内部信息与外部信息之间也是具有联系性和嵌套关系的。

客户提供的不同数据和信息之间的关系是否合理。如销售额、淡旺季、市场需求状况与申请贷款的时间、额度是否匹配；营业额和赊销率与应收账款的关系是否合理；营业额与库存水平的关系是否合理；销售额与进货金额和频次之间的关系；存货与销货速度是否符合一定比率；工人日均产量、工人人数与月销售额之间的关系；按件或按销售额计算工资时，员工的工资与每月的销售额之间的关系等。

六、投入产出数据的一致性检验

企业的投入产出关系是非常明确的，这种投入产出关系成为检查销售收入、利润和成本的重要渠道。客户可以对销售收入和利润造假，但是其所消耗的水费、电费、运费、仓储费等信息都是外部提供的，很难造假。通过这些信息，可以根据投入产出关系，倒算出收入和利润，进而掌握客户真实的生产经营情况。

投入与产出之间的关系是否合理。如员工数量与营业额，固定资产数量与营业额，耗电量、耗水量与营业额等。这种投入产出关系不仅可以用来检查数据的合理性，还能够通过与行业平均水平的比较判断客户的经营管理能力。

活动 4　掌握营业额、利润及权益检验

营业额和利润的逻辑检验主要是判断客户损益表（利润表）数据的可信度；权益的逻辑检验主要是判断资产负债表中资产、负债数据的可信度，权益检验也可进一步确认利润数据的可信度，这些财务数据之间具有内在的逻辑关系。

一、营业额（销售额）检验

（一）零售、批发（贸易）行业

1. 按时间比较营业额（每日、每周、每月、每年，注意淡旺季）。

2. 按经营类别构成比较营业额（通过零售占比、批发占比进行推算，前提是知道零售或批发的营业额）。

3. 按产品类别比较营业额（各类产品占比，前提是知道某类产品的营业额）。

4. 通过存货、进货额检验营业额。

如：（期初存货＋期间进货－期末存货）÷成本率＝当期营业额

期间使用（销售）的存货＝期初存货－期末存货＋期间进货

5. 通过现金与营业额的关系检验营业额。

如：期间营业额＝期末现金及存款－期初现金及存款＋期间开支

6. 厂家的返利检验。

如：返利金额÷返点率＝销售额

7. 通过销售人员的业绩工资推算销售额。

案例分析：4月30日，客户经理拜访客户，客户说，专营某知名品牌儿童服装，利润不错，进价100元，挣100元；每年2月、5月、6月、10月、11月是旺季，其他月份是平季；旺季每月营业额为5万元，平季为3万元；上个星期他去外地给孩子看病，由妹妹看店，她记了账，上个星期的营业额汇总为7500元。从客户给上游供货商的汇款流水中查出，客户过去12个月共汇出了22.5万元。营业额检验的分析过程如下。

（1）根据上个星期的销售记账7500元，可知4月营业额 = 7500 × 4 = 30000（元），4月为平季，与客户说的平季营业额3万元相符；

（2）客户一年5个旺季、7个平季，年营业额 = 5 × 5 + 7 × 3 = 46（万元）；客户说进价100元，挣100元，说明销售毛利润率为50%，根据客户过去12个月给供货商共汇款22.5万元，可知年营业额 = 22.5/50% = 45（万元），两者基本相符。

故判断上述信息具有一致性，可信度较高。

（二）生产加工行业

1. 通过生产能力、工作时间检验营业额。

2. 通过应收账款与营业额之间的关系检验营业额。

如：期间营业额（非赊销） = 期末现金 - 期初现金 - 期间回收的应收账款 + 期间开支

账期内的营业额 = 应收账款余额 ÷ 赊销比例

3. 通过原材料消耗、水电费检验销售额。

4. 通过银行流水检验销售额

如：客户手头有现金存款15万元，是当月的现金销售额，而现金销售额占比为50%，就可以推算出当月销售额。

5. 通过员工的绩效工资、厂家的返利等检验销售额。

案例分析：4月30日拜访客户。客户说长期为一家工厂做钢结构件加工，毛利润率为35%，一个月能加工2万个标准同类型零件，每件售价10元，没有淡旺季；有4个员工，工资底薪2000元，计件绩效100件给100元，4个员工上个月计件绩效分别是4000元、4800元、5200元、6000元。从浙江采购，上年一共在银行汇出款项155万元，经查属实。营业额检验的分析过程如下。

（1）根据计件绩效工资 = 4000 + 4800 + 5200 + 6000 = 20000（元），计件绩效100件给100元，可计算月加工量为2万件，与客户口述相符；

（2）客户月营业额 = 20000 × 10 = 20（万元），可计算年营业额 = 20 × 12 = 240（万元）；根据银行汇款155万元为采购成本，客户口述的毛利润率为35%，故销售额 = 155 ÷ (1 - 35%) = 238.46（万元），两者基本一致。

故判断上述信息具有一致性，可信度较高。

（三）餐饮服务等服务行业

1. 通过每日进货额检验营业额。

2. 通过当时销售现金及每日、每周、每月销售情况检验营业额。

3. 通过上座率及平均消费额做检验营业额。

4. 通过必点产品销售情况检验营业额。

5. 通过碗、筷等检验营业额。

6. 通过主要工作人员的工资检验营业额。

7. 通过分析当日的客流量检验营业额。

案例分析：客户王老板经营一家火锅店，王老板说，他的生意不错，近几个月每月营业额在 70000 元左右；他的毛利润率在 50% 左右；肉类他一般每周进货 2 次，每次进货额在 2000 元左右；菜品、辅料每天都买，平均每天购买额在五六百元。营业额检验的分析过程如下。

根据销售成本 ＝ 销售额 × （1 － 毛利润率），可计算得出王老板每月的销售成本应在 35000 元左右。

从饭馆的生意特点来讲，通常存货水平非常低，月初月末的存货水平差异基本可以忽略。因此，其月销售成本应该和月进货额基本一致。月进货额为：$2000 \times 2 \div 7 \times 30 + 30 \times 550 \approx 33642$（元）。

故判断上述信息具有一致性，可信度较高。

（四）客运或货运等运输行业

1. 通过里程表、油表检验营业额。

2. 通过每日、每月加油（柴油、汽油、天然气费用）与百公里油耗检验营业额。

3. 通过汽车检测、维修、保养、换机油的频率检验营业额。

4. 通过汽车轮胎的磨损和换新频率检验营业额。

5. 通过上座率及平均消费额检验营业额。

（五）承包型或工程类行业

1. 通过工程合同规定的回款期与银行对账单的回款期检验营业额。

2. 通过工程的预算价、结算价和决算价比较检验营业额。

二、利润（率）检验

1. 用计算利润（率）与口述利润（率）作比较，验证客户利润（率）是否合理。

2. 同业比较法，与同行业或者其他同类客户的利润（率）作比较，验证客户的利润率是否合理。

3. 纵向比较法，通过近几年的利润（率），验证客户利润（率）是否合理。

4. 计算得出的可支配收入（净利润）与其生活水平作比较，验证客户利润是否合理。

三、权益检验

权益检验通过实际权益和应有权益的比较分析，判断客户权益相关财务数据的真实有效性，可以用来核实客户的利润是否可靠，是否有其他的负债或投资。

实际权益 ＝ 资产负债表中权益 ＋ 表外项目中的权益（表外资产 － 表外负债），对于小微信贷客户来说，实际权益主要是资产负债表中的净资产。

应有权益＝初始权益＋期间利润＋（期间权益注入－期间权益提款）＋（资产升值－资产减值）

其中：

初始权益为期初资产负债表中的权益，不包括负债。

期间利润为客户自生产经营项目开始后的利润（可支配收入）加总；期间权益注入为客户追加的资本投入。

期间权益提款为客户从生产经营项目中抽出用于其他事情（非本项目投资）的资金，例如，购买自住用房、给亲戚结婚用等，客户偿还负债并不计入该项，借贷行为不影响权益的变化。

资产升值：如该项目的经营用房产或其他资产的升值。

资产减值：如该项目的机器设备、交通工具等的折旧。

案例分析：客户王先生2020年1月投入30万元开了一家餐厅，当时自己投入了25万元，其余是从朋友那里借的。他花了15万元进行装修，剩下的15万元买了桌椅设施和厨餐具等餐厅用品。经营至今（2023年9月），2020—2022年大约一共挣了20万元，2023年每月大约有2万元的净利润。期间还款5万元，又向另一个朋友借了1万元，2020年开业时购置的餐厅用品折旧6万元，另外客户花2万元买了一辆摩托车送给了弟弟。2023年9月1日客户经理进行调查时的应有权益为多少？

根据案例材料，可知初始权益为10万元、期间利润为36万元、期间权益注资0元、期间权益提款2万元、资产增值0元、资产折旧6万元，根据计算公式，应有权益＝10＋36－2－6＝38（万元）。

案例分析：某客户5年前开始做纸品生意，初始投资50万元，其中15万元为亲戚朋友借款，其他资金为自有资金；第1年不亏不赚，第2年盈利35万元，第3年盈利45万元，第4年盈利40万元，第5年盈利45万元；目前有存货60万元，应收款80万元，现金及银行存款10万元；有3台配送车，初始购置价为25万元，目前价值为10万元；客户因经营需要在他行有贷款20万元、欠亲戚朋友10万元、欠供应商8万元；其间，客户购置房产，首付及装修共花费70万元，投资婴儿用品店约30万元。请对以上信息做权益检验。

应有权益＝（50－15）＋（35＋45＋40＋45）－（70＋30）－（25－10）＝85（万元）

实际权益＝60＋80＋10＋10－20－10－8＝122（万元）

可见，客户的应有权益与实际权益的误差大，权益检验不通过，信贷人员有必要再进行财务调查，找出具体的原因。

如果应有权益＞实际权益，则应有权益被高估或实际权益被低估。

1. 应有权益被高估，可能是因为：（1）利润（可支配收入）高估，支出低估；（2）客户初始权益中有负债没有被调查出来。

2. 实际权益被低估，可能是因为：（1）有部分资产没有被调查出来，或者客户有其他投资；（2）忘记放在表外的资产。

如果应有权益＜实际权益，则应有权益被低估或实际权益被高估。

1. 应有权益被低估，可能是因为：（1）损益表中的利润算少；（2）客户有其他未知的收入。

2. 实际权益被高估，可能是因为：（1）客户有负债没有被调查出来，如应付账款、民间借贷等；（2）供应商在客户的铺货，被误当作客户的存货；（3）可能有部分资产不是客户自己的。

关于权益检验的误差要注意的是：客户经营的年限越长，权益检验的差值可能越大。一般对于经营年限不足 3 年的客户，权益检验的结果较为准确。因此，在实际工作中，若客户经营年限较长，重点要弄清客户累计利润的主要投向，不要求权益检验结果准确无误。

模块三　财务与非财务分析

活动1　掌握客户财务分析

一、财务分析概述

（一）财务分析的含义

客户财务分析是以客户财务报表为主要依据，运用一定的分析方法，对客户的财务过程和结果进行研究和评价，以分析客户财务状况、盈利能力、资金使用效率和偿债能力，并由此预测客户的发展变化趋势，为贷款决策提供依据。小额信贷的财务分析要基于小额信贷客户的特点，灵活运用相关财务分析知识和方法，注重客户获取现金以支付债务的能力，目的是评估小额信贷客户的偿债能力，为贷款决策服务。

（二）财务分析的内容

商业银行等信贷机构最关心借款人现在和未来的偿债能力。借款人的偿债能力与借款人的盈利能力、营运能力、资金结构等密切相关，为了准确计算和评价借款人的偿债能力，为贷款决策进行的财务分析应侧重这些内容。

盈利能力是指借款人获取利润的能力。盈利是借款人偿还债务的重要资金来源，借款人盈利能力越强，还本付息的资金来源越有保障，债权的风险越小。

营运能力是指借款人经营中各项资产周转运用效率，能够反映借款人的资产管理水平和资产配置组合能力，营运能力越强，借款人所取得的收入和盈利就越多，盈利能力就越强，则偿债能力越强。

资金结构是指借款人全部资金来源中负债和所有者权益所占的比重和相互间的比例关系。借款人资金来源合理，经济基础就牢固，就有较强的偿债能力，尤其是长期偿债能力。

（三）财务分析的方法

客户财务分析的方法主要包括趋势分析法、结构分析法、比率分析法、比较分析法和因素分析法。

1. 趋势分析法是将客户连续数期的财务报表中的相同项目的绝对数或相对数进行比较，以揭示它们增减变化趋势的一种方法。这种分析方法可以揭示客户财务状况的变化趋势，找出其变化原因，判断这种变化趋势对客户发展的影响，以预测看客户未来的发展前景。

2. 结构分析法是以财务报表中的某一总体指标为基础，计算其中各构成项目占总体指标的百分比，然后比较不同时期所占百分比的增减变动趋势。结构分析法除用于单个客户有关指标的分析外，还可将不同客户间不能直接比较的各项目的绝对数转化为可以比较的相对数，从而用于不同客户之间或同行业平均水平之间的财务状况的比较分析，以对客户的财务经营状况及在同行业的地位作出评价。

3. 比率分析法是在同一张财务报表的不同项目之间、不同类别之间，或在两张不同财务报表如资产负债表和利润表的有关项目之间作比较，用比率来反映它们之间的关系，以评价客户财务状况和经营状况好坏的一种方法。比率分析是最常用的一种方法。

4. 比较分析法是将客户的有关财务指标数据与同行业平均水平或在不同企业之间进行比较，找出差异及其产生原因，用于判断客户管理水平和业绩水平。

5. 因素分析法是找出并分析影响客户经营活动的各种因素，包括有利因素和不利因素，外部因素和内部因素等，抓住起主导作用的影响因素，提出相应的解决办法，作出正确决策。

二、资产负债表分析

（一）资产负债表的构成

资产负债表由资产、负债和所有者权益构成，以小微企业为例，根据贷款业务财务分析的需要，一般将资产负债表科目设置如下。

资产一般分为流动资产和非流动资产。流动资产是指一年内或在一个营业周期内变现或者耗用的资产，主要包括货币资金、应收款、预付款、存货等；非流动资产是指借款人在一年内不能变现的那部分资产，主要包括固定资产、长期投资等，小微企业的资产以机器设备、交通工具、不动产等固定资产为主。

负债一般分为流动负债和长期负债。流动负债是指借款人在生产经营过程中应付给他人的资金，是借款人承担的应在一年或在一个营业周期内偿还的债务，主要包括应付账款、预收账款、短期借款、其他应付款等；长期负债是指借款人为购置机器设备、扩充生产能力等扩大经营规模的活动通过举债或发行债券而筹集的资金，主要包括长期借款、长期应付款等。

所有者权益代表投资者对净资产的所有权，净资产是借款人全部资产减去全部负债的净额。主要由两部分组成：一是资本金，二是在生产经营过程中形成的资本公积金、盈余公积金和未分配利润。

表 3 – 1 小微客户资产负债表结构和常用科目

资产	负债
流动资产： 　货币资金 　应收款 　预付款 　存货 　　原材料 　　库存商品 　　…… 非流动资产： 　固定资产 　　机器设备 　　交通工具 　　不动产 　长期投资 　……	流动负债： 　应付账款 　预收账款 　短期借款 　其他应付款 　…… 长期负债： 　长期借款 　长期应付款 　…… 所有者权益
资产合计：	负债和所有者权益合计：

（二）资产结构分析

资产结构分析是指通过计算各项资产占总资产的比重，来分析判断借款人资产结构的合理性。由于借款人所在行业和资产转换周期的长短不同，所以其资产结构也不同。在分析资产负债表时，一定要注意借款人的资产结构是否合理，是否与同行业的比例大致相同。

（三）资金结构分析

借款人的全部资金来源于两个方面：一是借入资金，包括流动负债和长期负债；二是自有资金，即所有者权益。借款人资金来源结构状况直接影响其偿债能力，资金结构合理，借款人的经济基础就牢固，就能承担较大的风险，就有较强的偿债能力，尤其是长期偿债能力。

借款人合理的资金结构是指资金不仅要从总额上可以满足经营活动的需要，适应资产转换周期，并且资金的搭配即短期负债、长期负债及所有者权益三者的比例也要适当，这样才能以最小的资金成本取得最大的收益。

（四）项目分析

1. 货币资金。货币资金是流动性最强的资产，也是收益最差的资产，虽然占比一般不大，但对企业的正常运营十分重要。需要关注货币资金账上数额与银行对账单、销售活动的匹配，以及货币资金余额的变动情况。

2. 应收账款。应收账款是典型的风险资产，存在可能收不回来的风险，应重点分析应收账款的规模、集中程度、账龄等，规模越大、集中程度越高、账龄越长，则发生应收账款损失的风险越大。

3. 存货。存货是一项特殊资产，主要是原材料或产成品，存货量越大，占用的资金也越多，也说明企业生产过剩，或销售困难。适当的存货保有量对企业正常的生产经营非常必要，过多或过少的存货都会对企业产生不利影响。存货分析需考虑计价方法、适销性和使用寿命、结构比例、可靠性以及存货的管理制度等。

4. 固定资产。固定资产分析的重点是掌握固定资产的市场价值和变现能力，这也是贷款人关注的重点，决定是否能够作为可抵押资产。固定资产原值反映了企业拥有的固定资产的规模，累计折旧反映了固定资产的价值损耗，固定资产净值反映了固定资产的新旧程度。一般来说，固定资产的折旧会影响利润的大小，多提或少提折旧会歪曲企业的经营成果。由于固定资产的市价持续下跌，或技术陈旧、损害、长期闲置等导致其可回收金额低于账面价值的，应当将可回收金额低于其账面价值的差额作为固定资产减值准备。

5. 短期借款和应付账款。两者是流动负债分析的重点。企业短期借款用于生产经营，可以为股东增加财富。但是，短期借款如果数额较大，近期的偿债负担加大。适度的应付账款可以节省企业的资金，当应付账款数额较大时，会加大企业的信用风险。

6. 长期借款。该借款主要用于扩大生产经营规模，而不是用于生产经营周转。长期借款具有偿还期长、债务金额较大、可分期偿还的特点，既可能给企业带来效益，也可能给企业带来风险。

三、利润表分析

利润表又称损益表，它是通过列示借款人在一定时期内取得的收入、所发生的成本费用和所获得的利润来反映一定时期内经营成果的报表。通过利润表可以考核借款人经营计划的完成情况，可以预测借款人收入的发展变化趋势，进而预测借款人未来的还款能力。

（一）利润表的调整

利润表是根据"利润=收入－费用"原理编制的。根据这个原理，借款人在计算利润时，是以其一定时期内的全部收入总和减去全部成本费用总和。这种方法简单易懂，能够反映全部收入总额和成本费用总额，但它只是对借款人的各种收入和成本费用做了简单的归纳（见表3－2左列），不能满足信贷机构分析利润表的需要。信贷机构对利润表进行调整的步骤如下。

第一步，从主营业务收入中减去主营业务成本、营业费用、营业税，得出主营业务利润，即毛利润；

第二步，以主营业务利润为基础，加上其他业务利润，减去管理费用、财务费用，得出营业利润；

第三步，在营业利润上加投资收益和营业外收入，减去营业外支出，得出利润总额；

第四步，从利润总额出发，减去所得税，得出当期净利润。

这种方法可以清楚地反映出借款人净利润的形成过程，准确地揭示出净利润各构成要素之间的内在联系，为盈利分析奠定了基础（见表3－2右列）。

表 3-2　　　　　　　　　　调整前和调整后的利润表

调整前	调整后
收入　　基本业务收入　　其他业务收入　　投资收入　　营业外收入　减：　　成本和费用　　营业成本　　营业税　　销售费用　　其他业务支出　　管理费用　　财务费用　　营业外支出　利润总额　减：所得税　净利润	一、主营业务收入　　减：主营业务成本　　　　营业费用　　　　营业税金　二、主营业务利润（毛利润）　　加：其他业务利润　　减：管理费用　　　　财务费用　三、营业利润　　加：投资净收益　　　　营业外收入　　减：营业外支出　四、利润总额　　减：所得税　五、净利润

（二）利润表分析方法

利润表分析通常采用结构分析法，计算产品销售成本、销售费用、销售利润等指标各占产品销售收入的百分比，计算出各指标所占百分比的增减变动，分析其对利润总额的影响。分析结果用于与同行业平均水平比较，对不同企业之间的盈利能力作出评价。

在正常生产经营期间，利润表各项目之间应有一个合理的比例关系和结构。利润表分析中应对内在结构的异常变化给予高度重视，并正确判断这种变化对借款人财务状况的影响。

对于小微客户来说，利润表的项目分析应重点关注主营业务收入（销售收入）和主营业务成本（销售成本）。如有无虚构销售收入，主营业务成本是否真实，计算方法是否一致，多期之间是否存在突增、突减等情况。

四、现金流量表分析

从能够正常还款考虑，贷款人最直接关心的是借款人的现金流量。一般来说，盈利客户比亏损客户偿还贷款的可能性大。但是，盈利客户可能因为不能偿还到期贷款而面临清算，而亏损客户却因能偿还到期贷款继续维持经营，其原因在于利润不能直接用来偿还贷款，偿还贷款的是现金。客户在生产经营过程中，既发生现金流入，又发生现金流出，其净现金流量为正值或是负值，金额多少将决定其是否有现金还款。

现金流量表是反映企业在一定会计期间内的经营活动、投资活动和筹资活动中现金和现金等价物流入和流出的财务报表。其作用在于分析企业创造净现金流量的能力，进而揭示企业的资产流动性和财务状况。现金流量表按照收付实现制原则编制，将权责发生制下的盈利信息调整为收付实现制下的现金流量信息，便于了解企业净利润的质量。

（一）现金的概念

现金流量表中的现金包括现金和现金等价物，具体包括库存现金、活期存款、其他货币性资金以及3个月以内的证券投资。现金流量表中的现金必须不受限制，可以自由使用。

1. 现金包括库存现金、活期存款和其他货币性资金，其他货币性资金包括外埠存款、银行汇票、银行本票、信用卡、信用证及存出投资款等。银行存款和其他货币性资金中有些不能随时用于支付的存款，如不能随时支取的定期存款等，不应作为现金，而应列作投资。提前通知金融企业便可支取的定期存款应包括在现金范围内。

2. 现金等价物是指企业持有的期限短、流动性强、易于转换为已知金额现金、价值变动风险很小的投资。其中，期限短一般是指从购买日起3个月内到期。

（二）现金流量计算与分析

流量是相对存量的一个概念。存量是某一时点的数据，流量是一定期间内所发生的数据。现金流量包括现金流入量、现金流出量和现金净流量，现金净流量为现金流入量减去现金流出量的差。

现金流量表将"现金流量"分为三大部分，即经营活动现金流量、投资活动现金流量、筹资活动现金流量。现金净流量＝经营活动的现金净流量（流入－流出）＋投资活动的现金净流量（流入－流出）＋筹资活动的现金净流量（流入－流出）。

1. 经营活动现金流量

经营活动现金"流入"的主要项目包括：（1）销售商品、提供劳务收到的现金；（2）收到的税费返还；（3）收到其他与经营活动相关的现金。

经营活动现金"流出"的主要项目包括：（1）购买商品、接受劳务支付的现金；（2）支付给职工或为职工支付的现金；（3）支付的各项税费；（4）支付的其他与经营活动有关现金。

一般来说，正常经营活动在创造利润的同时，还应创造现金收益，相对于净利润而言，经营活动现金净流量更能反映企业真实的经营成果。

对经营活动现金流，要特别开展两个方面分析：（1）操纵分析，即分析经营活动现金流是否有被操纵的可能性；（2）充裕性分析，即经营现金流量能否满足正常的运营需求。

2. 投资活动现金流量

一般来说，出售证券（不包括现金等价物）、出售固定资产、收回对外投资能够带来现金流入；而购买有价证券、购置固定资产会带来现金的流出。

对投资活动现金流量的分析需要结合客户的具体情况，重点观察投资现金流的特征是否符合客户的发展阶段，是否与客户的发展战略和发展方向一致，由此才能进一步判断客户的运营情况。

3. 筹资活动现金流量

一般来说，取得短期与长期贷款、发行股票或债券能够带来现金流入；而偿还借款的现金、分配现金股利会带来现金的流出。

对筹资活动现金流量的分析，同样需要结合具体情况。例如，当筹资活动现金净流量大于零时，有可能是扩大规模，也有可能是投资失误出现亏损或经营现金流量长期入不敷出。一些财务比率如销售现金比率、资本购置比率、再投资现金比率等，同样可以用来分析客户的现金流量。

销售现金比率 = 经营活动现金净流量÷销售额。该指标反映当期经营活动获取现金的能力，销售现金比率越高，说明获取现金的能力越强。

资本购置比率 = 经营活动现金净流量÷资本支出。该指标反映用经营活动产生的现金流量净额维持和扩大生产经营规模的能力。资本购置比率越大，说明支付资本支出的能力越强，资金自给率越高。当比率达到 1 时，说明可以靠自身经营来满足扩充所需的资金；若比率小于 1，则说明需要靠外部融资来扩充所需资金。

再投资现金比率 = 经营活动现金净流量÷（固定资产 + 长期投资 + 其他资产 + 营运资金）。其中，营运资金是指流动资产与流动负债的差额。该比率越高，表明可用于再投资在各项资产的现金越多，再投资能力强。该比率的理想水平为 7% ~ 11%。

五、财务比率分析

财务比率分析是一种通过计算和解释财务报表中不同项目之间的比率，以评估财务状况和经营成果的方法，主要包括盈利能力分析、短期偿债能力分析、长期偿债能力分析和营运能力分析等。

（一）盈利能力分析

盈利能力是指获取利润的能力，借款人正常经营并产生利润是偿还债务的前提条件。反映借款人盈利能力的财务比率主要有销售利润率、营业利润率、税前利润率和净利润率、成本费用利润率、资产收益率、所有者权益收益率等，统称为盈利比率。

1. 销售利润率

$$销售利润率（毛利润率）=（销售利润÷销售收入净额）\times 100\%$$

$$销售利润 = 销售收入净额 - 销售成本 - 销售费用 - 销售税金及附加$$

销售利润率用来评价借款人产品销售收入净额的盈利能力。该比率越大，表明销售收入中销售成本占比越低，盈利水平越高。连续比较多年的销售利润率，可以判断和掌握销售活动盈利能力的发展趋势。

2. 营业利润率

$$营业利润率 =（营业利润÷销售收入净额）\times 100\%$$

$$营业利润 = 销售利润 - 管理费用 - 财务费用$$

该比率越大，说明每元销售收入净额所取得的营业利润越多，盈利水平越高。

3. 税前利润率和净利润率

$$税前利润率 =（利润总额÷销售收入净额）\times 100\%$$

$$利润总额 = 营业利润 + 投资净收益 + 营业外收入 - 营业外支出$$

$$净利润率 =（净利润÷销售收入净额）\times 100\%$$

$$净利润 = 利润总额 - 所得税$$

该比率越大，说明每元销售收入净额所取得的税前利润和净利润越多，盈利水平越高。

4. 成本费用利润率

$$成本费用利润率 = 利润总额 ÷ 成本费用总额 × 100\%$$

$$成本费用总额 = 销售成本 + 销售费用 + 管理费用 + 财务费用$$

该比率越大，说明同样的成本费用能取得更多利润，或者同样利润只需花费较少的成本费用。

在分析借款人盈利能力时，应将上述各个指标结合起来，并运用利润表中各个项目的结构分析，综合评价客户盈利能力的高低和变动情况，引起变动的原因及其对借款人将来的盈利能力可能造成的影响。

5. 资产收益率

$$资产收益率 = （净利润 ÷ 资产平均总额）× 100\%$$

$$资产平均总额 = （期初资产总额 + 期末资产总额）÷ 2$$

资产收益率是反映借款人资产综合利用效果的指标，也是反映借款人利用债权人和所有者权益总额所取得盈利的重要指标。资产收益率越高，说明资产的利用效率越高，营运能力越强，盈利能力越强。

6. 所有者权益收益率

$$所有者权益收益率 = （净利润 ÷ 有形净资产）× 100\%$$

$$有形净资产 = 所有者权益 - 无形资产 - 递延资产$$

该比率越大，说明所有者投资收益水平越高，营运能力越好，盈利能力越强。

（二）短期偿债能力分析

短期偿债能力是指客户以流动资产偿还短期债务即流动负债的能力，反映客户偿付日常到期债务的能力。短期债务需要现金来偿还，短期偿债能力应注意一定时期的流动资产变现能力的分析。

反映短期偿债能力的比率主要有：流动比率、速动比率和现金比率等，统称为偿债能力比率。

1. 流动比率

$$流动比率 = （流动资产 ÷ 流动负债）× 100\%$$

流动比率用于测定客户运用流动资产支付流动负债的能力。如果比率过低，则表示可能发生债务问题；如果比率过高，则表明资金未得到有效运用，影响资产的使用效率和盈利能力。

理论上，只要流动比率大于1，客户便具有偿还短期债务的能力，但由于有些流动资产不能及时和足额变现，按照稳健性原则，一般认为流动比率在2左右比较适宜，实际应视客户的行业性质及具体情况而定。该比率应和同行业平均流动比率、本企业历史流动比率进行比较，才能判断该比率是高还是低。

2. 速动比率

$$速动比率 = （速动资产 ÷ 流动负债）× 100\%$$

速动资产是指易于立即变现，具有即时支付能力的流动资产。速动资产 = 流动资产－存货－预付账款－待摊费用－待处理流动资产净损失。

速动比率可用做流动比率的辅助指标，若流动比率较高，但速动资产很少，借款人的短期偿债能力仍然较差。速动比率比流动比率能够更加准确、可靠地评价借款人资产流动性及其短期偿债能力。

一般认为，速动比率为 1 较为合适，但并不是绝对的，实际工作中应根据借款人的行业性质及其他因素综合评价。如零售行业由于其销售收入大多为现金，一般没有应收账款，可以保持低于 1 的速动比率；相反，一些应收账款比较多的客户，速动比率应大于 1。其次，影响速动比率的重要因素是应收账款的变现能力。速动比率有可能是客户为筹措资金调整后的结果，因此，应对整个会计期间和不同会计期间的速动资产情况进行分析。

3. 现金比率

$$现金比率 = （现金类资产 \div 流动负债）\times 100\%$$

现金类资产是速动资产扣除应收账款后的余额，包括货币资金和易于变现的有价证券，最能反映客户直接偿付流动负债的能力。现金比率越高，表明客户直接支付能力越强。但一般情况下，客户不可能也无必要保留过多的现金类资产，这样会丧失许多获利和投资机会。

在分析客户短期偿债能力时，可将流动比率、速动比率和现金比率结合起来，特别是还可将营运资金指标结合起来全面分析，能够起到评价借款人短期偿债能力的最佳效果。

（三）长期偿债能力分析

长期偿债能力是指客户偿还长期债务的能力，表明借款人对债务的承受能力和偿还债务的保障能力，长期偿债能力的强弱是反映客户财务状况稳定与安全程度的重要标志。

长期债务的偿还资金来源是客户的经营利润，如果借款人具有足够的盈利能力，就不用担心今后本金和利息的偿付能力。有关盈利能力前面已经述及，下面将从考察借款人偿还债务的保障能力，即财务杠杆比率角度，分析借款人偿还长期债务的能力。杠杆比率主要包括资产负债率、负债与所有者权益比率、负债与有形净资产比率、利息保障倍数等。

1. 资产负债率

$$资产负债率 = （负债总额 \div 资产总额）\times 100\%$$

资产负债率又称负债比率，对信贷机构来说，借款人的负债比率越低越好。负债经营对借款人具有一定风险，负债规模应控制在一定合理水平内。因此，信贷机构应根据客户的经营状况和盈利能力，正确测算借款人的负债比率，以保证其权益在经营环境恶化时能够得到保障。

2. 负债与所有者权益比率

$$负债与所有者权益比率 = （负债总额 \div 所有者权益）\times 100\%$$

负债与所有者权益比率也称为债务股权比率，用于表示所有者权益对债权人权益的保障程度。该比率越低，表明借款人的长期偿债能力越强，但该比率也不必过低，否则不能充分发挥所有者权益的财务杠杆作用。

3. 负债与有形净资产比率

$$负债与有形净资产比率 = （负债总额 ÷ 有形净资产） × 100\%$$

该比率更能衡量借款人清算时对债权人权益的保障程度，特别是在无形资产和递延资产数额较大时更是如此，因为这些资产的价值存在极大不确定性。该比率越低，表明借款人的长期偿债能力越强。

4. 利息保障倍数

$$利息保障倍数 = （利润总额 + 利息费用） ÷ 利息费用$$

利息费用一般包括流动负债利息费用、长期负债中进入损益的利息费用、进入固定资产原价的利息费用以及长期租赁费用等。该比率越高，说明借款人支付利息费用的能力越强。根据稳健性原则，应以倍数较低的年度为评价依据，但无论如何，利息保障倍数不能低于1。

（四）营运能力分析

营运能力是指通过借款人资产周转速度的有关指标反映资产利用的效率。借款人偿还债务和盈利的能力大小，在很大程度上取决于对资产的有效运用程度。营运能力分析常用的比率主要有总资产周转率、流动资产周转率、固定资产周转率、应收账款周转率、存货周转率、营业周期等，统称为效率比率。

1. 总资产周转率

$$总资产周转率 = （销售收入净额 ÷ 资产平均总额） × 100\%$$

该比率用于分析所有资产的使用效率，包括固定资产和流动资产。该比率值越大越好，说明借款人利用其全部资产进行经营的效率越高，盈利能力越强。

2. 流动资产周转率

$$流动资产周转率 = （销售收入净额 ÷ 流动资产平均净值） × 100\%$$

流动资产周转率越快，周转次数越多，说明流动资产的运用效率越高，进而偿债能力和盈利能力均得以增强。

3. 固定资产周转率

$$固定资产周转率 = （销售收入净额 ÷ 固定资产平均净值） × 100\%$$

固定资产周转率高，表明固定资产利用较充分，也说明固定资产的投资得当、结构合理，能够发挥效率。固定资产净值随折旧时间推移而减少，随更新改造而增加，这些因素都会影响固定资产周转率。在不同行业间比较时，要考虑采用不同折旧方法的影响，不同行业固定资产状况也不同，因而也会相差较大。

4. 应收账款周转率

$$应收账款周转率 = （赊销收入净额 ÷ 应收账款平均余额） × 100\%$$

$$赊销收入净额 = 销售收入 - 现销收入 - 销售退回 - 销售折让 - 销售折扣$$

$$应收账款平均余额 = （期初应收账款余额 + 期末应收账款余额） ÷ 2$$

该比率一般以年为计算基础，如果季节性生产和销售的企业，每月、每季度销售收入和营收账款变化大，也可按月或季度计算。应收账款周转率越高，周转次数越多，说明收回赊销账款的能力越强，应收账款的变现能力和流动性越强。

还可以通过计算应收账款回收期（周转天数），即应收账款账龄来反映应收账款的周转情况。应收账款回收期表示应收账款周转一次平均所需的天数，回收期越短，说明应收账款变现速度越快，流动性越好。

应收账款回收期(周转天数) = 计算期天数 / 应收账款周转次数

= 应收账款平均余额 × 计算期天数 ÷ 赊销收入净额

5. 存货周转率

存货周转率 = （销售成本 ÷ 存货平均余额）×100%

存货平均余额 = （期初存货余额 + 期末存货余额）÷2

存货周转率是反映销售能力和存货周转速度的一个指标，也是衡量生产经营环节中存货营运效率的一个综合性指标，通常按年计算。

存货是流动资产的重要组成部分，存货质量好坏、周转快慢，对客户资产周转循环具有重要影响。存货周转速度不仅反映了流动资产变现能力好坏，经营效率高低，同时也表明客户的营运能力和盈利能力强弱。

存货周转情况也可用存货持有天数表示。一般而言，存货持有天数增多，或是说明存货采购过量，或是呆滞积压存货较多，或是存货采购价格上涨；而存货持有天数减少，说明可能耗用量或销量增加，但是过快的、不正常的存货周转率也可能说明没有足够的存货可供耗用或销售，或是采购次数过于频繁，批量太小等。

存货持有（周转）天数 = 存货平均余额 × 计算期天数 ÷ 销售成本

6. 营业周期

营业周期 = 存货周转天数 + 应收账款周转天数

营业周期是指从外购承担付款义务，到收回因销售商品或提供劳务而产生的应收账款的这段时间。一般情况下，营业周期短，说明资金周转速度快；营业周期长，说明资金周转速度慢。较短的营业周期表明对存货和应收账款的管理有效，营业周期对于决定流动资金贷款的期限具有参考价值。

活动2　掌握客户非财务分析

一、非财务分析的重要作用

非财务信息又称软信息，泛指在借款人财务因素和担保条件以外的对贷款偿还产生影响的其他各种相关因素。非财务信息不以货币为计量单位，不一定与借款人财务状况相关，但与其生产经营活动联系密切。非财务分析与财务分析相互印证、相互补充，为信用评价结果提供充分和必要的依据。

从小额信贷的客户对象看，自然人、个体工商户和小微企业主一般都不能提供规范的会计信息，无法及时、全面、准确了解其收入、家庭财产、对外经济往来等财务情况，即使借款人为法人客户，所提供的财务信息不完全、不真实的现象也比较普遍。此外，仅依靠客户提供的会计报表得出的财务分析结论，很难准确判断客户未来的还款能力和还款意愿，必须借助非财务信息分析来弥补财务分析的缺陷。尤其对于小额信贷客户而言，财务信息的不完整、不准确以及财务信息的历史性决定了非财务信息分析的重要性。

判断借款人的还款意愿。在实际工作中，有些不良贷款的形成并不是因为借款人没有还款能力，而是借款人"有钱不还"。所以，信贷机构进行信贷决策时，既要评估借款人的还款能力，也要评价借款人的还款意愿，必须进行非财务因素分析。

判断借款人的还款能力。财务分析主要是对借款人的历史还款能力的分析，而偿还贷款本息取决于未来的还款能力。事实上，借款人的经营状况受其行业风险、经营风险、管理水平等多种因素的影响和作用，且处于不断变化之中。未来的经营状况是过去、现在和将来种种因素影响和作用的结果，当前的非财务因素可能就是未来贷款风险的预警信息。所以，进行非财务分析不仅是必要的，而且有助于增强财务分析和预测的可靠性。

二、非财务信息的内容分析

（一）个人基本信息

客户个人基本信息主要包括客户的年龄、婚姻状况、户籍状况和房产信息、受教育程度、个人嗜好、从业经验、家庭收入与开支、保证人信息等。

1. 客户年龄分析

客户年龄分析涉及客户的社会经验、健康状况以及死亡的风险。通常情况下，一个人的年龄和其社会经验成正比，年龄偏大或者偏小都会增大贷款的风险。年龄偏小的借款人一般阅历浅、社会经验不足，在经营过程中缺乏管理经验，可能正处于起步阶段，经营存在较大的不确定性，或者实际控制人另有其人；年龄偏大的借款人一般思想守旧、固执己见、难以沟通，可能受身体健康的影响，一旦发生生病或身故等情况，会给还贷带来风险。

2. 婚姻状况分析

未婚和单身的借款人因为没有家庭，其责任感很难判断，而且这类客户流动性较强，一旦经营出现问题，可以一人之身而退，加大了贷款风险。对于重组家庭的再婚借款人，要了解夫妻双方之前离婚的原因，判断目前家庭的稳定性。

在调查过程中，要观察配偶对申请贷款的态度，如果坚决反对或不配合调查工作，会加大贷款风险。也要注意观察夫妻双方的关系，以及申请人对家庭成员的态度，判断其责任感。

3. 户籍状况和房产信息分析

户籍在本地，且在本地有房产的，在本地的稳定性最高。借款人如果是本地人或在本地长期居住的外地人，且其主要经营活动在本地，则贷款风险相对较小。可以通过户口本来判断借款人是本地人还是外地人，通过调查借款人或其亲属在本地是否有房产来判断是否"长期居住"。

对于以下类型的客户，由于其流动性较大，可能会给贷款带来风险，尤其是在清收过程中会增加一定的难度：（1）外地人在本地经营，但是没有房产的；（2）本地人在本地经营，但是没有房产的；（3）本地人在外地经营的。

4. 受教育程度分析

一般来说，教育程度越高的个人或企业主，其收入也越高，管理能力也越强，体现为更强的偿债能力。通常，高等学历以上的，低风险；小学学历或文盲半文盲的，高风险；中等学历的，适度风险；但也不能一概而论。

5. 个人嗜好分析

若借款人有吸毒、赌博、酗酒、打架斗殴等不良嗜好，将会给贷款带来巨大的风险。另外，须了解借款人有无炒股票、买彩票等投机爱好，要将这些投机爱好与经营项目的内在联系进行分析。例如，借款人每天是否忙于炒股票而没有精力照顾生意，是否将自己的全部积蓄都用于赌博、投机股票、购买彩票等，这些嗜好可能会导致贷款挪用等风险。

6. 从业经验分析

有丰富行业从业经验的借款人了解行业特点，熟悉运营，知道如何应对经营过程中遇到的困难。了解借款人之前的经历，了解客户转行的原因、之前的行业与现在所从事行业之间的联系等非常必要。

通过询问运营流程，了解借款人对上下游客户、分销渠道、销售季节性变化、经营风险的熟悉程度，对未来的发展计划等问题，可以识别借款人的从业经验和管理能力。一般来说，从业经验不足 3 年的，高风险；从业经验大于 10 年的，低风险；从业经验 3~10 年的，适度风险。

7. 家庭收入与支出分析

家庭收入与支出分析主要包括：借款人要赡养多少人？住在什么地方？有多少个孩子？家庭有无其他收入来源？家庭主要支出和其他特别支出情况？近期可能产生的开支和必需的家庭开支？借款人及其家庭财产情况？等等。家庭负担越重，家庭收入来源单一，贷款风险则相对较高；家庭负担较轻，家庭收入来源较多，贷款风险则相对较低。

8. 保证人信息分析

对保证人信息的分析参考对借款人信息的分析。另外，要考虑保证人对借款人制约能力的强弱，这种制约可以体现在方方面面。保证人最好能控制借款人核心的资源，如要求借款人成年子女做共同借款人或保证人，要求公司的财务主管做保证人，上下游客户之间的担保等，均具有对借款人较强的制约能力。

（二）企业经营信息

企业非财务因素分析主要包括行业风险、经营风险、管理风险、社会和自然因素以及还款意愿等方面。

1. 行业风险分析

每个借款人都处于某一特定的行业中，每一特定行业因所处的发展阶段不同而具有其特有的风险。尽管这种风险具有一定的阶段性特征，但在同一行业中的借款人可能需要共同面对某些基本一致的风险。一般而言，行业风险分析的主要内容如下。

（1）成本结构。固定成本占比较高的行业，一般具有较高的经营杠杆，这些企业只有扩大产量才能降低成本、增加盈利；固定成本在总成本中的占比越高，抗风险能力越差。变动成本占比较高的行业，其企业的变动成本也较高，变动成本具有相当的弹性，即当产量下降或销售下降时，企业可以通过压缩变动成本来降低总成本的方法保证盈利或减少亏损，如裁员或减薪等。

（2）行业成长阶段。行业成长一般经历四个主要阶段，即导入阶段、成长阶段、成熟阶段、衰退阶段。仔细分析借款人所处行业的发展阶段，信贷机构就有可能预见借款所面临的主要挑战，从而预防贷款风险。一般来说，在导入阶段信贷机构不介入过多信贷资金，贷款面临较大风险的可能性大；成长阶段是信贷机构介入该行业的合适时机，贷款风险主要分析企业的生产工具能力和管理水平、产品性能等；成熟阶段的信贷机构应主要研究该阶段的长短，避免在贷款存续期间行业就进入衰退阶段。

（3）行业的经济周期性。行业风险与经济周期密切相关，如果行业与经济周期正相关，则其随宏观经济的繁荣而繁荣，随宏观经济的萧条而萧条。如果行业与经济周期负相关，则其随宏观经济的繁荣而萧条，随宏观经济的萧条而繁荣。实际工作中，判断宏观经济周期要比判断行业周期相对容易，信贷机构可以借助宏观经济的研究成果和行业与宏观经济周期之间的关系提前判断行业的周期性变化，降低贷款风险。

（4）行业的盈利性。维持运营需要盈利能力，一个长期不盈利的公司必将倒闭。整个行业也是一样，如果一个行业的多数公司由于费用超过收入而赔钱，行业的持续存活能力就受到了质疑。对于信贷机构来说，信贷的最小风险来自一个繁荣与萧条时期都持续盈利的行业，最大风险则来自一个普遍不盈利的行业。

（5）行业的依赖性。不同的行业之间存在着相互依存关系。一般来说，对其他行业发展的依赖程度越高，该行业中借款人的潜在风险就越大。企业的这种依赖性在实践中表现为：对某一个或多个特定行业的依赖、对重要客户的依赖、对重要原材料供应商的依赖、对销售渠道的依赖等。如果借款人的客户或供应商仅限于几个行业或顾客，则这笔贷款成为问题贷款的可能性就较大。

（6）行业政策和有关环境。行业政策对于行业的发展具有重要影响，行业政策的主要形式有投资控制、税收倾斜和其他措施。行业政策的变化既有突然性，也有必然性，信贷机构应事先对这种必然性加以研究，分析政策的调整方向、目标，相应调整客户策略。通货膨胀、环境保护、地区经济优势、科技进步等环境因素的变化可能会给某些行业带来负面冲击或正面推动，信贷机构应足够关注。

2. 经营风险分析

行业风险分析只能够帮助信贷机构对行业整体的共性风险有所认识，但行业中的每个企业又都有其自身特点。一般来说，企业经营风险可以从企业总体特征、产品、原料供应、生产、销售等方面进行分析。

（1）总体特征。企业的总体特征主要包括企业生产或销售规模、所处发展阶段、产品多样化及经营策略等。

信贷机构在分析企业规模时，须注意以下几点：第一，规模的主要衡量指标是销售量而不是生产量；第二，规模是一个相对概念，须与同行业的其他企业比较才有意义；第三，规模应适度，并非总是越大越好；第四，适当的规模是保证企业生存、发展的必要条件。

企业所处的发展阶段与行业所处的发展阶段有一定的联系，即行业的快速发展可以为企业的快速发展提供良好的行业环境。但企业的发展阶段又具有独立性，即在行业发展的每个阶段中，都有企业处在创立、快速发展、成熟稳定、退出行业或破产倒闭状态。

（2）产品与市场分析。产品分析主要包括：产品在社会生活中的重要性和特性问题、质量问题、买方定位、价格等。产品特性与市场营销是相关的，产品具有优势，市场营销工作的难度就小。如果企业的产品与替代产品在价格上的差距较大，消费者可能会转向替代产品。如果该企业有许多替代品或没有转换成本，替代品可以即刻对该产品构成压力，企业经营风险极高。

市场分析主要围绕市场竞争程度、企业对市场价格和需求的控制能力、客户的分散程度以及销售方法等。企业要在市场竞争中生存、发展，则必须根据市场需求开发、设计、生产商品，并通过适当的营销手段将产品推销出去，实现盈利。产品和市场的任何一方面存在缺陷，都有可能影响产品的销售进而影响贷款的按期偿还。

在采购环节，主要风险有原材料价格风险、购货渠道风险和购买量风险。原材料的价格直接影响企业的生产成本；如果企业的购货渠道单一，一方面增加了原材料及时供给的难度，另一方面也不利于企业在购进原材料时进行讨价还价；购买量大小与企业的存货管理计划、生产规模、原材料价格走向、原材料的紧缺程度、企业的资金实力等内容有关。

在生产环节，可能对贷款偿还构成影响的因素有生产的连续性、对生产技术更新的敏感性、抵御灾难的能力、环境保护和劳资关系等。信贷机构必须认真分析这些问题及其可能对贷款造成的影响，并分析选择采取合适的措施保证贷款的安全。

在销售环节，能否顺利将产品送到目标客户手里，是实现利润的重要环节。促销策略、渠道、售后服务、包装、运输、付款方式等无不影响着消费者的购买，信贷机构对销售环节应引起充分重视，甚至可以说，不具备较强营销能力的企业是危险的，是不可能长久生存的企业。

3. 管理风险分析

企业能否保持长盛不衰，主要看其是否具备必要的管理能力。管理风险分析主要包括管理层素质、管理能力等。从某种意义上说，企业经营能力的好坏往往是其管理能力在经营活动中的反映。

（1）管理层的素质和经验。管理层素质主要包括文化程度、年龄结构、团队精神、道德品质等。应避免管理层的主要精力过多地陷入人事关系和事务性的工作中，而不能专心于管理企业。

（2）管理层稳定性。企业主要管理人员的离任、死亡、更替等均会对企业的持续、正常经营管理产生重大影响，主要表现在以下方面：新管理层对其任期以外的借款大多采取"拖"的态度，或者持不配合甚至不认账的态度，新管理层可能重新选择往来信贷机构而使银企关系发生重大变化或躲避信贷机构的监控等。

（3）经营思想和作风。经营思想上是否统一会影响企业的经营和发展。如过分地以利润为中心，企业的经营行为必定短期化，必然会影响企业的长远利益和持续的还款能力。经营作风对企业经营的稳定性也具有实质性影响，如过于冒险的经营作风可能使企业的经营和信贷机构的贷款都面临着较高的风险。

（4）关联企业的经营管理。企业的母子公司、主要供应商、购货商等，因其与企业在股权、资金、产品、原材料、管理人员等方面有着密切的关联性，他们在生产经营、财务状况、法律诉讼等方面的变化将直接影响企业原材料的采购、产品销售、应收账款的回收、投资收益的高低等，从而影响企业的还款能力。

（5）员工素质。员工的年龄结构、文化程度、专业水平及稳定性等因素直接影响企业的技术开发与运用、产品创新、产品质量及企业管理理念的进步。企业间的竞争主要体现在人才的竞争，不重视人才的企业将难有未来。

（6）财务管理能力。财务管理水平的高低对企业的盈利性有着重要影响。财务管理可以帮助企业分析成本上升的原因和采取控制措施，可以通过预测表明企业可能在何时遇到流动性问题并提出解决办法等。

（7）法律纠纷。信贷机构应密切关注借款人遇到的劳资纠纷、债权债务纠纷、违法事件，以及从第三方处得到的不利于企业的法律传闻等，并分析这些法律纠纷将会给贷款偿还和信贷机构带来何等不利影响。

三、不对称偏差分析法

不对称偏差分析法即丁/洪格/萨博堡分析法（Ding/Unger/Zabelberg Asymmetric Difference Analysis），是以不可量化的软信息与量化的软信息共同还原验证最接近于客户的真实社会经济状态。现在看来，不对称偏差分析法就是风控模型的初级手工版本，大数据模型有相当部分借鉴了不对称偏差分析法的思路。它能有效剥离且呈现出风险点，最终就客户信息维度作出可视化的风险判断，从而帮助信贷人员发现客户风险点。

运用不对称偏差分析法，我们首先需要设立软信息风险维度，也即是所谓的"标杆"信息，设立"标杆"需遵循客观原则、分层原则、少量"标杆"原则。不对称偏差分析法是将客户的不同方面以坐标的形式进行展示，并通过某一客户实际情况的描述得到偏差度，偏差度不作为量化指标，而是通过偏差方向的组合，作出风险判断。不对称偏差分析法可帮助风控人员发现贷款的潜在风险点，指出其需要重点分析的方向。

不对称偏差分析法的操作步骤如下。

1. 制定不对称偏差分析的坐标。小额信贷机构可以根据其服务客户群体的基本特征制定坐标，如婚姻状况、年龄、受教育程度、从业经验、贷款历史、私人资产、保证人年龄、保证人婚姻状况等要素，组成一连串的坐标要素。

2. 在各坐标要素上根据客户的情况作出线性显示。信贷管理人员根据客户的实际情况，在坐标上标出客户所处位置。根据对标准客户的描述，越正常的客户，线性显示越平坦，线性描述如果出现偏差，信贷管理人员可根据偏差方向，结合其他方面的信息作出判断，并根据实际需要对该方面进行重点分析。

3. 对客户进行综合评价。客户线性描述越平坦，客户越接近标准要求，其分析要求就可以相对降低。反之，客户线性描述偏差越大，客户经理就必须沿着偏差方向对客户进行分析。以上在各坐标要素上的评价共同构成对客户的综合评价结果，作为是否发放贷款的重要决策依据。

随着大数据的普及、风控大数据建模的兴起，不对称偏差分析法因为客户信息维度数量的限制，已经不足以满足我们对风控模型越来越精细化的要求。但是，不对称偏差分析法作为风控模型的雏形，特别是在风险维度取舍思路上及异常发生后风控人员对客户风险的迅速反应上，仍是值得借鉴与学习的。

【课后习题】

一、单项选择题

1. 信贷分析所依赖的硬信息主要是指（　　）。

A. 财务报表　　　　B. 财务信息　　　　C. 非财务信息　　　　D. 软信息

2. 哪种小额信贷运作机制具有"早期预警"功能？（　　）

A. 小组联保　　　　B. 动态激励　　　　C. 分期还款　　　　D. 担保替代

3. 我国引入德国 IPC 小微信贷技术是（　　）年。

A. 2003　　　　　　B. 2004　　　　　　C. 2005　　　　　　D. 2006

4. 一个数据要成为对贷款分析有价值的信息，一般来说，必须经过至少（　　）种方法的交叉检验。

A. 2　　　　　　　　B. 3　　　　　　　　C. 4　　　　　　　　D. 5

5. 以下反映企业短期偿债能力的指标是（　　）。

A. 流动比率　　　　B. 资产负债率　　　　C. 应收账款周转率　　D. 销售利润率

6. 以下反映企业长期偿债能力的指标是（　　）。

A. 现金比率　　　　B. 存货周转率　　　　C. 速动比率　　　　D. 资产负债率

7. 流动资金的资产转换周期由（　　）组成。

A. 存货周转期　　　　　　　　　　　B. 应收账款周转期

C. 存货周转期与应付账款周转期之和　　D. 存货周转期与应收账款周转期之和

二、多项选择题

1. 以下属于交易型贷款技术的是（　　）。

A. 基于财务报表的贷款　　　　　　　B. 基于担保的贷款

C. 基于信用评分的贷款　　　　　　　D. 关系型贷款

2. 以下属于软信息的是（　　）。

A. 从业经历　　　　B. 人脉口碑　　　　C. 营业收入　　　　D. 员工素质

3. 台州银行信贷技术的"十六字箴言"包括（　　）。

A. 下户调查　　　　B. 眼见为实　　　　C. 自编报表　　　　D. 交叉检验

4. 浙江泰隆商业银行小额贷款技术中的"三品"是指（　　）。

A. 人品   B. 产品   C. 商品   D. 押品

5. 浙江民泰商业银行的"九字诀"信贷调查技术是指（   ）。

A. 看人品   B. 看原始   C. 算实账   D. 同商量

6. 下列属于反映借款企业盈利能力的指标有（   ）。

A. 利息保障倍数   B. 所有者权益收益率

C. 资产收益率   D. 成本费用利润率

7. 以下属于针对个人的非财务分析的内容是（   ）。

A. 年龄和户籍   B. 个人嗜好   C. 从业经验   D. 收入来源

三、简答题

1. 请简述信贷技术的概念与分类。

2. 小组联保和担保替代在小额信贷中有什么作用？

3. 动态激励和分期还款在小额信贷中有什么作用？

4. IPC 信贷技术的要点有哪些？

5. 打分卡技术和信贷工厂模式的内涵是什么？

6. 请简述台州银行"十六字箴言""三看三不看"，泰隆银行"三品三表、三三制"，民泰银行"五个一"、"九字诀"以及"三有三无"等小微信贷技术的具体内涵。

7. 请简述交叉检验的概念内涵和主要线索。

8. 现金流量表对现金概念是如何界定的？

9. 如何对借款人个人基本信息进行内容分析？

四、实训题

1. 各类信贷技术的应用场景以及对客户经理处理贷款业务有何启示？

2. 基于案例材料，进行营业额检验、利润检验和权益检验。

3. 基于小微企业财务报表，进行财务报表基本分析和财务比率计算。

参考答案：一、BCCBADD；二、ABC、ABD、ABCD、ABD、ACD、BCD、ABCD

农户贷款实务
NONGHU DAIKUAN SHIWU

【知识目标】

　　了解贷款农户和农户贷款的概念界定；理解农户的贷款需求特征；掌握农户贷款基本要素规定和农村小额贷款创新要求；理解农户贷款创新模式内涵；熟悉农户贷款产品；掌握农户贷款的申请与受理、贷前调查与信用评级、审查审批与放贷以及贷后管理等各环节的操作要求；了解农户贷款业务的主要风险。

【能力目标】

　　能够正确认识农户贷款服务的重要性，能够根据农户的贷款需求提供合适的贷款产品方案，能够开展农户贷款分析决策与业务流程操作处理。

模块一　农户贷款概述

【案例导入】

金融服务乡村全面振兴看"浙"里——乡村产业发展金融支持

　　近年来，中国人民银行浙江省分行认真贯彻党中央、国务院关于全面推进乡村振兴的决策部署，聚焦乡村振兴重点领域和薄弱环节，强化央行货币政策工具运用，组织在浙江金融机构持续加大金融资源投入，有力提升金融服务乡村全面振兴能力和水平，助力全省乡村全面振兴和高效生态农业强省建设。

　　中国人民银行浙江省分行积极引导浙江金融机构结合乡村产业发展特点，创新金融产品和服务，加大高质量发展金融支持力度，助力乡村产业兴旺，实现农民致富。

创新产业链生态服务　助力传统农业做大做强

工商银行浙江省分行首创"工银数贷通"线上金融服务平台，对外打通农业农村、税务等部门涉农服务基础信息数据库，对内连通工商银行总行智能征信平台数据库，建立智能风控模型，使农户享受"一次不跑、无感授信、一触即贷"的便捷金融服务。截至 2023 年 8 月，工商银行浙江省分行已与亲农在线、浙农码、禹上金扁担、慧办税、西湖龙井产业大脑等十多个政府数字化服务平台合作，为仙居杨梅、西湖龙井茶、安吉白茶、浦江葡萄等农业场景构建涉农数字产业链服务生态，为 37 万农户主动授信超 400 亿元，有效提升涉农主体的金融服务可得性和覆盖面。

支持企业数智化改造　助力富民产业提质升级

浙商银行积极打造"智能制造服务银行"品牌，制订"融资、融物、融服务"的智能制造全流程金融服务方案，助力县域制造产业数字化、智能化、高端化发展。截至 2023 年 6 月末，累计为全省山区 26 县 108 户智能制造企业提供融资服务，贷款余额 77.7 亿元。如木门行业是浙江省老工业基地衢州江山的特色产业，但近年来面临生产成本难下、效率不高的发展瓶颈。浙商银行联合省智能制造专家委员会，助力企业批量推进"轻量化智改"，并立足"智造数智共富贷"产品，提供一揽子金融服务。在此过程中，浙商银行委托第三方智能制造服务商为企业定制智改方案，实现生产数据自动获取并上云，提升生产效率；联合浙银租赁提供整体授信方案，满足企业设备升级资金需求；通过共享企业上云数据，动态了解企业生产经营情况，完善信用评级和风险控制。截至 2023 年 6 月末，首批 11 家木门制造企业已获融资超亿元，助力"江山产量"向"江山质量"升级。

实施梯度化政策　培育助力乡村文旅品牌建设

浙江省台州市天台县素以"佛宗道源、山水神秀"著称，文旅资源丰富。天台农商银行积极扶持当地旅游产业发展，经过多年探索，形成了"1+3+N"的乡村旅游金融服务模式，暨 1 家特色支行、3 大产品系列、N 项配套服务。天台农商银行银安支行为台州市旅游金融协调推进小组认定的旅游银行。"3 大产品系列"为针对景区商圈周边、民宿农家乐、旅游基础设施三类经营主体提供"星旅系列""乡旅系列""旅游项目系列"三大梯度化系列产品。"N 项配套服务"为通过精简审批流程、加强业务考核、旅游志愿服务等方式提升服务精准度、满意度。2021—2023 年，天台农商银行累计投放乡村旅游相关贷款 8.5 亿元，助力后岸村、塔后村等地成为乡村旅游"金名片"，有效实现了文化旅游产业与金融资源的融合对接。

支持村集体经济发展　助力村级产业建强共富

平阳农商银行积极推进"产业+共富"服务路径，赋能村级集体经济壮大，推动农民增收致富。建立"强村产业贷"专项信贷资金支持方式，与浙江省农业融资担保有限公司和温州市融资担保公司合作，解决村集体融资担保难。截至 2023 年 6 月末，平阳农商银行对辖内村级集体授信覆盖面达 100%；为 142 户村级集体发放贷款，余额 4.8 亿元，每年带动村集体增收 3000 万元左右，激活乡村产业发展内生动力，实现金融从"输血"向"造血"转变。同时，大力支持乡村特色产业品牌化发展，针对平阳县"五个鲜"（平阳黄汤、南麂大黄鱼、平阳鸽蛋、平阳马蹄笋、怀溪番鸭）产业聚集村，创新推出"五鲜贷"贷款产品，支持农业产业发展，如累计向"平阳黄汤第一村"新联村黄汤茶产业发放贷款 3230 万元，有效满足茶叶生产及加工企业的融资需求。

资料来源：浙江省分行. 金融服务乡村全面振兴看"浙"里——乡村产业发展金融支持［EB/OL］.［2023 - 08 - 18］. http：//hangzhou. pbc. gov. cn/hangzhou/125264/5037882/index. html.

☞ **请思考**：基于材料，谈谈金融支持乡村产业发展的做法及启示？

活动1　了解农户与农户贷款

一、贷款农户界定

农户是农村经济社会发展的基本细胞，既是生活消费及社区活动主体，也是重要的农村生产经营主体，农户经济行为一般以家庭为单位。在新型工业化、信息化、城镇化、农业现代化进程中，农户不断分化和变迁，呈现出传统农户、兼业农户、种养大户、家庭农场以及非农农户并存的状态。农户可能专门从事农业生产经营，也可能在从事农业生产经营的同时从事非农业生产经营即兼业，也有越来越多的农户从农业转移出来，从事非农业的工作，如在企业工作成为工人或者从事个体工商经营等。截至 2023 年末，我国乡村人口为 4.77 亿人，第一产业就业人数为 1.69 亿人、乡村就业人员为 2.70 亿人，农户仍是数量规模庞大的重要贷款客户，不仅有生产经营贷款需求，也有消费贷款需求。

从贷款支持农业角度看，发放农户贷款有利于增加对农业的投入，推动农业发展。根据我国《农户贷款管理办法》，贷款农户是指长期居住在乡镇和城关镇所辖行政村的住户、国有农场的职工和农村个体工商户。本项目聚焦农业生产经营用途的贷款农户，在我国主要包括种养大户和家庭农场。

二、农户贷款界定

农户贷款是金融机构服务"三农"的重要产品。根据中国人民银行网站发布的各年各季度金融机构贷款投向统计报告，我国金融机构本外币农户贷款余额由 2007 年末的 1.34 万亿元持续增加到 2024 年末的 18.23 万亿元，农户贷款在各项贷款中的占比由 4.83% 提高到 7.13%。到 2024 年末，农户经营贷款余额为 10.38 万亿元，农业贷款余额为 6.36 万亿元。随着我国城乡经济一体化推进和乡村振兴战略的实施，农村广大地区各类新型农业经营主体涌现，广大农户的贷款需求旺盛且呈现多元化态势，提高农户贷款覆盖率和农户申贷获得率，成为涉农金融机构服务乡村振兴战略、发展普惠金融和促进实体经济发展的现实需要。

《农户贷款管理办法》

根据《农户贷款管理办法》，农户贷款是指银行业金融机构向符合条件的农户发放的用于生产经营、生活消费等用途的本外币贷款。一般而言，农户贷款需求可以分为生产经营和生活消费两类。

由于农户资金的用途容易发生转换，金融机构存在对农户贷款资金用途难以掌控的风险。

活动2　**理解农户贷款特征与要素**

一、农户贷款需求特征

农户贷款60年的
历史演进及启示

传统农户的生产经营规模较小，生产力水平较低，农业生产经营收入的周期性强，收入水平只能基本解决温饱问题，家庭资产少，缺乏可抵押物，贷款偿还能力较弱；生产生活中对贷款资金的需求量少，以非生产性用途为主，农户贷款的放款成本较高。因此，传统农户的信贷供给主要由熟人亲友无息借贷、民间非正式互助合作金融、官方或公益扶助性质的政策性金融提供。

随着农村经济社会的发展，现代农户成为农户贷款的主要客户对象。农户贷款需求逐步由简单的生产生活需求向扩大再生产、高层次消费需求转变，由零散、小额的需求向集中、大额的需求转变，由传统耕作的季节性需求向现代农业的长期性需求转变，呈现出多元化、多层次特征。

金融机构应主动适应农户贷款需求的变化，适应县域经济发展和乡村振兴对金融服务提出的新要求，创新农户贷款产品和服务，有效解决农户、农民贷款难等问题，推动农业农村经济进一步发展。

扶贫小额信贷宣传1

扶贫小额信贷宣传2

二、农户贷款基本要素

（一）贷款条件

农户申请贷款应具备以下条件：

1. 农户贷款以户为单位申请发放，并明确一名家庭成员为借款人，借款人应当为具有完全民事行为能力的中华人民共和国公民；

2. 贷款用途明确合法，贷款申请数额、期限和币种合理；

3. 借款人具备还款意愿和还款能力；

4. 借款人无重大信用不良记录；

5. 金融机构要求的其他条件。

（二）贷款用途

农户贷款用途应符合法律法规规定和国家有关政策，不得发放无指定用途的农户贷款。按照用途分类，农户贷款分为农户生产经营贷款和农户消费贷款。

1. 农户生产经营贷款是指发放给农户用于生产经营活动的贷款，包括农户农、林、牧、渔业生产经营贷款和农户其他生产经营贷款。

2. 农户消费贷款是指发放给农户用于自身及家庭生活消费，以及医疗、教育等需要的贷款。

（三）贷款种类

按信用形式分类，农户贷款分为信用贷款、保证贷款、抵押贷款、质押贷款，以及组合担保方式贷款。在业务实践中，金融机构积极创新抵（质）押担保方式，加强农户贷款增信能力，控制农户贷款风险水平。

（四）贷款额度

根据农户生产经营状况、偿债能力、贷款真实需求、信用状况、担保方式、机构自身资金状况和当地农村经济发展水平等因素，合理确定农户贷款额度。

（五）贷款期限

根据农户贷款用途项目的生产周期、销售周期和农户家庭综合还款能力等因素合理确定贷款期限。

（六）贷款利率

综合考虑农户贷款资金及管理成本、贷款方式、风险水平、合理回报等要素以及农户生产经营利润率和支农惠农要求，合理确定利率水平。

（七）还款方式

金融机构应建立借款人合理的收入偿债比例控制机制，合理确定农户贷款还款方式。根据农户贷款的种类、期限及借款人现金流情况，选择采用分期还本付息、分期还息到期还本等方式。原则上，1 年期以上贷款不得采用到期利随本清方式。

《银行业金融机构
大力发展农村小额贷款
业务的指导意见》

✉ 【拓展知识 4 - 1】

农村小额贷款创新的指导意见

1. 放宽小额贷款对象。在支持家庭传统耕作农户和养殖户的基础上，将服务对象扩大到农村多种经营户、个体工商户以及农村各类微小企业，具体包括种养大户、订单农业户、进城务工经商户、小型加工户、运输户、农产品流通户和其他与"三农"有关的城乡个体经营户。

2. 拓展小额贷款用途。既要支持传统农业，也要支持现代农业；既要支持单一农业，也要支持有利于提高农民收入的各产业；既要满足农业生产费用融资需求，也要满足农产品生产、加工、运输、流通等各个环节融资需求；既要满足农民简单日常消费需求，也要满足农民购置高档耐用消费品、建房或购房、治病、子女上学等各种合理消费需求；既要满足农民在本土的生产贷款需求，也要满足农民外出务工、自主创业、职业技术培训等创业贷款需求。

3. 提高小额贷款额度。对农村小额信用贷款额度，发达地区可提高到 10 万 ~ 30 万元，欠发达地区可提高到 1 万 ~ 5 万元，其他地区在此范围内视情况而定；联保贷款额度视借款人实际风险状况，可在信用贷款额度基础上适度提高。对于生产规模大、经营效益佳、信用记录好、资金需求量大的农户和农村小企业，在报经上级管理部门备案后可再适当调高贷款额度。

4. 合理确定小额贷款期限。根据当地农业生产的季节特点、贷款项目生产周期和综合还款能力等，灵活确定小额贷款期限。对用于温室种养、林果种植、茶园改造、特种水产（畜）养殖等生产经营周期较长或灾害修复期较长的贷款，期限可延长至 3 年。消费贷款的期限可根据消费种类、借款人综合还款能力、贷款风险等因素由借贷双方协商确定。对确因自然灾害和疫病等不可抗力导致贷款到期无法偿还的，在风险可控的前提下可予以合理展期。

5. 科学确定小额贷款利率。根据贷款利率授权，综合考虑借款人信用等级、贷款金额、贷款期限、资金及管理成本、风险水平、资本回报要求以及当地市场利率水平等因素，在浮动区间内进行转授权或自主确定贷款利率。

6. 简化小额贷款手续。在法律要素齐全的前提下，尽量简化贷款手续。增加贷款申请受理的渠道，在营业网点设立农村小额贷款办理专柜或兼柜，开辟农村小额贷款绿色通道。把农户贷款与银行卡功能有机结合，逐步把借记卡升级为贷记卡，在授信额度内"一次授信、分次使用、循环放贷"，提高贷款便利程度。

7. 强化动态授信管理。根据信用贷款和联保贷款的特点，按照"先评级—后授信—再用信"的程序，建立授信管理制度以及操作流程。综合考察影响农户和农村小企业还款能力、还款意愿、信用记录等各种因素，及时评定申请人的信用等级，实行公开授信。对农村小企业及其关联企业、农业合作经济组织等，以法人机构或授权的分支机构为单位，推行内部统一授信。

8. 改进小额贷款服务方式。加强贷款营销，及时了解和满足农民资金需求，坚决改变等客上门的做法。要细分客户群体，对重点客户和优质客户，推行"一站式"服务。原则上，农户老客户小额贷款应在一天内办结，新客户小额贷款应在一周内办结，农村小企业贷款应在一周内办结，个别新企业也应在两周内告知结果。可采取按周、按月、按季等额或不等额分期还本付息等方式。对个别地域面积大、居住人口少的村镇，可通过流动服务等方式由客户经理上门服务。公开授信标准、贷款条件和贷款发放程序，定期公布农村小额贷款授信和履约还款等情况。

9. 完善小额贷款激励约束机制。建立和完善农村小额贷款绩效评估机制，逐步建立起"定期检查，按季通报，年终总评，奖罚兑现"的考核体系。实行农村小额贷款与客户经理"三包一挂"制度，即包发放、包管理、包收回，绩效工资与相关信贷资产的质量、数量挂钩。加强对农村小额贷款发放和管理各环节的尽职评价，对违反规定办理贷款的，严格追究责任；对尽职无错或非人为过错的，应减轻或免除相关责任。

10. 培育农村信用文化。加快农村征信体系建设，依托全国集中统一的企业和个人信用信息基础数据库，规范和完善农户和农村小企业信用档案。推广信用户、信用村、信用乡（镇）制度，对信用户的贷款需求，在同等条件下实行贷款优先、利率优惠、额度放宽、手续简化的正向激励机制。结合信用村镇创建工作，加大宣传力度，为农村小额贷款业务的健康发展营造良好的信用环境。

资料来源：选编自《中国银监会关于银行业金融机构大力发展农村小额贷款业务的指导意见》。

模块二　农户贷款模式与产品

【案例导入】

金融服务乡村全面振兴看"浙"里——农户信用贷款

近年来，中国人民银行杭州中心支行认真贯彻党中央、国务院关于全面推进乡村振兴的决策部署，聚焦乡村振兴重点领域和薄弱环节，强化央行货币政策工具运用，组织浙江金融机构持续加大金融资源投入，有力提升金融服务乡村全面振兴的能力和水平，助力全省乡村全面振兴和高效生态农业强省建设。

人民银行杭州中心支行聚焦农户融资需求，引导金融机构积极推广整村授信，强化科技赋能，创新金融产品和服务，加大农户信用贷款投放，降低农户抵押担保依赖，提升涉农主体融资便利性。截至 2023 年 6 月末，全省农户信用贷款余额同比增长 21.4%，高于农户贷款增速 8.1 个百分点。

整村授信　提升农户信用贷款覆盖面

浙江稠州商业银行以农村普惠金融服务点为载体，在整村授信模式基础上，遵循"整村营销、批量授信"操作原则，实现"一次核定、随用随贷、动态调整"。开发上线"乡村振兴贷"，向符合条件的本地户籍村民发放信用贷款，支持农户消费和生产经营资金需求，该产品采取随借随还模式，期限最长为 3 年，截至 2023 年 6 月末，累计为 8410 个村的村民提供白名单预授信，授信金额超 460 亿元。

杭州银行持续加强对农户小微企业主、农户个体工商户等群体的金融支持，推广落实"确定客群、渠道建联、访客触达、转化运营"小微营销"新打法"，通过强化靶向营销、强抓渠道建联、强推实地访客，加大信用贷款投放力度，推动"三农"金融服务质效升级。针对农村居民推出"云小贷"整村授信业务，实施随借随还模式，贷款期限最长 3 年，单户农户授信额度最高可达 30 万元。截至 2023 年 6 月末，累计审批整村授信项目 430 个，授信总额 12.5 亿元，惠及农户 6058 户，贷款余额 3.9 亿元。

创新产品　积极推广农户小额普惠贷款

浙江省农商银行系统坚持"农户身份就能贷"普惠理念，首创"无感授信、有感反馈、贷前签约、按需用信"做法，为全省农户实施 3 万元起步、50 万元以下的"农户小额普惠贷款"，只需提供"农户姓名、身份证号、联系方式、户籍地址、户号"5 项数据，查验有无违法违纪等负面行为就能给予贷款。截至 2023 年 8 月，已基本实现全省全域符合条件的农户小额普惠贷款授信全覆盖，支持农户 391.5 万户、余额 5177.0 亿元，探索形成了一条推动普惠资金直达农户、直达基层的"农信路径"。

桐乡农商银行助推自治、法治、德治结合的乡村治理体系建设，依靠"三团两会"（百姓参政团、道德评判团、百事服务团、百姓议事会、乡贤参事会）开展信用评估，推出线上小额信用贷款产品"三治信农贷"，2022 年下半年迭代升级为"四治信用贷"（自治、法治、德治、智治），截至 2023 年 8 月已累计支持 2335 户农户获得贷款近 6 亿元。

数字赋能 提升农户融资可得性

浙江泰隆商业银行基于数据采集、数据存储、实时计算等大数据技术，针对农户等群体开发线上信用贷款产品"泰 e 贷"，通过社区化作业，实施"主动授信、实质授信、批量授信、长期授信和足额授信"，实现线上申请，快速审批，真正做到农户一次也不用跑，有力提升了乡村普惠金融覆盖面、可得性和满意度。截至 2023 年 6 月末，"泰 e 贷"授信客户数为 12.8 万户，授信金额为 222.6 亿元。

浙江网商银行综合应用大数据、人工智能、卫星遥感等技术，根据经营主体在各类生产经营活动中积累的信用及行为数据，首创全线上无抵押贷款 3 分钟申请、1 秒放款、0 人工干预的"310"模式，累计为超过 5000 万小微、"三农"经营者提供了信贷服务，整体贷款余额超 2200 亿元。同时，基于数字风控技术建立专属信贷模型，通过归集农村地区部分数据，促进对客户的精准数字画像、数字信用评级和数字授信，扩大对县域内客户的数字信贷覆盖面，"县域数字普惠金融"服务签约合作已覆盖全国超 1230 个县域。

资料来源：人民银行杭州中心支行. 金融服务乡村全面振兴看"浙"里——农户信用贷款［EB/OL］.［2023－08－09］. http：//hangzhou. pbc. gov. cn/hangzhou/125264/5018085/index. html.

☞ **请思考**：基于材料，谈谈金融机构农户信用贷款的做法及其启示？

活动 1　　理解支农贷款创新模式

"政银担""政银保""银行贷款＋风险补偿金""两权抵押贷款""农机融资租赁""双基联动合作贷款"等支农贷款创新模式对促进解决农业贷款难、贷款贵、风险高等问题发挥了重要作用。

一、"政银担"模式

"政银担"是指政府、银行、担保机构充分发挥各自优势，密切分工协作，政府扶持或直接出资设立担保公司，对符合条件的农业信贷项目予以担保，银行再发放贷款。

该模式的创新点：第一，促进金融资本落地。将量大面广、额度小的农业信贷需求汇集起来，将银行与农户"一对多"的关系变成与担保公司的"一对一"的关系，拉近了供求双方的距离，降低交易成本。第二，充分发挥财政资金的杠杆作用。政府通过对担保公司的资本金注入，担保公司能够放大实现其净资产最高 15 倍的杠杆效应。第三，农业信贷风险可控。将信贷风险从银行部分转移到了担保公司，分散了农业信贷风险，调动了金融机构的积极性。同时，政府对政策性农业担保公司"政银担"模式给予持续的担保费用补助和风险代偿补助，确保了可持续运营。

2015 年 7 月，财政部、农业部、银监会印发《关于财政支持建立农业信贷担保体系的指导意见》，形成覆盖全国的政策性农业信贷担保体系（以下简称全国农担体系），为农业尤其是粮食适度规模经营的新型经营主体提供信贷担保服务，切实解决农业发展中的"融资难""融资贵"问题，支持新型经营主体做大做强。全国农担体系由国家农业信贷担保联盟有限责任公司（以下简称农担公司）和省级农担公司组成，2016 年 5 月，国家农业信贷担保联盟有限责任公司注册成立，33 家省级农业信贷担保公司陆续成立并向县市延伸，已形成一个多层次、广覆盖的全国农业信贷担保体系。截至 2024 年 4 月末，全国农担体系在保项目超过 110 万个，在保余额超 3950 亿元。其中，支持粮食种植在保余额超过 660 亿元。

二、"政银保"模式

"政银保"是指保险公司为贷款主体提供保证保险，银行提供贷款，政府提供保费补贴、贴息补贴和风险补偿支持，通过财政、信贷、保险三轮驱动，共同扶持新型农业经营主体发展。

该模式的创新点：第一，发挥了保证保险的增信作用；第二，弱化了对抵（质）押物的要求，农民可以获得快捷优惠的贷款；第三，实现了政府、银行、保险机构风险共担。

三、"银行贷款＋风险补偿金"模式

"银行贷款＋风险补偿金"是指由财政资金建立风险补偿金，合作银行向新型农业经营主体提供无担保、无抵押、低成本、简便快捷的贷款，当出现不良贷款时，按约定程序和比例从财政风险补偿金中予以补偿。

该模式的创新点：第一，弱化了对农民财产抵押物的要求，调动了银行积极性，有效提升了贷款可得性；第二，发挥了财政资金"小钱撬大钱"的作用，可按照政府风险补偿金最高 10 倍的杠杆撬动银行贷款。

四、"两权抵押贷款"模式

"两权抵押贷款"是指农村承包土地的经营权抵押贷款和农民住房财产权抵押贷款。其中，农村承包土地的经营权抵押贷款，是以承包土地的经营权做抵押，由银行向农户或农业经营主体发放贷款。农民住房财产权抵押贷款，是在不改变宅基地所有权性质的前提下，以农民住房所有权及所占宅基地使用权作为抵押，由银行向住房所有人发放贷款。

该模式的创新点：第一，赋予了"两权"抵押融资功能，创新了"两权"抵押贷款产品和服务，有利于盘活农村存量资产、提高农村土地资源利用效率、促进农村经济和农村金融发展；第二，试点地区政府承担主体责任，有效推进农村承包土地经营权的确权登记颁证、农村产权流转交易平台搭建、集体建设用地基准地价制定、抵押物价值评估、抵押物处置等工作；第三，注重保障农民合法权益，坚持不改变公有制性质、不突破耕地红线、不层层下达规模指标，用于抵押的承包土地没有权属争议，且不能超过农民承包土地的剩余年限。

五、“农机融资租赁”模式

“农机融资租赁”是指融资（金融）租赁公司以租赁综合服务商的角色将承租人、银行、经销商以及政府的各种资源实施链接和整合，承租人（农机大户、农机合作社）交纳一定的首付金（一般为总金额的30%）就可独立使用机械设备，剩余租金与利息分期偿付，全款付清后农机具所有权再转移到承租人。

该模式的创新点：让农民由“直接购买”变为“先租后买”，大幅度减轻一次性投入压力，缓解大型农机具购机难问题。

六、“双基联动合作贷款”模式

“双基联动合作贷款”是指基层银行业机构与农牧社区基层党组织发挥各自优势，加强合作，共同完成对农牧户和城镇居民的信用评级、贷款发放及贷款管理。

该模式的创新点：第一，搭建了一个平台，即通过依托基层党组织，搭建为农牧户提供基础金融服务的新平台；第二，发挥了双重优势，即发挥基层党组织的信息、组织、行政资源优势与基层银行乡镇机构的资金、技术和风险管理优势，促进优势对接和整合；第三，实现了多方共赢，即通过“双基联动”，使基层党组织服务农牧民有了新抓手，银行开展基层金融服务有了新平台，农村基础金融服务有了新突破，实现了加强基层党组织建设、发展普惠金融、振兴农村经济、增加农民收入多方共赢。

活动2 了解农户贷款产品

加大农户贷款产品与服务方式创新力度以扩大农户贷款服务覆盖面，是做好农户贷款工作的重要保障。全国通用的农户贷款产品主要是小额信用贷款和联保贷款，各地基于本地实际情况创新农户贷款产品，特别是在抵押、担保机制等方面的创新受到重视。

一、农户小额贷款

农户小额信用贷款是以农户的信誉为保证，在核定的额度和期限内发放的不需要抵押、担保的贷款。农户小额信用贷款的受益者多为量大面广、贷款金额较小的普通农户，采取“一次核定、随用随贷、余额控制、周转使用”的管理办法，期限灵活，手续简便。贷款用途安排次序为：首先，种植业、养殖业等农业生产费用贷款；其次，为农业生产服务的个体私营经济贷款；再次，农机具贷款；最后，小型农田水利基本建设贷款。农户小额信用贷款期限根据生产经营活动的周期确定，原则上不超过1年，因特大自然灾害而造成绝收的，可延期归还。

农户小额贷款是按照普惠制、广覆盖、商业化的要求，向符合条件的农村小规模经营客户发放的用于生产经营或生活消费用途的小额贷款。该贷款产品全面支持农村和城郊结合部的种植养殖、生产加工、商贸流通等一二三类产业。贷款额度一般在3000元到30万元之间；贷款期限根据生产经营周期及收入情况综合确定，最长可达8年；还款方式根据贷款期限可灵活选用定期结息到期还本、一次性利随本清、分期还款等多种方式。该贷款有以下特点：（1）贷款方式灵活。农户在满足条件的情况下，可采用保证、抵押、质押、农户联保等多种方式申请贷款。（2）用款方式灵活。根据用款方式不同，农户小额贷款分为自助可循环方式和一般方式。自助可循环方式下，在核定的最高额度和期限内，借款人可随借随还，通过自助借款方式提款、还款，实现"一次核定、随用随贷、循环使用"。一般方式下，对借款人实行一次性放款，可一次或分次收回。具体用款方式通过协商方式决定。（3）节省利息。自助可循环方式下，农户小额贷款按照贷款的实际使用天数计息，可最大限度地减少借款人的利息支出。

扶贫小额信贷
产品介绍

✉ 【拓展知识 4-2】

浙江农信丰收小额贷款卡简介

　　丰收小额贷款卡是全国农信社系统首个省级贷记卡品牌，浙江农信（现浙江农村商业联合银行）于 2008 年 11 月起在临海和长兴开展试点，该卡是集循环贷款与其他丰富功能于一体的综合金融产品。客户在申请丰收小额贷款卡办妥授信手续后，可在规定时限与授信额度内循环使用贷款，随时在辖区农信社网点办理贷款，可随时归还部分或全部贷款。

　　丰收小额贷款卡的持卡人可以通过全省农信社任一网点或有银联标志的自动取款机上进行账户查询、存款、取现、转账等服务；可在合作的特约商铺 POS 机购物，在全国加入银联的商场、宾馆、餐饮、娱乐等场所进行刷卡消费；可为农户代理发放水库移民补贴、农民粮食直补、企事业等单位职工及时办理代发工资、奖金、投资分红等业务以及办理按揭还款等代扣业务；可在加入"柜面通"的成员银行网点办理通存通兑、实时转账。无年费、短信费等额外负担。

　　同时，浙江农信适时推出"丰收小额贷款卡"2.0 版，对接政府推广的社保卡、市民卡，提供信贷功能。与省农办、扶贫办合作推出"丰收爱心卡"，为政府民生工程和扶贫工程提供有力支撑。

二、农户联保贷款

　　农户联保贷款是指符合条件的农户自愿组成联保小组，贷款人对联保农户发放的、由联保农户相互承担连带保证责任的贷款。农户联保贷款实行个人申请、多户联保、周转使用、责任连带、分期还款的管理办法，联保农户一般为 5~10 户，在自愿的基础上组成联保小组，可以解决单个农户担保难问题。贷款额度根据农户年收入（销售）、净资产、净利润分档确定，一般不超过 50 万元。联保小组成员的条件如下：（1）具备完全民事行为能力；（2）单独立户，经济独立，在贷款人服务区域内有固定住所；（3）具有贷款资金需求；（4）具有合法、稳定的收入；（5）在贷款人处开立存款账户。

　　设立联保小组应当向贷款人提出申请，经贷款人核准后，所有成员应当共同与贷款人签署联保协议，联保小组自联保协议签署之日设立，联保协议有效期由借贷双方协商议定，一般最长不得超过 3 年。联保协议期满，经贷款人同意后可以续签。

　　联保小组成员应分别填写借款申请书，报贷款人审查通过后，签订借款合同，并附联保协议。贷款用途包括种植业、养殖业等农业生产费用贷款，加工、手工、商业等个体经营贷款，消费性贷款，助学贷款，贷款人同意的其他用途。贷款人应根据联保小组各成员贷款的实际需求、还款能力、信用记录和联保小组的代偿能力，核定联保小组成员的贷款限额，联保小组各成员的贷放限额相同。

三、家庭农场（专业大户）贷款

家庭农场是指以家庭成员为主要劳动力，从事农业规模化、集约化、商品化生产经营，并以农业收入为家庭主要收入来源的新型农业经营主体。专业大户是指从事种植业、养殖业或其他与农业相关的经营服务达到一定规模、专业化生产经营的新型农业经营主体。

家庭农场（专业大户）贷款是指向家庭农场（专业大户）等新型农业经营主体发放的个人生产经营性贷款。

贷款适用对象：20 周岁至 60 周岁之间，具有完全民事行为能力的自然人；具有当地农村户籍或在当地专职从事农业生产和服务 2 年以上；其中从事农业种植业生产经营时间不低于 2 年，从事养殖业生产经营时间不低于 3 年，从事农机服务、运输业服务、农产品经纪购销以及农产品初加工的经营时间不低于 3 年；贷款用途正当、合理，有一定的自有资金和经营管理能力，有一定的农业生产经营能力，有稳定的土地供给，有生产经营风险保障机制，有稳定的销售渠道。

本贷款可采用信用、自然人保证、法人保证和抵（质）押等担保方式。信用贷款单笔金额最高 50 万元，抵质押及法人保证等非信用贷款单笔金额最高 500 万元。贷款期限最长 24 个月，可采用等额本息还款法、阶段性等额本息还款法（贷款宽限期内只偿还贷款利息，超过宽限期后按照等额本息还款法偿还贷款）、分期付息到期一次性还本、一次性还本付息等还款方法。

申请资料包括：（1）本人及配偶的身份证原件与复印件、婚姻状况证明原件与复印件（结婚证或夫妻户口在一起的户口簿）；（2）由其他自然人（或法人）为贷款申请人提供保证担保的，担保人应经过银行审核（或准入），并根据银行要求提供相关证明资料；（3）办理贷款所需的其他材料。

四、农村土地承包经营权抵押贷款

农村土地承包的经营权是指通过家庭承包方式从农民集体取得，或通过合法流转方式从承包方取得，享有在约定的耕地上进行农业生产的权利。

中国邮政储蓄银行农村土地承包经营权贷款以土地承包经营权抵押为担保方式、向从事与农村经济发展有关的生产经营活动的客户群体发放的用于满足其资金需求的贷款。

适用对象：贷款对象为通过家庭承包方式取得土地经营权的承包方，以及通过合法流转方式获得土地经营权的农业经营主体，包括家庭农场、专业大户、农民合作社、普通农户、个体工商户等。

借款人应具备以下条件：（1）满足借款人所属经营主体相应制度的基本准入标准；（2）土地经营权产权关系清晰，具备县级以上人民政府或相关主管部门颁发的土地承包经营权证；（3）贷款到期日早于土地经营权到期日，且经营权剩余期限在 18 个月以上

（含18个月）。

贷款额度根据借款人资金需求、还款能力及抵押物的评估价值综合确定。贷款期限须符合借款人所属经营主体相应制度的规定。还款方式包括等额本息还款法、阶段性等额本息还款法、分期付息到期一次性还本、一次性还本付息法等。

申请资料包括：（1）本人及配偶的身份证原件与复印件、婚姻状况证明原件与复印件（结婚证或夫妻户口在一起的户口簿）；（2）抵押土地经营权的权属证明，即农村土地承包经营权证等；对于以流转方式获得土地经营权的，还需提供土地承包经营权流转合同；（3）办理贷款所需的其他材料。

五、农民住房财产权抵押贷款

根据《农民住房财产权抵押贷款试点暂行办法》的定义，农民住房财产权抵押贷款是指在不改变宅基地所有权性质的前提下，以农民住房所有权及所占宅基地使用权作为抵押，由银行业金融机构（以下简称贷款人）向符合条件的农民住房所有人（以下简称借款人）发放的、在约定期限内还本付息的贷款。

贷款人应当统筹考虑借款人信用状况、借款需求与偿还能力、用于抵押的房屋所有权及宅基地使用权价值等因素，合理自主确定农民住房财产权抵押贷款抵押率和实际贷款额度。对诚实守信、有财政贴息、农业保险或农民住房保险等增信手段支持的借款人，可适当提高贷款抵押率。

贷款人应综合考虑借款人的年龄、贷款金额、贷款用途、还款能力和用于抵押的农民住房及宅基地状况等因素合理自主确定贷款期限。借贷双方可采取委托第三方房地产评估机构评估、贷款人自评估或者双方协商等方式，公平、公正、客观地确定房屋所有权及宅基地使用权价值。

借款人以农民住房所有权及所占宅基地使用权作抵押申请贷款的，应同时符合以下条件：（1）具有完全民事行为能力，无不良信用记录；（2）用于抵押的房屋所有权及宅基地使用权没有权属争议，依法拥有政府相关主管部门颁发的权属证明，未列入征地拆迁范围；（3）除用于抵押的农民住房外，借款人应有其他长期稳定居住场所，并能够提供相关证明材料；（4）所在的集体经济组织书面同意宅基地使用权随农民住房一并抵押及处置，以共有农民住房抵押的，还应当取得其他共有人的书面同意。

农户贷款需要创新担保方式，扩大有效担保品范围。按照因地制宜、灵活多样的原则，已创新开发了大型农用生产设备、林权、海域使用权、水域滩涂使用权等抵押贷款，规范发展应收账款、股权、仓单、存单等权利质押贷款，丰富返乡农民工、农村青年、农村妇女就业创业系列产品，创新开办住房、家电、子女上学等消费贷款。

✉ 【拓展知识4-3】

海南农信"一小通"小额信贷支农模式

海南农信社"一小通"模式的主要做法："九专"模式和"五交"机制。

"九专"模式——构建覆盖全省的小额信贷服务网络

1. 成立专设机构。省联社设立小额信贷管理处，琼中农信成立小额信贷总部，在全省市县成立小额信贷部，在乡镇成立小额信贷服务站，每站配备 2～3 名专业小额信贷技术员，构建一张完全覆盖全省每个乡镇的小额信贷服务网络。

2. 组建专业队伍。面向全国公开招聘了 500 多名大专以上学历毕业生担任专职小额信贷技术员，严格培训后分赴全省广大农村，将给农民贷款和教农民技术的有机结合。

3. 创立专门文化。农民最讲诚信。行为准则：不喝客户一口水、不抽客户一支烟、不拿客户一分钱。工作精神：走千山万水、访千家万户、道千言万语、理千头万绪、吃千辛万苦。工作方法：给农民放款、教农民技术、帮农民经营、促农民增收、保农民还款。

4. 制定专项流程。贷前培训 5 天，由小额信贷技术员向需贷款农民现场培训借款知识、还款规定、违约责任和相关农业技术；监督审核发放，农户 3～5 人联保，首次贷款 7 天发放到位，二次贷款 1 天发放到位；贷款管理实行"三包四挂"，即包放、包管、包收，与工资、股金、风险金、职务升迁挂钩。

5. 开发专列产品。为满足不同层次农户的资金需求，开发了 16 项小额信贷产品：党员干部双带致富贷款、农村诚信青年创业贷款、林权抵押贷款、工资担保贷款、财政惠民"一卡通"授信贷款、妇女联保贷款、农民专业合作社贷款、农民自建住房贷款、大海卡授信贷款、"一抵通"小额贷款、现金流小额信用贷款、商户联保贷款、"一小通"循环贷、"一小通"顺贷、惠农贷、支农贷。

6. 实行专项贴息。在全国首开财政政策支持小额信贷的先河。

7. 开发专门系统。开发专门的报表平台系统、预警系统和农户信用信息系统，实现科技化管理。村民不出村就能查询账户信息、归还贷款利息，还能进行小额存取款，让农民贷款不出镇，还款不出村。

8. 聘请专家团队。针对农民因技术不足、对市场不了解、经营不善而还款能力不足问题，公开聘请 300 位省内外"三农"专家，帮助农民用好小额贷款。

9. 设立专项基金。创新风险防控机制，设立伤残互助基金。

"五交"机制——实现农户贷款的有效管理

1. 把贷款"审批权"交给农民。2 万元以下信用贷款，只要农民无负面清单，自愿组成 3～5 户联保小组，在接受小额信贷技术员不少于 5 次的培训后，信贷员必须为其发放额度适当的贷款。

2. 把贷款利率"定价权"交给农民。贷款利率由实收利率＋诚信奖励金利率两部分构成，根据借款人的还款诚信记录决定诚信奖励金比例。通过利益引导农民讲诚信，降低农户融资成本和贷款风险。

3. 把工资"发放权"交给信贷员。信贷员工资包括基础工资＋绩效工资＋年终效益工资。绩效工资按照信贷员所放贷款收息 20% 发放，其中 10% 当月发放，剩余 10% 中的 30% 在每笔贷款本息完全收回后兑现，70% 待所放贷款全部收回并不再从事这项业务后一次性发放。

4. 把贷款风险"防控权"交给信贷员。比如，某分支信贷员 A、B、C、D，A 发放贷款 B 监督，B 发放贷款 C 监督，C 发放贷款 D 监督，D 发放贷款 A 监督，分支经理对所辖信贷员再监督，形成"鱼咬尾"环形风险监控机制。信贷员、审核人和审批人按比例承担责任，分享收益。

5. 把贷款"管理权"交给电脑。开发覆盖农户基本信息、贷款审批流程、贷后管理、贷款风险预警、信贷员管理等全流程的科技系统；既实现了农户贷款的有效管理，降低了人工管理成本，又实现了贷款风险可控。

资料来源：选编自"一小通"小额信贷支农模式的探索之路［EB/OL］.［2015－05－22］. http：//hainan. ifeng. com/news/fengguan/detail _ 2015 _ 05/22/3926286 _ 0. shtml.

☞ 请思考："九专"模式和"五交"机制对做好农户贷款服务有什么启示？

模块三　农户贷款流程操作

【案例导入】

畅通农户办贷渠道，完善贷款业务流程

多渠道线上办贷。浙江农信主动对接"互联网＋"发展趋势，建设网络办贷平台，鼓励农户通过网上银行、手机银行、电话银行、微信银行等在线渠道办理贷款申请、还贷和支付业务。农户还可以通过丰收驿站金融便民服务点的自助终端，足不出村办理农户贷款。农户在种子店、化肥店等商户购买农资时，也可利用商户的 POS 机办理农户经营性贷款。

巧用科技上门办贷。浙江农信开发"普惠通"移动办贷系统，应用于平板电脑和智能手机等移动设备。该系统可实现农户头像、指纹等信息的采集验证，可同步核验浙江农信系统平台已有信息，避免客户经理重复录入农户信息，提升了农户贷款的安全性和办贷速度。同时，客户经理上门为农户提供一对一服务，一次性办理贷款业务。

批发式高效办贷。一是将行政村看作一个网格，落实专人负责。二是利用数据技术、微贷技术，对网格中的农户进行整村授信、批发办贷。对政府转贷基金贷款、生源地助学贷款、扶贫小额贴息贷款等业务建立了加速贷款审批和发放的绿色通道。

深化走访，需求调查突出"勤"字。浙江农信基于庞大的农户数据信息，自动分析测算农户信用等级、授信额度、利率定价等数据，为各类农户贷款的精准发放提供信息支撑。

优化服务，业务办理突出"简"字。浙江农信以"重现金流、轻担保"为总体原则，针对农户的经营性现金流需求确定授信额度。对于 30 万元以下的个人小额贷款，通过"信息采集一张纸、流程整合一键式、综合服务一站式、客户上门一次办"的"四个一"模式，10 分钟完成小额信贷流程；通过"小微专车"服务模式，整合创新信息采集、综合评价、业务审批等流程，把原来的 11 步办贷流程缩短为 3 步，精简了贷款 30 万～500 万元的小微客户贷款流程，实现"一站式"办理服务。

明确时限，办理速度突出"快"字。坚持完善限时办贷制度，对 30 万元（含）以下的小额农户贷款，可以不审核其评级、授信和定价结果。客户经理在完成信息维护和确认客户评价结果后直接发起用信，可实现当天还当天贷，平均转贷时间少于 1.5 天。积极推行年审制贷款，即纳入年审制名单库管理的农户，在贷款到期后无须归还，可直接续贷，实现流动资金贷款的无缝对接。

资料来源：节选自余建．"一站式"服务为农户贷款"搭桥铺路"［J］．中国农村金融，2016（20）．

☞ 请思考：基于材料，谈谈浙江农信是如何提升农户贷款服务体验的。

活动 1　　了解流程操作基本要求

根据《农户贷款管理办法》，农村金融机构应当建立包括建档、营销、受理、调查、评级、授信、审批、放款、贷后管理与动态调整等内容的农户贷款管理流程。针对不同的农户贷款产品，可以采取差异化的流程管理。

对于农户小额信用（担保）贷款可以简化合并流程，按照"一次核定、随用随贷、余额控制、周转使用、动态调整"模式进行管理；对其他农户贷款可以按照"逐笔申请、逐笔审批发放"的模式进行管理；对当地特色优势农业产业贷款，可以适当采取批量授信、快速审批模式进行管理。

2012 年 6 月，中国银监会办公厅发布《关于农村中小金融机构实施阳光信贷工程的指导意见》要求：（1）全面公开贷款条件、流程、利率、收费标准、办结时限和监督方式。（2）探索实施社会公开授信评议，解决金融机构与农户之间信息不对称问题。（3）将信贷业务流程的各个环节实行阳光化操作，保障信息的客观性和准确性。（4）对每一笔贷款申请，同意受理的应根据申请的贷款类别，从受理申请、贷前调查到贷中审查、审批、发放的每个环节均要合理确定办结时间，及时告知客户，提高办贷效率。不符合受理条件的要在限定的时间内通知申请人，并说明原因，做好记录备查。（5）根据公开透明、提高社会参与度的要求，公开贷款定价标准。（6）充分发挥社会监督作用，有效监督违规放贷、不作为行为，杜绝吃、拿、卡、要等不良行为。

农户走访与建档

活动 2　　贷款申请与受理

借款人向银行等信贷机构提出贷款申请，根据申请的业务品种填写相应的贷款申请表（见表 4-1），并提供贷款申请的"清单资料"，由信贷机构业务受理岗业务人员（或客户经理）负责受理并登记相关信息。

申请农户小额贷款的借款人应具备的条件：（1）居住在小额信贷机构的营业服务区域之内；（2）具有完全民事行为能力，信用状况良好；（3）从事土地耕作、养殖或其他符合国家产业政策的生产经营活动，并有合法、可靠的经济来源；（4）家庭成员中必须有具有劳动生产或经营管理能力的劳动力；（5）具备偿还贷款本息的能力。

表 4 – 1　　　　　　　　　　　　农户小额贷款申请表

一、申请人基本信息						
姓名		性别		身份证号码		
婚姻状况	□未婚　　□已婚有子女　　□已婚无子女　　□离异　　□丧偶					
教育程度	□本科及以上　　□大专/高职　　□高中/职高　　□初中及以下					
户籍所在地			居住地址			
住宅电话			手机号码		家庭人口	
生产经营类型	□1 – 种植业　　□2 – 林业　　□3 – 牧业　　□4 – 渔业　　□5 – 农业服务业 □6 – 个体户及个人经营　　□7 – 其他					
配偶姓名		身份证号码			联系电话	
二、贷款申请信息						
申请金额	大写人民币_____　　　　小写￥_____					
借款用途		还款方式		借款期限		
三、保证人基本信息						
姓名		性别		身份证号码		
婚姻状况	□未婚　　□已婚有子女　　□已婚无子女　　□离异　　□丧偶					
教育程度	□本科及以上　　□大专/高职　　□高中/职高　　□初中及以下					
户籍所在地			居住地址			
联系电话			工作单位			
月收入（元）			与申请人关系			
四、借款人及保证人声明及承诺						

1. 我承诺以上所填信息完全属实，若由××银行工作人员或其他人员代为填写，是经我授权并认可的，且按规定报送贵行留存的资料复印件属实。

2. 我承认本申请表作为向贵行申请贷款的依据，无论银行是否贷款，银行均有权保留此申请书及相关资料。

3. 经贵行审查，本申请不符合规定的条件而未予通过时，我没有异议。

4. 本人授权××银行在本次业务过程中（从业务申请至业务终止），向中国人民银行个人信用信息基础数据库及信贷征信主管部门批准建立的其他个人信用数据库或有关单位、部门及个人查询并留存本人的信用信息，并将本人信用信息提供给上述个人信用数据库，查询获得的信用报告限用于中国人民银行颁布的《个人信用信息基础数据库管理暂行办法》规定用途范围内。

5. 保证人已明确知道，如果借款人不能及时偿还全部贷款本息时，保证人应当替其偿还。

6. 我们承诺，借款人与保证人家庭之间的经济相互独立，且无其他债权债务关系。贷款由借款人用于申请时指定的用途，不由保证人使用。

申请人签字：_____　　　　　申请人配偶（主要财产共有人）签字：_____

保证人签字：_____

　　　　　　　　　　　　　　　　　　　　　　年　　　月　　　日

借款人需提供的清单资料主要包括：

1. 本人有效身份证件（身份证、户口簿等、结婚证等）及复印件；

2. 配偶（或主要财产共有人）的有效身份证件及复印件；

3. 真实的家庭资产证明或产权证明；

4. 生产经营内容（项目）、家庭年经济收支情况；

5. 借款用途（证明）、经济效益情况；

6. 申请保证贷款，需提供担保人有效身份证件和同意担保的证明文件；

7. 申请抵（质）押贷款，应提供抵（质）押物权属证书及复印件、财产共有人（有处分权人）同意抵（质）押意见书、必要的保险证明等；

8. 需要提供的其他材料。

对于符合条件的贷款申请，业务受理岗人员应在信贷系统中录入客户信息和贷款申请信息（见表4-2），并提交已指定的管户客户经理进行贷前调查。

表4-2 　　　　　　　　　　　　农户小额贷款受理信息登记表

客户姓名		身份证号码		
联系电话		联系地址		
经营项目			贷款用途	
基本资料信息				
是否常住户口	□是　　□否	是否有婚姻证明材料		□是　　□否
是否有种养殖/生产/经营场所产权证明或租赁合同				□是　　□否
是否有保证人/组建联保小组				□是　　□否
小组成员/保证人姓名	联系电话	经营项目/工作单位		关系
其他说明（基本资料客户是否提供，还需要哪些材料）				
基本经营信息				
种植/养殖经营信息（规模、历史、周期等）				
其他经营信息（经营类型、历史及模式、资产规模、盈利状况等）				
损益信息				
月均收入		每月主要经营成本		
种植业收入		种植成本		
养殖业收入		养殖成本		
商业经营收入		商业经营成本		
其他收入		其他支出		
月均家庭收入		月均家庭支出		
每月净收入				

续表

其他信息（上述项目没有涉及但可能影响到贷款的其他信息）	
受理岗意见： 签字： 　　年　月　日	业务主管意见： 签字： 　　年　月　日

活动3　贷前调查与信用评级

火速放款解
农民燃眉之急

受理农户贷款申请后，应当履行尽职调查职责，对贷款申请内容和相关情况的真实性、准确性、完整性进行调查核实，对信用状况、风险、收益进行评价，形成调查评价意见。贷前调查要求现场实地调查，贷款客户经理（信贷员）必须到申请人的家庭和经营场所进行调查。

农户贷款的贷前调查包括但不限于以下内容：

1. 借款人（户）基本情况；

2. 借款户收入支出与资产、负债等情况；

3. 借款人（户）信用状况；

4. 借款用途及预期风险收益情况；

5. 借款人还款来源、还款能力、还款意愿及还款方式；

6. 保证人担保意愿、担保能力或抵（质）押物价值及变现能力；

7. 借款人、保证人的个人信用信息基础数据库查询情况等。

客户经理贷前调查应当有效借助村委会、村干部、德高望重村民、具有公信力的村民、经营共同体带头人等社会力量，深入了解借款人的人品、信用、生产经营能力、借款户收支和经营、生产经营风险等，并与借款人及其家庭成员进行面谈，做好面谈记录，面谈记录包括文字、图片或影像等。根据借款人实际情况对借款人进行信用等级评定，结合贷款项目风险情况初步确定贷款的额度、期限、利率、方式等。

一、贷前调查准备

根据业务受理获得的贷款申请表、清单资料和其他沟通获取的信息，初步了解客户及其借款的基本情况，做好实地调查方案。

贷前调查人员在到客户的家庭住所或经营场所进行调查前，一定要事先联系好客户，确定好实地调查的时间和地址；应明确调查人员的工作任务，做好任务分工；带好贷款调查表、笔、相机或者移动办贷设备等必需的调查工具。

对于农户联保贷款，一定要事先联系所有的联保小组成员，以确定调查时所有的成员都在。如果在事先的客户联系中，有成员退出联保小组后，小组成员不够最低数量的，则先不进行调查，让有贷款需求的客户寻找新组员，组建小组完毕后再进行调查。

二、贷前调查要点

（一）申请人及其家庭基本信息

1. 申请人的身份证明、职业经历、经营能力、品行、教育背景、健康状况、婚姻状况等。

2. 主要家庭成员基本情况、居住情况、健康状况；家庭其他收入来源（包括家庭成员工资收入、生意收入和其他收入）和主要生活支出（包括日常消费、子女教育、赡养老人、医疗支出等），若有长期生病或先天不足人员，应特别注意了解这方面的花费。

3. 家庭主要财产和负债情况，财产包括住房、交通工具、农用生产工具、大件家电等财产；负债包括住房贷款、汽车贷款等银行借款和私人借款。

4. 社会关系。家庭成员对贷款申请是否知情、家庭关系是否和睦、是否孝敬老人，以及周围邻居对农户的评价。家庭成员对贷款知情非常重要，特别是客户配偶，若其反对贷款，有可能是因为家庭关系不和或者客户想隐瞒配偶贷款用途。

（二）申请人生产经营信息

对于主要从事农业种植、养殖的农户，应了解以下生产经营信息。

农业生产经营历史、生产规模、投入成本和产出收入，农产品销售渠道、历史价格波动、现行市场价格，面临的主要风险等。比如，种植业一般具有季节性、周期性、需要一定的种植技术和经验等特点，面临农产品价格不稳定、保质期短、易受气候、自然灾害、病虫害等风险；养殖业也是具有周期性、需要有专业的养殖技术等特点，面临价格不稳定、易受病害等风险，特别是传染性疾病会导致动物大量死亡。

在获取生产经营信息的过程中，应让农户提供尽可能完整的生产经营记录和凭证，包括账本、单据、合同、银行账户交易明细等，以便更为准确地判断农户实际的生产经营情况，并对重要文档复印存档。

由于农户很难提供完整的财务报表，客户经理必须通过多种渠道调查收集农户生产经营信息，编制相应的资产负债表和损益表，从而分析农户的还款能力。

（三）贷款用途信息

证明贷款用途真实性、合理性和贷款需求金额的信息，如拟采购农业机械或农业生产资料的报价单、订购单或采购合同、应付款证明、自筹资金数额、产生资金缺口的原因等。对于小规模的种植、养殖的农户贷款，客户经理可根据相关的行业知识和经验常识进行判断，如对于季节性的农业生产，资金需求也呈现季节性。

（四）担保情况的调查

如果是第三方保证担保，贷款客户经理应向申请人和保证人分别询问其关系历史、保证人愿意为申请人担保的原因、保证人与申请人之间有无债权债务关系等。客户经理应在借款人和保证人提供的联系方式之外，通过其他渠道对保证人的基本信息、住址、联系方式、工作单位、职务以及收入状况进行调查核实和交叉检验，了解保证人是否具有担保能力。

如果是抵押、质押担保，客户经理应实地察看抵（质）押物。例如，房产抵押的，要察看了解房产的权属、面积、用途、结构、竣工时间、原价和净值、周边环境等；以动产抵（质）押的，要察看了解抵押物、质押物的规格、型号、质量、原价和净值、用途等；以汇票、本票、债券、存款单、仓单、提单等出质的，要察看权利凭证原件，辨别真伪，必要时请有关部门鉴定。

农户小额贷款调查表、农户信用评级表、信用评级及授信额度标准见表4-3、表4-4、表4-5。

农户贷款调查
报告参考格式

表4-3　　　　　　　　　　农户小额贷款调查表

一、客户及其家庭信息							
客户姓名		性别		婚姻状况		教育程度	
户籍地			身份证号码				
居住地址							
固定电话			手机号码				
申请金额		贷款期限		还款方式			
贷款用途	总项目成本		项目资金来源计划			贷款使用明细	
还款来源							
家庭成员及其他情况描述							
住房情况（说明住宅类型、层/间数、宅基地面积、建造年份、建房或购房成本等）							

二、种植业/养殖业信息							
种养项目				种养周期			
种养历史				种养地址			
各生产周期详情							
项目	起止时间	种养规模	单位收入	总收入	单位支出	总支出	毛收入
1期							
2期							
3期							
4期							

三、损益表（可根据客户实际情况增减月份数）							
序号	项目	月	月	月	月	本年总计	预测月份
1	种植业/养殖业						
2	收入						
3	支出						
4	毛收入						

续表

5	商业经营						
6	营业收入						
7	营业支出						
8	毛收入						
9	净利润						
10	家庭收入合计						
11	外出务工收入						
12	工资收入						
13	其他收入						
14	家庭支出合计						
15	家庭生活支出						
16	子女教育支出						
17	医疗卫生支出						
18	人情支出						
19	其他支出						
20	每月净收入						
21	每月偿还其他借款						
22	每月最高还款额						

四、资产负债情况（上期与本期时间尽量选择有可比性的时间）							
资产	上期金额	本期金额	占比	负债	上期金额	本期金额	占比
1. 现金/银行存款				10. 应付账款			
2. 应收账款/预付款				11. 预收款			
3. 原材料				12. 银行借款			
4. 库存商品				13. 私人借款			
5. 其他流动资产							
流动资产总额				负债总额			
6. 房产				所有者权益			
7. 设备				14. 初始投资			
8. 交通工具				15. 留存收益			
9. 其他非流动资产				16. 后续投资			
非流动资产总额							
资产合计				负债及所有者权益合计			

补充说明：

续表

五、其他人评价信息（从多个邻居或村干部中获得）			
评价人			
联系电话			
与借款人的关系			
对借款人为人处世的整体评价			
借款人爱好嗜好（赌博、酗酒等）			
对借款人信用评价			
借款人和你们相处关系如何			
借款人家庭是否和睦			
客户经理对借款人印象			

六、保证人及联保情况							
保证人信息							
保证人姓名		性别		婚否		户籍地	
教育程度		身份证号码					
居住地址							
工作单位/部门			月收入				
固定电话			手机号码				
与客户关系							

保证人核实方式及其他情况说明：

联保人信息			
是否清楚小组联保责任	□是　□否	是否愿意提供联保	□是　□否
小组其他成员姓名	生产经营项目	组员对客户是否了解	组员对客户的信用评价

七、调查结论及建议					
贷款额度		贷款期限		贷款利率	
还款方式		月还款额		月净收入	
偿还其他贷款		还款占净收入比例			

调查结论及建议：

　　　　　　　　管户客户经理：　　　　　　　　辅助客户经理：

　　　　　　　　　　　　　　　　　　　　　　　　　　　　年　　月　　日

表 4 – 4 农户信用评级表

评级指标及权重		评级标准	分值	得分
家庭结构 （15分）	借款人年龄 （3分）	20～30 岁	2	
		31～45 岁	3	
		46～60 岁	1	
	劳动力数量 （3分）	4 人及以上	3	
		3 人	2	
		2 人	1	
		1 人	0	
	婚姻状况 （2分）	已婚有子女	2	
		已婚无子女	1	
		未婚/离异	0	
	家庭人口 素质和 技能状况 （7分）	家庭人口文化素质高，无不正当行为（赌博、贩毒等），有一定技术特长和较强的劳动创收能力	7	
		家庭人口有一定的文化和农业劳动技术、无不正当行为，有一定的劳动创收能力	5	
		家庭人口无不正当行为，有种植业、养殖业一般技术和从业经验，能以劳养家	3	
		具备种植业、养殖业基础条件，无不正当行为，有劳动能力，通过信贷支持能够创收并偿还债务	1	
偿债意愿 （37分）	信用状况 （11分）	诚实守信，无不良商业或社会记录；无贷款逾期记录	11	
		诚实守信，有轻微不良商业或社会记录，但不影响客户整体信用，无贷款逾期记录或有逾期但已及时还款	8	
		有重大影响客户信用状况的不良商业或社会记录；或有恶意拖欠贷款行为	0	
	社会信誉 状况（4分）	户主有较高社会声望及荣誉，家庭在社会上有较高的信誉评价	4	
		户主社会声望及荣誉良好，家庭在社会上有良好的信誉评价	3	
		家庭在社会上有一定的信誉评价	2	
		家庭在社会上没有负面评价	1	
	社会关系 状况（4分）	同村民、邻里之间关系良好，未发生过任何纠纷	4	
		同村民、邻里之间关系一般，未发生过大的纠纷	2	
		同村民、邻里之间关系较差，经常发生纠纷	0	
	家庭责任感 （12分）	家庭责任感强（孝敬父母、关爱子女、家庭和睦等）	12	
		家庭责任感一般	7	
		没有家庭责任感	0	
	生活习惯 （6分）	生活习惯良好，没有不良嗜好	6	
		生活习惯良好，有轻微不良嗜好，但不影响正常生产或经营活动	3	
		具有酗酒、赌博等不良习惯	0	

续表

评级指标及权重		评级标准	分值	得分
偿债能力 （40分）	家庭人均年 可支配收入 （10分）	人均可支配收入在当地平均水平200%（含）以上	10	
		人均可支配收入在当地平均水平150%（含）~200%	8	
		人均可支配收入在当地平均水平100%（含）~150%	6	
		人均可支配收入在当地平均水平80%（含）~100%	4	
		人均可支配收入在当地平均水平60%（含）~80%	2	
		人均可支配收入在当地平均水平60%以下	0	
	家庭生活水平 及财产状况 （10分）	家庭生活水平在当地处于上游水平、财产较多	10	
		家庭生活水平在当地处于中等偏上水平、有一定的财产	8	
		家庭生活水平在当地处于中等水平、财产一般	5	
		家庭生活水平在当地处于中等偏下水平	2	
		家庭生活水平在当地处于下游水平	0	
	家庭生产经营 条件及效益 （10分）	家庭生产经营条件好、经营效益好，经济收入稳定，具有较强的按期偿还各种债务的能力	10	
		家庭生产经营条件较好、经营效益较好，经济收入较稳定，具有按期偿还各种债务的能力	7	
		家庭生产经营条件一般、经营效益一般，有一定经济收入	4	
		家庭生产经营条件较差、经营效益较差，收入不稳定	0	
	自有资金比例 （10分）	自有资金占生产、经营、消费所需资金的60%（含）以上	10	
		自有资金占生产、经营、消费所需资金的45%（含）~60%	7	
		自有资金占生产、经营、消费所需资金的30%（含）~45%	4	
		自有资金占生产、经营、消费所需资金的30%以下	0	
其他 （8分）	业务往来 （5分）	在本行开立账户并将80%（含）以上的收入（以人均可支配收入计算，下同）存入本机构	5	
		在本行开立账户，存款金额占收入的50%（含）~80%	4	
		在本行开立账户，存款金额占收入的50%以下	3	
		未在本行开立账户	0	
	综合印象 （3分）	印象良好	3	
		印象一般	0	
评分合计				

表4-5　　　　　　　　　　　　信用评级及授信额度标准

信用评级得分	信用级别	参考最高授信额度
大于90分	AAA	额度≤年净收入×70%-年偿还其他借款
81~90分	AA	额度≤年净收入×65%-年偿还其他借款
71~80分	A	额度≤年净收入×60%-年偿还其他借款
61~70分	BBB	额度≤年净收入×55%-年偿还其他借款
60分（含）以下	不得授信	0

养猪大户抵押贷款流程实务

石斛贷款贷前调查与分析

农户贷款评估与分析案例

贷款案例：王先生原是当地农业技术站的技术员，已工作15年，于2016年开始在本村租地建大棚种植蘑菇，经过几年的发展，现有种植大棚25个，租地18亩，现种植的蘑菇品种有平菇、金针菇、香菇等。平均每天出菇量为1200公斤。产品主要销往附近城市的各蔬菜批发市场。王先生的蘑菇产品平均每公斤的种植成本约3元，市场销售价格在3元至6元之间，平均销售价格为4元，总体算来，每公斤有1元的毛利润，年净利润约40万元。每月费用约11750元，聘请有种植经验的员工5人，每亩地每年租金1200元。种蘑菇用的木粉、化肥等都是在当地农资市场购买的。

王先生预计未来市场行情较好，他计划再建10个种植大棚，共计投入30万元。自己现有10万元，申请贷款20万元，期限12个月。

王先生是本地人，在本村自己建了住房，配偶协助经营大棚，有一个儿子在上大学。除了现有的大棚，没有其他资产。王先生在当地农村商业银行有贷款5万元。

贷款评估与分析过程如下。

一、对客户的财务评估

1. 对销售收入的评估：（1）如借款人有出产或销售记录，可根据其记录计算确定；（2）可根据其种植面积、单位面积和产量计算总产量，再根据最近一年销售的市场行情估算销售额；（3）也可根据购买菌种的数量、单位菌种的产量计算总产量，再根据最近一年销售的市场行情估算销售额。

2. 对成本费用的评估：（1）土地租金根据租地合同确定；（2）工人工资根据工资发放表确定，如没有工资表可询问工人的工资额和工人人数确定；（3）种子、农药、化肥费用如有进货单据，按进货单据计算确定，如没有进货单据，可按种植蘑菇面积的一般需求量乘以相应进货价格计算费用。

3. 利润：用销售收入减去成本费用可计算出利润。

4. 王先生主要的资产就是现有的25个大棚，其价值的确定方式有：（1）如是承包给别人修建的，可根据承包合同确定原始价值，再根据已使用年限折旧后计算现在的价值；（2）如是自建的，可根据使用的材料数量和市场行情价格以及人工工资计算确定原始价值，再根据使用年限折旧后计算现在的价值。自有资金10万元可查看现金或银行账户余额确定。王先生的农村自建房若不能转让，一般不计算价值。

5. 对于其负债可通过查询本人及家人的征信记录确定在其他金融机构的贷款

额，通过询问本人，访问其员工、朋友、供货商、邻居等确定有无其他负债情况。

6. 借款人现金流特点：一般将蘑菇送到附近城市农贸市场销售都是收取现金，随时又以现金的方式支付工资和种子、农药、化肥款等，很少会将钱通过银行的存取款进行支付，所以通过银行对账单来计算现金流会与实际情况有很大差距。由于销售都是收取现金，很少有赊销，因此其现金收入基本等于其销售额，其现金流的特点是持续且比较均匀的。

二、对客户的非财务分析

1. 可以通过查询客户征信、询问邻居、村干部等了解王先生的人品、信用、家庭关系等情况。

2. 王先生原是农业技术人员，有种植的相关技术。

3. 已经经营了多年，已有 25 个大棚，有较丰富的经营经验。

4. 邻近城市，有较大的消费市场，需求稳定。

5. 每天都有产品销售，销售收入和现金流持续稳定。

三、贷款风险提示

1. 市场行情不稳定，价格可能低于成本，这样就会亏损。

2. 王先生资产实例薄弱，且其主要的资产就是现有的 25 个大棚和 10 万元资金，一旦遭遇洪水、狂风等自然灾害，种植大棚可能被毁坏，使其蒙受重大损失。

四、贷款建议

对于这笔贷款，借款人申请 20 万元，期限 1 年，计算其一年的利润一般情况下约为 40 万元，因此，这笔贷款是可以发放的，适宜用按月还本付息类的贷款产品。但同时，为了防止自然灾害风险，最好要求对其主要资产即种植大棚购买保险，并要求保险第一受益人是贷款机构。

活动 4　审查审批与放贷

贷中审查应对贷款调查内容的真实性、合规性和完备性进行全面审查，重点关注贷前调查尽职情况、申请材料完备性和借款人的偿还能力、诚信状况、担保情况、抵（质）押及经营风险等，出具书面审查意见，明确贷款金额、用途、利率、期限、还款方式、担保条件等内容，并提示贷款潜在风险（见表 4-6）。

表 4-6　　　　　　　　　　　农户小额贷款审查表

基本信息	客户姓名		申请金额		万元
	申请日期	年　　月　　日		贷款利率	
	贷款期限		还款方式		
	贷款用途				

续表

基本要素审查	资料是否齐备	□是 □否
	所缺资料：	
	基本资料填写是否完整、合规	□是 □否
	存在的问题：	
	资料是否存在伪造的迹象	□是 □否
	存在的问题：	
主体资格审查	客户主体资格是否符合我行信贷政策	□是 □否
	个人信用等级	
贷款用途审查	贷款用途是否符合我行信贷政策	□是 □否
	贷款用途是否具体、明确	□是 □否
	存在的问题：	
贷款调查审查	客户与管户客户经理是否为关系人	□是 □否
	调查报告是否填写完整	□是 □否
	关键财务指标计算是否准确	□是 □否
	是否说明了数据的获取方式	□是 □否
	客户信用评级表是否合理	□是 □否
	贷款建议是否合理	□是 □否
	主要问题：	
电话核实情况	核实对象：　　□借款人　　□保证人	
	核实结果是否一致	□是 □否
	调查岗是否履行了实地调查职责	□是 □否
	存在的问题：	

审查意见	□同意　　　□否决　　　□需补充调查分析					
	补充内容：					
	具体审查意见					
	贷款金额		贷款利率		贷款期限	
	贷款用途		贷款方式		还款方式	
	风险提示：					
	审查人：				年　月　日	

审查结束后，报给有权审批人审批（见表4-7），必要时经过贷审会审议。经审批同意的贷款，及时通知客户在规定时间内签署合同，办妥相关手续。

审批通过的贷款，应当及时签订农户小额贷款借款合同及其他相关文件，需担保的签订担保合同。借款合同应符合《中华人民共和国民法典》和《个人贷款管理办法》的规定，明确约定各方当事人的诚信承诺、贷款额度、贷款用途、贷款期限、支付对象（范围）、支付金额、支付条件、支付方式、还款方式等。

表4-7　　　　　　　　　　　　　　农户小额贷款审批表

客户基本信息					
姓名		性别		身份证号码	
贷款申请信息					
金额		期限		还款方式	
贷款用途					
还款来源					
保证人一			身份证号码		
保证人二			身份证号码		
贷款审批意见					
最终决策	□同意　　　□同意但有部分变更　　　□否决　　　□需补充调查分析				
	补充内容：				
	审批要素				
	贷款金额		贷款利率		贷款期限
	贷款用途		贷款方式		还款方式
	风险提示：				
审贷会成员签字				日期：　年　月　日	
审批人签字				日期：　年　月　日	

借款合同生效后，金融机构应当按合同约定及时发放贷款。采用借款人自主支付的，金融机构应当与借款人在借款合同中明确约定。有下列情形之一的农户贷款，可以采取借款人自主支付。

1. 农户生产经营贷款且金额不超过50万元，或用于农副产品收购等无法确定交易对象的；

2. 农户消费贷款且金额不超过30万元；

3. 借款人交易对象不具备有效使用非现金结算条件的；

4. 法律法规规定的其他情形。

活动5　贷后管理与贷款回收

贷款发放后，管户客户经理必须对其负责的农户及时进行贷后定期或不定期跟踪检查，明确首贷检查期限；采取实地检查、电话访谈、检查结算账户交易记录等多种方式，对贷款资金使用、借款人信用及担保情况变化等进行跟踪检查和监控分析；及时发现借款人、担保人的潜在风险并发出预警提示；采取增加抵（质）押担保、调整授信额度、提前收回贷款等措施，确保资金安全。检查时要做好贷后检查记录，并在信贷系统中完成相应的贷后检查报告（见表4－8）。

对于自然灾害、农产品价格波动等客观原因造成农户无法按原定期限正常还款的，由农户借款人申请，经金融机构同意，可以对还款意愿良好、预期现金流量充分、具备还款能力的农户贷款进行合理展期。

及时汇集更新客户信息及贷款情况，确保农户贷款档案资料的完整性、有效性和连续性。根据信用情况、还本付息和经营风险等情况，对客户的信用评级和授信限额进行动态管理和调整。

贷款人应按照借款合同约定，收回贷款本息。对于未按照借款合同约定偿还的贷款，贷款人应采取措施进行清收。对于按期还款、信用良好的借款人进行正向激励，采取优惠利率、利息返还、信用累积奖励等方式，促进信用环境不断改善。

表4－8　　　　　　　　　　　农户小额贷款贷后检查表

检查日期	年　　月　　日	检查地点	□家庭住所　　□生产经营场所		
具体地址					
一、贷款基本情况					
客户姓名		贷款金额		贷款利率	
贷款品种			发放日期	年　　月　　日	
合同约定贷款用途					
是否发生逾期	□是　□否	逾期金额		逾期天数	天
逾期原因					
二、检查内容					
贷款资金实际用途是否与合同约定一致			□是　　　□否		
贷款资金的真实用途与金额					
生产经营信息					
家庭信息					
其他借贷及担保信息					

续表

客户的态度及评价	
三、检查结论及处理措施	
检查结论：	
采取措施：	
其他需要说明的问题：	
检查人员：	日期：　年　月　日

✉ 【拓展知识 4–4】

农户贷款业务的主要风险

1. 思想认识风险。由于农村人口多，农民的自身素质和经济发展水平的差异较大，有一部分农户通过贷款资金进行创业而获利，但大部分农户缺乏对市场信息和投资风险的认识准备，急于利用贷款投资，想尽快致富，从而诱发债务负担，造成贷款风险。

2. 信用环境风险。随着农村信用工程的深入开展，农村信用意识逐步增强，但偏远农村、个别农户信用观念仍然淡薄，总是以种种理由推诿，千方百计地逃废贷款债务。如果对这一部分农户的贷款催收措施软弱，将直接或间接地助长农村信用环境的恶化而造成农户贷款风险。

3. 自然灾害风险。自然灾害主要有气象灾害（台风、暴雨、冰雹等）、病害和虫害等。农业对降雨、日照、气温等气候条件有极强的依赖性，抵御自然灾害的能力较弱，一旦遭遇自然灾害，农户可能无法继续生产经营，从而丧失还款能力，导致贷款无法收回。

4. 农产品市场风险。农业产品通常具有一定的季节性，并且大多数农作物种植和农产品生产具有较长的周期。当产品的市场价格发生波动时，农户往往同时对生产作出调整，然而产品供应量的变化相对于生产规模的调整具有显著的滞后性，若未来市场价格变动与预期相反，农户将承受价格风险带来的损失。

5. 贷款期限与生产经营周期错配，还款方式不灵活。对于生产经营周期较长的农业项目，如果树要在种植后 3~4 年挂果，逐步进入盛果期，前几年种植户只有投入没有相应产出。一般农户贷款期限较短，会导致贷款期限与经营周期不匹配，从而资金紧缺的农户还款压力大，就会发生贷款逾期情况。对于一年以上的贷款，还款方式一般为分期还款按月还息；对于农业生产经营周期较长的农户，由于期间没有农业产出带来收入现金流，也带来较大的还款压力。

6. 农户的真实经营情况难以把握。农户贷款贷前调查时，虽然信贷人员对客户进行了面签、面谈及相关信息查询，但是由于农户经营的特殊性，信息不完整、不对称、不透明，农户为了贷款，往往会有夸大收入、资产而隐瞒负债等做法。

7. 资金难以监管，贷款有可能被套用。农户贷款具有程序简单、手续便利的特点，因此设防相对较差。可能会有部分不符合贷款标准的人员把农户贷款当成融资渠道，发动亲朋好友、左邻右舍办理贷款，然后再向农户支付利差，把"农贷"变成"高利贷"。此外可能会有部分企业让员工办理农户贷款，然后由企业统一使用，形成"多人（户）承贷，一人（户）使用"的情况。

8. 贷后检查和管理难度大。农户贷款额度小、数量众多、贷款对象分布分散，信贷机构由于人手不足，难以一一对农户贷款及其滋生风险的环节进行动态管理和有效控制，不能及时跟进监督管理，农户贷款总体上的贷后风险监管在客观上难以到位。

9. 部分信贷业务人员风险意识不强、能力不足。由于部分客户经理责任心不强，合规意识淡薄，缺乏基本的合规操作意识和技能，在业务过程中存在不同程度的不严谨、不细致，信贷业务普遍存在的信用评级偏差、贷款额度核定不合理、资料分析不充分、风险特征把握不准确、签约过程不严密、贷后管理不规范等问题在农户贷款业务中同样存在，贷款各环节把控不到位，这些都为农户贷款形成风险埋下了隐患。

资料来源：卫恩祥，张卫峰. 基于银行视角探析农户贷款风险成因及防范对策 [J]. 现代金融，2020（1）.

【课后习题】

一、单项选择题

1. 农户联保贷款属于（　　）。

A. 信用贷款　　　　B. 保证贷款　　　　C. 抵押贷款　　　　D. 质押贷款

2. 以下农户贷款操作流程顺序正确的是（　　）。

A. ①对农户信用评级②核定授信额度③发放农户贷款④更新农户信用记录

B. ①对农户信用评级②发放农户贷款③核定授信额度④更新农户信用记录

C. ①核定授信额度②对农户信用评级③发放农户贷款④更新农户信用记录

D. ①核定授信额度②发放农户贷款③对农户信用评级④更新农户信用记录

3. 可以采取借款人自主支付的农户生产经营贷款金额不超过（　　）万元。

A. 20　　　　　　　B. 30　　　　　　　C. 40　　　　　　　D. 50

4. 可以采取借款人自主支付的农户消费贷款金额不超过（　　）万元。

A. 20　　　　　　　B. 30　　　　　　　C. 40　　　　　　　D. 50

二、多项选择题

1. 根据《农户贷款管理办法》，农户贷款用途主要包括（　　）。

A. 投资理财　　　　B. 生产经营　　　　C. 生活消费　　　　D. 个体经营

2. 实行农村小额贷款与客户经理"三包一挂"制度，"三包"是指（　　）。

A. 包调查　　　　　B. 包发放　　　　　C. 包管理　　　　　D. 包收回

3. 对信用户的贷款需求，在同等条件下实行的正向激励机制包括（　　）。

A. 贷款优先　　　　B. 利率优惠　　　　C. 额度放宽　　　　D. 手续简化

4. 农户小额信用贷款的用途包括（　　　）。

A. 种植业、养殖业方面的生产费用贷款

B. 为农业生产服务的个体私营经济贷款

C. 农机具贷款

D. 小型农田水利基本建设贷款

5. 农户小额信用贷款服务采取的管理办法总结为（　　　）。

A. 一次核定　　　　B. 随用随贷　　　　C. 余额控制　　　　D. 周转使用

6. 以下属于农户贷款产品的是（　　　）。

A. 家庭农场贷款　　　　　　　　　B. 农村青年创业贷款

C. 农户消费贷款　　　　　　　　　D. 农民住房财产权抵押贷款

三、简答题

1. 贷款农户与农户贷款的概念有什么含义？

2. 现代农户的贷款需求有哪些特征？

3. 简述支农贷款"政银担"模式与"政银保"模式的含义。

4. 简述《农户贷款管理办法》对农村金融机构的农户贷款流程管理的具体要求。

5. 根据《农户贷款管理办法》，农户贷款有哪些贷前调查内容和调查要点？

6. 根据《农户贷款管理办法》，农户贷款的贷前调查工作要求主要包括哪些？

7. 农户贷款业务的主要风险有哪些？

四、实训题

1. 借款人张平，男，32 岁，已婚，本地人，自有住房，主营业务是种植水蜜桃和樱桃，家庭年收入 25 万元。经查银行征信：张平在本行有抵押贷款 57 万元，无银行逾期记录，无他行融资，对外担保 9 万元，无信用卡透支余额。张平因水蜜桃园种植经营需要购买化肥等农资申请小额贷款 15 万元，采用保证担保方式，担保人林兵收入稳定，经征信查询无银行贷款，无对外担保，信用卡透支余额 5000 元，有一定的担保能力，担保意愿强。

如果你是贷款客户经理，在贷款受理和调查环节还需要获取哪些贷款决策需要的信息？

2. 两人一组，一人扮演客户，另一人扮演客户经理，根据农户贷款申请，模拟贷款调查。填写贷款调查表 4–3，根据表 4–4 计算该客户的信用评分，根据表 4–5 评定客户的信用等级和授信额度。

参考答案：一、BADB；二、BC、BCD、ABCD、ABCD、ABCD、ABCD

项目五

个体户贷款实务

GETIHU DAIKUAN SHIWU

【知识目标】

了解我国个体工商户的管理制度和主体发展、概念内涵和申请登记等知识；理解和掌握个体工商户的资信状况、贷款需求特征和贷款政策；熟悉个体工商户贷款产品类型及其特点；掌握个体户贷款的申请与受理、贷前调查与信用评级、审查审批与放贷以及贷后管理与贷款回收等各环节的操作要求。

【能力目标】

能够正确认识个体户贷款服务的重要性，能够根据个体户的贷款需求提供合适的贷款产品方案，能够开展个体户贷款分析决策与业务流程操作处理，能够分析和防范个体户贷款风险。

模块一　个体户贷款概述

 【案例导入】

山东启动开展个体工商户金融伙伴育苗三年专项行动

中国人民银行山东省分行、山东省市场监督管理局、中共山东省委金融委员会办公室、国家金融监督管理总局山东监管局联合印发《个体工商户金融伙伴育苗三年专项行动方案》，明确2024—2026年金融支持个体工商户培育的基本思路、主要目标、工作措施等，旨在加大个体工商户金融支持力度，提升金融资源配置效率，进一步激发个体工商户内生动力和发展活力。

专项行动聚焦个体工商户缺信用、缺抵押、缺担保等难点、痛点、堵点问题，将充分发挥市场监管与金融管理部门的体制平台优势和驻鲁银行业金融机构的网点和专业优势，盘活数据资源，优化金融产品，提升担保能力，增加信贷投放，为个体工商户提供更加便捷高效的政务服务和更加精准优质的金融服务，全力助推个体经济发展壮大。

专项行动重点构建"融资扩面提质""金融产品优化""担保能力拓展""金融减费让利"四大工程目标体系，明确2024—2026年，全省每年新增个体工商户经营性贷款500亿元以上、新增贷款户数10万户以上、信用贷款占比稳步提高，每年推出不低于50项惠商、兴商的个体工商户专属金融产品，到2026年政府性融资担保机构实现对10000家个体工商户担保，年平均担保费率在1%以下，实现全省个体工商户综合融资成本稳中有降。

专项行动从建立"分型分类融资白名单"、广泛开展线下线上融资对接活动、创新专属金融产品、深化"无贷户"信贷培植等方面明确了12项重点任务。包括将根据相关指导意见，制定完善个体工商户分型分类标准，建立省级个体工商户分型数据库和分类名录库。充分发挥再贷款再贴现、普惠小微贷款支持工具等各类货币信贷政策工具作用，引导金融机构强化走访对接、增加信贷投放、降低综合融资成本，大力推进"首贷"培植。开发建设"个体工商户金融伙伴育苗行动"专项服务系统单元，将"白名单"内个体工商户纳入金融伙伴系统，推动完善政府性融资担保机构融资增信机制。引导金融机构健全尽职免责机制，适当提高对个体工商户经营性贷款不良率的容忍度，切实保护金融机构基层从业人员展业的积极性等。

资料来源：中国人民银行山东省分行. 山东启动开展个体工商户金融伙伴育苗三年专项行动［EB/OL］.［2024-04-26］. http://jinan. pbc. gov. cn/jinan/2926820/5326663/index. html.

☞ **请思考**：基于材料，谈谈该专项行动的主要做法及启示。

活动1　了解我国个体工商户

个体经济是社会主义市场经济的重要组成部分，个体工商户（俗称个体户）是重要的市场主体，遍布城乡、数量庞大、领域广泛、发展迅速，在繁荣经济、增加就业、推动创业创新、方便群众生活等方面发挥着重要作用。

必由之路——中国首个个体户

第一位合法个体户

一、我国个体户管理制度

个体工商业者的历史源远流长，存在于人类历史发展的各种社会形态之中，是一种传统的经济形态。新中国成立初期，全国城乡存在大量个体工商业者，人数接近3000万人。随着我国1956年实行社会主义改造，个体工商业者走向合作化道路，到1978年底，全国城乡剩下14万个体工商业者。党的十一届三中全会后，"上山下乡"的800万知识青年大量回城，解决就业成为当时党和国家急需解决的问题之一。1982年12月，五届全国人大五次会议通过的《中华人民共和国宪法》第十一条规定：在法律规定范围内的城乡个体劳动者个体经济，是社会主义公有制经济的补充。我国第一次在宪法中确定个体经济的法律地位。

1987年，国务院颁布《城乡个体工商户管理暂行条例》，对个体工商户的具体问题进行了详细规定，明确了个体工商户可以开设账户、带帮手学徒等权利。2011年4月16日，国务院颁布《个体工商户条例》取代1987年《城乡个体工商户管理暂行条例》，自2011年11月1日起施行，根据2014年2月19日《国务院关于废止和修改部分行政法规的决定》进行了第一次修正，根据2016年2月6日《国务院关于修改部分行政法规的决定》进行了第二次修正。

相对于《城乡个体工商户管理暂行条例》，《个体工商户条例》将经营主体扩大为"有经营能力的公民"；取消了对个体户从业人数的限制，可根据经营需要招用从业人员；放宽了经营范围，只要"不属于法律、行政法规禁止进入的行业"都可以从事经营；取消注册资本金出资额硬性规定，不再将注册资本金作为登记事项；取消了缴纳管理费的规定，并强调不得向个体户集资、摊派，

《个体工商户条例》

不得强行要求个体工商户提供赞助或者接受有偿服务；取消了年度验照，改为由个体户于每年1月1日至6月30日向登记机关报送年度报告，并对其年度报告的真实性、合法性负责；支持有条件的个体工商户做大做强，对个体户申请转变为企业组织形式、符合法定条件的，有关部门应当为其提供便利。"个转企"是指个体工商户利用现有的生产经营条件，依法重新登记为有限责任公司、个人独资企业、合伙企业等各类企业。

2022年10月，国务院公布《促进个体工商户发展条例》，并自2022年11月1日起施行，《个体工商户条例》同时废止。该条例旨在鼓励、支持和引导个体经济健康发展，维护个体工商户合法权益，稳定和扩大城乡就业，充分发挥个体工商户在国民经济和社会发展中的重要作用。

2006年以来，为推动经济社会发展，进一步扩大就业和拉动内需，我国相继出台了很多政策促进个体私营经济发展。根据第四次全国经济普查数据，全国个体户数量由2006年末的2505万户增加到2018年末的6295.9万户，约90%的个体户从事第三产业，主要分布在批发与零售业、居民服务和其他服务业、住宿餐饮业、交通运输、仓储和邮政业等。市场监管总局数据显示，截至2023

《促进个体户发展条例》

年底，全国登记在册个体工商户1.24亿户，占经营主体总量的67.4%，支撑近3亿人就业。现在的个体户从经营范围、门店规模、人员素质等方面都发生了深刻的改变。很多大型门店虽然挂着个体户的营业执照，但雇工上百，前店后厂；很多知名的品牌，也

不乏以个体户形式加盟的门店。如今的个体户一改过去文化水平不高的形象，他们有头脑、有文凭、敢创新，实体与网上经营并举。个体户已经成为最具活力、最具创造力和市场潜力、最具创新精神的一个特殊经济群体，许多市场经济主体都是从个体户起家，优胜者扩大经营规模跻身私营企业。

二、个体户概念内涵与分类

（一）概念内涵

一个"个转企"老板的自述

根据《民法典》，自然人从事工商业经营，必须依法进行登记，完成登记后即可成为个体工商户。根据《个体工商户条例》，有经营能力的公民，依照该条例规定经工商行政管理部门登记，从事工商业经营的，为个体工商户。有经营能力的公民在中华人民共和国境内从事工商业经营，依法登记为个体工商户的，适用《促进个体工商户发展条例》。

个体户可以个人经营，也可以家庭经营。个体户的财产权、经营自主权等合法权益受法律保护，任何单位和个人不得侵害或者非法干预。个人经营的个体工商户，其债务由个人财产来承担；家庭经营的个体户，其债务由家庭财产来承担。在无法区分是个人经营还是家庭经营的情况下，法律规定由家庭财产来承担这些债务。个体户可以在银行开设账户，向银行申请贷款，有权申请商标专用权，有权签订劳动合同及请帮工、带学徒，享有起字号、刻印章的权利。国家引导和支持个体户加快数字化发展、实现线上线下一体化经营。个体户应当依法经营、诚实守信，自觉履行劳动用工、安全生产、食品安全、职业卫生、环境保护、公平竞争等方面的法定义务。

个体户既具有自然人特征，也具有机构特征。《民事诉讼法》相关司法解释以个体户的负责人为当事人，不承认个体户作为一个组织的诉讼主体资格；在纳税方面，个体户缴纳个人所得税，不缴纳企业所得税。但是，个体户可以有字号和经营场所，可以雇工经营、设立银行账户、拥有商标权，具有明显的组织特征；根据我国最新的《中小企业划型标准规定》，个体户比较符合微型企业的标准；根据 ISO 6523《国际标识法的结构》国际标准，个体经营者被列入机构一类。

（二）主要分类

贯彻落实《促进个体工商户发展条例》有关规定，指导各地推进个体工商户精准帮扶工作，对个体工商户进行分型分类。

个体工商户分型是市场监管部门将实际开展经营活动的个体工商户，按照存续时间、经营状况、纳税情况、雇员人数等指标划分为生存型、成长型和发展型三种类型。(1) 生存型：处于初创阶段，经营规模小、稳定性和抗风险能力差，销售额或者营业收入相对较低的个体工商户。(2) 成长型：处于稳定持续经营阶段，有少量雇员或者实际缴纳过税款，有一定销售额或者营业收入的个体工商户。(3) 发展型：处于发展壮大阶段，经营规模较大，有一定税收贡献度或者吸纳就业能力较强，销售额或者营业收入较高，拥有良好商誉的个体工商户。个体工商户分型基于登记注册、信用监管、税务、社会保障等数据完成，基础标准全国统一，分型标准以省为单位确定，并作为衡量个体工商户发展质量的重要指标。

个体工商户分类培育是市场监管部门会同相关部门将特色鲜明、诚信经营好、发展潜力大的个体工商户分为"名特优新"四类。（1）"知名"个体工商户：产品和服务质量好、诚信经营、有一定品牌影响力；在县级及以上行政区域有较高市场占有率或知名度；拥有商标品牌且有一定知名度；在"小个专"（小微企业、个体工商户、专业市场）党建方面获得过表彰奖励等。（2）"特色"个体工商户：依托区域文化和旅游资源，经营旅游接待、餐饮服务、手工艺制作、土特产品销售等地方特色产品和特色服务，经营理念或经营方式独特，具有代表性；持有或获准使用绿色食品、有机食品、"名特优新"农产品证书等。（3）"优质"个体工商户：长期诚信经营超过一定年限；拥有县级以上政府认定的老字号、非遗工坊、非物质文化遗产代表性传承人、乡村工匠等传统文化标志；经营者获得相关职业资格证书、职业技能等级证书、技能荣誉；经营者拥有相关专业技术职称并实际从事关联行业；取得相关管理体系认证或产品质量认证等。（4）"新兴"个体工商户：率先从事新技术、新产业、新业态、新模式经营，在当地发挥引领示范作用，有效带动产业发展和周边群众致富；拥有与经营范围相关的自主知识产权；依托互联网从事文艺创作、自媒体、直播带货等活动，在相关平台的美誉度高、粉丝量或用户数量多，经营状况良好等。

三、个体户申请登记

申请登记为个体工商户，应当向经营场所所在地登记机关申请注册登记。县、自治县、不设区的市、市辖区工商行政管理部门为个体工商户的登记机关，可以委托其下属工商行政管理所办理个体工商户登记。申请人应当提交个体户开业登记申请书、身份证明、经营场所证明以及规定提交的其他文件。个体工商户登记事项包括姓名和住所、组成形式、经营范围、经营场所，个体工商户使用名称的，名称作为登记事项。

《关于开展个体工商户分型分类精准帮扶提升发展质量的指导意见》

申请材料齐全、符合法定形式的，当场予以登记；申请材料不齐全或者不符合法定形式要求的，当场告知申请人需要补正的全部内容；需要对申请材料的实质性内容进行核实的，依法进行核查，并自受理申请之日起 15 日内作出是否予以登记的决定；不符合登记条件的，不予登记并书面告知申请人，说明理由，告知申请人有权依法申请行政复议、提起行政诉讼。

予以注册登记的，登记机关自登记之日起 10 日内发给营业执照。国家推行电子营业执照，电子营业执照与纸质营业执照具有同等法律效力。个体工商户在领取营业执照后，应当依法办理税务登记。自 2016 年 12 月 1 日起，全国正式实施个体工商户营业执照和税务登记证的"两证整合"，一次申请，由工商行政管理部门核发加载统一社会信用代码的营业执照。

个体工商户登记事项变更的，应当向登记机关申请办理变更登记；变更经营者的，应当在办理注销登记后，由新的经营者重新申请办理注册登记，申请注册登记或者变更登记的登记事项属于依法须取得行政许可的，应当向登记机关提交许可证明；个体工商户不再从事经营活动的，应当到登记机关办理注销登记；税务登记内容发生变化的，应当依法办理变更或者注销税务登记。

✉ 【拓展知识5－1】

中国第一位个体工商户

1980年12月，从一张编号10101的工商营业执照开始，包括章华妹在内的个体户第一次拥有了合法的经济身份。

重新提起"个体户"这个几乎与改革开放同时出现的词，涌动心头的依然是一个时代所释放出的创富激情。1979年4月，为了生计，章华妹在家门口的解放北路上摆起了一个卖布小摊。

一张小桌，或是一条小凳，上面摆满零碎的小物件，"卖印章、卖玩具、卖纽扣……"吆喝声回荡在整条街上。18岁的章华妹是周围个体户里年纪最小的。此起彼伏的吆喝声，在温州铁井栏、环城路、木杓巷最为集中。这三条被温州市民亲切地称为"马路市场"的街巷，活跃着中国第一代个体工商户的身影，也出现了最早的一批"万元户"。

原温州市工商局副局长陈寿铸，当年为包括章华妹在内的1844人发放了全国第一批个体工商业营业执照。1980年12月，陈寿铸将全国第一张个体工商业营业执照交到章华妹手中。此后，温州"无街不市、无巷不贩、无户不商"，千千万万"蚂蚁雄兵"涌入市场经济的汪洋大海，创造出一个个令人惊叹的传奇。

成为"正经"生意人后，章华妹一家把房子改造成一间几十平方米的小店铺。此后十年，章华妹历经了温州第一代创业者所共同经历的"商海浮沉"。她的主业多次更迭，生意有起有落，很多个体户都渐渐消失在时代浪潮中，但章华妹凭着一股子劲，坚持了下来。

和38年前相比，今天注册个体工商户已成为一件非常简单的事，但把生意做好则不那么容易。

据浙江省工商局统计，截至2018年第一季度，全省在册个体工商户达397.1万户。

在中国第一张个体户营业执照旁边，还挂着章华妹2007年成立的"温州市华妹服装辅料有限公司"的营业执照。为了控制品质，她拉来合作伙伴，自己开工厂、做设计。"生意要做大，还得开公司。"章华妹说。

章华妹只要不外出，还是天天在店里。记者跟着章华妹做了半天生意。8时30分，店已开门，店里上千种纽扣，她都分得清清楚楚，什么样的扣子到她手里一掂量，成色、价格便知道七八分。7月是纽扣生意最淡的时候。来了一位老客，带走了一包纽扣："如果配得好，我回头微信上下单。"

说起改变她命运的第一张个体户营业执照，章华妹说："有人告诉我，如果把那张营业执照拿来拍卖，少说都值几十万元。但我没那个心思。那张执照对我来说太有意义了。如果可以，我愿意做一辈子个体户。"

资料来源：浙江新闻—浙江在线. 中国第一位个体工商户章华妹：我愿做一辈子个体户［EB/OL］.［2018－08－08］. http：//zjnews. zjol. com. cn/zjnews/wznews/201808/t20180808 _ 7966080. shtml.

活动2　理解个体户贷款

一、个体户资信状况

从实际情况来看，银行等信贷机构不易掌握个体户本身及其资金需求的真实信息，且个体户的信用状况一般，信用体系不健全，缺少有效、足值抵（质）押资产进行担保，故从银行等信贷机构获得信贷支持相对较难。

国家相册——
我是个体户

个体户信用状况一般，信用体系不健全。个体户普遍经营规模小、资本实力相对较弱，社会声誉不高，生命周期短；管理不规范，财务数据匮乏，财务信息失真现象较为严重；不稳定因素多，抵抗外部环境变化的能力较差，经营风险高；很多个体户没有申请过信用卡，也没有申请过贷款，信用记录一片空白；个体户在经营过程中产生的工商、税务、社保、水电、租金、通信等可多维刻画其业务经营状况的数据分布于不同的部门体系，跨部门的数据整合难以实现。

个体户资产有限，担保能力薄弱。资产可以分有形资产和无形资产，在多数情况下，基于规模原因，个体户的有形资产较为有限，一般不会购置资金占用量较大的固定资产，而是以用于销售的流动资产为主，商铺等经营场所以租赁为主，即使是购买的商铺和运输车辆一般也登记在个人的名下。在无形资产方面，主要体现为比较稳定的客户网络与专业经营诀窍，这些和他们日积月累的声誉、熟能生巧的历练，甚至祖传技艺密切相关，这些长期形成的无形资产由于会计制度和自身管理缺陷，很难成为其融资的抵（质）押物。

二、个体户贷款需求特征

个体户属于典型的贷款服务长尾客群，个体户涉足的行业众多，不同行业的个体户，资金需求不尽相同。贷款需求一般具有"短小频急"、偏向信用贷款、能够承担较高贷款利率等典型特点。

1. 贷款需求具有"短小频急"的特点。个体户贷款资金主要用于门店租金、进货垫付、人工支出等，这导致其贷款期限短、额度低、频次高、突发性强等的"短小频急"特点。贷款期限较短，一般是3~12个月；金额小，平均贷款额度主要在50万元以下；平均一年会有多次贷款；经常为了抓住商机，急需用款，一般要求1~3天内能够获得资金，最长时间不超过一周，资金需求时效性要求高。

2. 贷款方式偏向于信用贷款。个体户往往无法提供房产、固定资产等传统抵押物，也很难提供具有较强经济实力和较高社会地位的保证人，因此，一般都希望能获得信用贷款。

3. 能够承担较高贷款利率。个体户由于边际效益较高，且贷款额度较小、贷款期限较短，故对利率水平并不太敏感，加上融资渠道本来就少，一般能够接受较高的利率水平。

三、个体户贷款政策

原中国银保监会对个体户的融资政策视同普惠型小微企业贷款，可以从四个方面来概括。

第一，要有增量，要求商业银行对个体户的贷款增速要高于其他贷款的增速。

第二，要扩面，即扩大个体户贷款覆盖范围。

第三，要降本，要求商业银行运用中国人民银行支小再贷款发放的个体户贷款要实行优惠利率。

第四，要便利，要求商业银行对个体户贷款要灵活简便，简化手续，要方便个体工商户申办贷款。

国务院发布《关于推进普惠金融高质量发展的实施意见》提出，鼓励金融机构开发符合小微企业、个体工商户生产经营特点和发展需求的产品和服务，加大首贷、续贷、信用贷、中长期贷款投放。

市场监管总局会同金融监管总局等部门联合印发的《关于开展个体工商户分型分类精准帮扶提升发展质量的指导意见》明确了"生存型""成长型""发展型"三型和"名特优新"四类个体工商户的认定机制和培育措施，扩大个体工商户首贷覆盖范围，分型分类具体帮扶不同发展阶段和发展水平的个体工商户。金融机构要根据个体工商户缺信用信息、缺抵押担保的特点，改进信用评价和授信管理，综合运用经营信息、交易流水、征信信息、公共信用信息等多维度数据，积极研发小额信用贷款产品，努力实现个体工商户贷款余额、户数持续增长。鼓励发展随借随还贷款产品，更好满足个体工商户用款急、期限短、频率高的资金需求。

模块二　个体户贷款产品与方案

 【案例导入】

工商银行"商友贷"给力小商户

近年来，服装、皮革、五金、建材、水产、花卉等各类大型商品交易市场在全国范围内蓬勃发展，成为促进消费转型升级和经济协调发展的重要动力。针对这类市场内小商户高度集中的特点，工商银行通过组建"工银商友俱乐部"的服务平台，以"商友卡"为服务介质，创新推出了"商友贷"专属融资产品。

工商银行"商友贷"重点突出了"一次申请贷款，贷款额度循环使用"的特点，集合了一次授信循环使用、银行卡和个人网上银行自助提款、手续便捷高效等多种优势于一身，商户可以根据贷款资金使用安排，随时通过网上银行提前还款，降低了融资成本。同时商户可以灵活采用异地房产抵押、自然人保证、商户联保、市场管理方担保、专业担保公司保证等担保方式，有效缓解了融资担保瓶颈。

对于"商友贷"给小商户带来的便利，在浙江台州做生意的小张深有体会。他在浙江台州市商业街经营一家代理某著名品牌服装的商户，每到季节性进货时，都要四处奔走筹措资金周转，苦不堪言。听别的会员说起"商友贷"产品，便到工商银行咨询相关情况。客户经理了解相关情况后，确认小张符合贷款条件，当天下午就为其办理了贷款手续，一天后60万元贷款到账，解决了他周转资金短缺的后顾之忧。

资料来源：工行"商友贷"给力小商户［N/OL］．［2011－09－09］．http：//newpaper. dahe. cn/dhb/html/2011－09/09/content_579644. htm#.

☞ 请思考：基于材料，谈谈工商银行"商友贷"产品的特点。

活动1　了解个体户贷款产品

随着贷款产品的细分，越来越多的商业银行等信贷机构推出以个体户为客户对象的贷款产品。从贷款方式来说，既有信用贷款也有担保贷款。

一般来说，信贷机构为个体户推出的信用贷款产品，只要借款人信用记录良好，能提供居住证明、营业执照、银行流水等材料，便可提出贷款申请。如果借款个体户资质不是很好，可以找保证人担保或者找一家正规担保公司作担保，即保证贷款；对于具有一定的还款能力、拥有抵（质）押资产的个体户，可以申请抵（质）押贷款。

以下通过具体的贷款产品，进一步了解个体户贷款产品的一般特点。

一、小本贷款

小本贷款是为"做小本生意的人"提供的信贷产品，小本贷款包括小本微贷款、小本小贷款、小本信用贷款、小本农业贷款等各细分贷款品种。该贷款产品无须抵押、手续简便、利率灵活、放贷快速、还贷方便。

小本贷款额度为2000元至100万元，贷款期限为3个月至3年，贷款利率根据贷款次数、期限、资信状况不同而变化，分期还款，灵活多样。贷款前不要求客户一定要有存款，无须房产等抵押，贷款手续办理也较为简单快捷。

二、电商贷

电商贷是针对电商平台经营的网店商户（包括个人、个体工商户和企业）发放的，用于商户经营周转、扩大经营规模、支付保证金以及广告费等日常经营用途的经营性贷款。基本条件要求：资信状况良好的电商平台经营的网店商户（海外代购商户除外）、网店实名认证身份一致、服务评分佳、有固定办公场所和仓库、从事网店经营1年以上且最近12个月持续有效经营。

产品特点：（1）额度最高200万元，期限最长3年；（2）担保活，可信用、保证、质押、抵押；（3）可结合当地政府机构设立的各类风险补偿基金、担保基金、发展基金等，灵活采用"基金＋"形式的混合担保方式。

申请资料：（1）自然人申请：借款人及其配偶的有效身份证件、户口簿、经营证明材料等；（2）属于特殊行业的，须提供有权机关颁发的经营资格证明等；（3）反映借款人经营实体的经营及收益状况的资料，比如近 1 年网上交易记录、近 6 个月主要交易账户的银行流水或支付广告费的凭证等；（4）担保材料等。

三、创业通贷款

创业通贷款是指为处在创业发展阶段的个体经营户、小微企业主、小微企业提供的一项经营性贷款业务。基本条件要求：有合法、稳定的创业经营项目，信用状况良好，有正常还款来源和按期偿还贷款本息的能力，贷款用途明确、合法。

产品特色：（1）申请易：可线上申请，线下专属客户经理上门办理。（2）方便贷：手续便捷，信用、保证、抵押、质押等多种担保方式灵活选择。（3）放款快：资料齐全，最快可当天放款。（4）轻松还：还款方式多样，可根据生产经营周期个性定制还款方式。（5）期限长：最长可达 3 年。

申请材料：（1）有效身份证、企业证照。（2）与生产经营或收入情况相关的佐证材料。（3）贷款用途证明材料等。

四、商惠通贷款

商惠通贷款是向从事生产、贸易、服务等行业的小微企业、个体工商户以及自然人发放的用于生产、经营活动的额度在 50 万元（含）以内的贷款。

青年创业贷款介绍

产品特点：（1）期限长：最长 3 年，到期前可申请展期或续贷；（2）门槛低：适用各类生产经营客户，从简收集材料；（3）审批快：首笔 3 个工作日，周转仅需半天；（4）担保选择多：保证、质押、抵押、混合或信用皆可。

申请资料：（1）个人申请：身份证、户口簿、相关经营证明材料；（2）个体工商户、企业法人代表申请：营业执照、身份证和户口簿；（3）法人申请：营业执照原件、法人代表身份证等；（4）担保材料等。

五、商铺使用权抵押贷款

商铺使用权抵押贷款是指客户以本人或第三人在市场开发商处租得购得的商铺（位）使用权作为抵押物申请贷款，并在规定时间内通过到期一次性还本或分期偿还的方式归还贷款本息的贷款方式。目标客户是拥有商铺使用权的个体工商户。

抵押人必须为开发商核发的商铺（摊位）使用权证或抵押人与开发商签订的租赁协议上载明的使用权人本人；抵押人已足额支付给开发商至商铺（摊位）到期日止的商铺租赁费用。

商铺抵押贷款抵押率最高不得超过抵押物评估价值的 50%；对于到期一次性还本的，贷款期限不得超过 1 年（含）；对于等额本息分期还款的，贷款期限为 1 年至 3 年（含）。

六、个体工商户经营快贷

个体工商户经营快贷是运用互联网思维和大数据技术，按照"批量化获客、精准化画像、自动化审批、智能化控险、综合化服务"的普惠金融"五化"模式打造的专门针对全国个体工商户的线上个人经营性信用贷款产品。

该产品基于个体工商户交易结算、金融资产、纳税情况等多维度信息自动计算贷款额度，贷款期限长达 1 年，贷款额度最高 300 万元，对于用款金额在 50 万元以下可通过个人账户支用。客户可通过 APP、手机银行、个人网银等互联网渠道实现在线申请、支用、还款全流程自助办理。

活动2　分析个体户贷款方案

案例一：某个体户经营服装 8 年，每月销售收入为 10 万元，每月利润为 2 万元，每月家庭开支为 8000 元。现有存货 12 万元，房产价值为 60 万元，房贷余额为 13 万元，每月还款 2500 元。现申请贷款 10 万元用于旺季补充存货，期限为 12 个月。

针对这个案例，基于贷款要素角度的贷款方案分析如下。

1. 贷款金额：在这个案例中，借款人的还款来源是利润，因此贷款额度要根据其利润的多少来确定。月均利润为 2 万元，减去家庭开支 8000 元和还房贷 2500 元，每月剩余利润为 9500 元，如果期限为 12 个月，则有剩余利润 114000 元，连本带息还款应该没有问题，可以满足借款人的申请金额。

2. 贷款方式：在本案例中，借款人经营时间长，在当地购有住房，经营情况较好，比较稳定，可以发放信用贷款。

3. 贷款期限：在本案例中，借款人申请的是 12 个月，在测算贷款额度时，也是按 12 个月测算的，12 个月的剩余利润可能刚好还本付息，这说明 12 个月期限是合理的，但如果考虑到借款人每月利润可能也不稳定，为了给还款留有余地，或预防其他情况发生，也可以将期限适当延长 2 个月或 3 个月，将贷款期限设定为 14 个月或 15 个月。

4. 还款方式：借款人每月都有现金收入，应选择按月还款方式，如等额本金或等额本息。

案例二：田先生经营长途客运 8 年，现有 3 辆客车，经营同一条线路，挂靠于同一客运公司。有 2 台车是 1 年前更换的，1 台车已到报废期，更换新车购买及办好各种手续需投入 120 万元，自有资金 50 万元，还差 70 万元，因此他申请贷款 70 万元。每天固定发班，车站统一售票，客运收入除去车站和客运公司的提成和管理费后，按月转入田先生银行账户。车辆运行的油费、维修保养费、司机工资由田先生自行负责。田先生平均每月能从客运公司收到 48 万元的运费收入，平均每月支付油费 28 万元，驾驶员工资 3 万元，车辆每月维修保养费 5 万元。田先生妻子和儿子协助经营客车，有两套住房，在 1 年前更换另两台车时抵押贷款了 120 万元，每月归还，还有余额 60 万元。

以上材料在信息真实的情况下，田先生的偿债能力如何？该笔贷款能否发放？如果发放该笔贷款，对贷款期限和偿还方式应如何要求？简要分析如下。

在查询客户征信、了解客户人品口碑、确认客户信用状况良好的前提下，该笔贷款分析决策的关键是对客户的偿债能力进行确认。第一，通过查看银行账户余额和现金确认自有资金 50 万元。第二，考虑到客运行业有淡旺季，但总体起伏不大，因此其现金流入是持续的，每个月的费用也基本相同。根据田先生客运生意的营收和成本费用支出，可知每月利润约为 12 万元。第三，田先生已有的一笔贷款未还本金余额 60 万元，期限还有一年，故每月需偿还本金 5 万元，故田先生每月可用于该笔贷款的可还款收入约为 7 万元。第四，考虑到田先生的妻子和儿子协助经营客车，应没有其他收入来源，以及家庭生活开支和利息支付，可用于该笔贷款的可还款收入约为 5 万元。第五，田先生每个月收入稳定，现金流稳定，贷款用途合理，从贷款偿还能力方面考虑，可以发放该笔贷款，贷款产品适宜按月还本付息类产品，期限应以 18 个月为宜。

模块三　个体户贷款流程操作

 【案例导入】

"电商小贷"模式分析

在互联网金融发展的背景之下，小微金融的业务模式出现了创新，金融资源配置的覆盖范围更加广泛。阿里巴巴、腾讯、新浪、百度、苏宁、京东等电子商务企业开始在小额信贷领域构建各自的互联网业务模式，并通过第三方支付业务渠道向金融领域的各个方向发展。与传统金融相比，电商企业的互联网金融平台在资金配置效率、渠道、交易成本、数据信息、系统技术五个方面具有优势，是一种更普惠、更易得的小额金融模式。

"电商小贷"模式发展迅猛，其流程包括五步：商户提出贷款申请、平台审核商户数据、视频远程沟通确认、基于数据的资信评估和网上贷款发放。其风险控制主要分为贷前、贷中和贷后三个阶段。贷前主要根据电子商务企业的经营数据和第三方认证数据，判断小商户经营情况，评估小商户偿债能力；贷中主要通过电商自有数据分析平台实时监控商户的交易状况和现金流，为风险预警提供数据支持；贷后主要通过互联网监控小商户经营情况和异常行为，可能影响正常还款履约的行为将被预警或提示，设立贷后监控、网络店铺下线暂停机制。

资料来源：王李. 互联网金融时代"银行小贷"与"电商小贷"模式对比研究——基于小微企业、个体工商户融资需求满足性的视角 [J]. 社会科学战线, 2015 (7).

请思考：基于材料，线下传统个体户贷款业务操作处理与电商小贷业务操作处理有什么区别？

个体户贷款一般用于个体户的生产经营，是以个体户主为借款人，属于个人贷款，但我国监管部门界定广义小微企业贷款包括个体户贷款。商业银行等信贷机构应建立有效的个体户贷款全流程管理机制，结合个体户的经营收入、成本费用、负债总额、贷款用途、担保情况等因素，合理确定贷款金额和期限，控制借款人每期还款额不超过其还款能力。

活动1　贷款申请与受理

个体户申请贷款须无重大不良信用记录，贷款用途明确合法，持有营业执照且实际经营至少半年。在通常情况下，借款人可以与客户经理联系提出贷款需求，也可以通过线上申贷系统提出贷款申请。

在贷款受理环节，客户经理（或受理岗业务人员）与客户及时联系和接触，了解贷款需求和客户基本情况，初步判断该客户是否具备获得贷款的条件。对于同意受理的个体户贷款，告知申请人填写书面贷款申请（见表5－1）和需准备的清单材料。一般情况下，申请个体户贷款的材料清单包括：

1. 借款人的身份证、户口簿、婚姻状况证明以及个体户的营业执照和税务登记证（两证整合的提供营业执照）的原件及其复印件。

2. 可证明个体户经营收入和成本费用的相关资料、银行流水等。

3. 保证贷款需提供保证人的相关资料。

4. 抵（质）押贷款需提供合法、足值的抵（质）押物产权凭证、抵押人或出质人的抵（质）押承诺书。

5. 银行等信贷机构要求提供的其他资料。

表5－1　　　　　　　　　　　　个体工商户小额贷款申请表

一、申请人基本信息					
姓名		性别		家庭人数	
身份证号码					
婚姻状况	□未婚　　□已婚有子女　　□已婚无子女　　□离异　　□丧偶				
教育程度	□大学本科及以上　　□大专/高职　　□高中/职高　　□初中及以下				
户籍所在地		居住地址			
住宅电话		手机号码			
配偶姓名		身份证号码			
二、申请人经营信息					
个体户名称				主要合伙人	
地　址			办公电话		
营业执照号码			经营年限		
主营业务					
三、贷款申请信息					
申请金额	大写人民币_____		小写￥_____		
贷款用途			贷款期限	月	

续表

四、保证人基本信息						
姓名		性别		婚姻状况		
身份证号码						
教育程度	□大学本科及以上		□大专/高职	□高中/职高		□初中及以下
户籍所在地			居住地址			
联系电话			工作单位			
月收入（元）			与借款人关系			

五、借款人及保证人声明及承诺

1. 我承诺以上所填信息完全属实，若由××银行工作人员或其他人员代为填写，是经我授权并认可的，且按规定报送贵行留存的资料复印件属实。

2. 我承认本申请表作为向贵行申请贷款的依据，无论银行是否贷款，银行均有权保留此申请书及相关资料。

3. 经贵行审查，本申请不符合规定的条件而未予通过时，我没有异议。

4. 本人授权××银行在本次业务过程中（从业务申请至业务终止），向中国人民银行个人信用信息基础数据库及信贷征信主管部门批准建立的其他个人信用数据库或有关单位、部门及个人查询并留存本人的信用信息，并将本人信用信息提供给上述个人信用数据库，查询获得的信用报告限于中国人民银行颁布的《个人信用信息基础数据库管理暂行办法》规定用途范围内。

5. 保证人已明确知道，如果借款人不能及时偿还全部贷款本息时，保证人应当替其偿还。

6. 我们承诺，借款人与保证人家庭之间的经济相互独立，且无其他债权债务关系。贷款由借款人用于申请时指定的用途，不由保证人使用。

申请人签字：_____　　　　　　申请人配偶（主要财产共有人）签字：_____

保证人签字：_____

　　　　　　　　　　　　　　　　　　　　　　　　　　　年　　　月　　　日

表5-2　　　　　　　　　　**个体工商户小额贷款受理信息登记表**

客户姓名		性别		年龄		贷款用途	
联系电话			联系地址				
商户名称				经营年限			
经营项目及地址							

一、基本资料信息				
是否有营业执照	□是　　□否	是否本人持有		□是　　□否
是否有税务登记证	□是　　□否	是否有特许经营许可证		□是　　□否
是否有经营场所产权证明或租赁合同	□是　　□否	是否常住户口		□是　　□否
是否有保证人/组建联保小组				□是　　□否
小组成员/保证人姓名	联系电话	经营项目/工作单位		关系

续表

二、基本经营信息			
损益信息		资产负债信息	
月均销售额		固定资产：	
毛利率（毛利润）		房产	
主要经营成本：		交通工具	
工资		设备	
场地租金		其他	
税收		流动资产：	
水电费		库存商品	
交通运输费		原材料	
其他费用		应收款或预付款	
		负债信息：	
		应付账款	
		银行或私人借款	
家庭收入		家庭支出	
其他信息			
本人有无控制或参与投资、经营的其他经营项目：　　□有　　□无 商户（企业）名称：＿＿＿＿＿＿＿＿＿＿＿＿＿＿＿＿＿＿ 盈利情况：			
受理岗意见： 签字： 　　　　年　月　日		业务主管意见： 签字： 　　　　年　月　日	

活动2　贷前调查与信用评级

个体户贷款调查要将个体户经营与其个人和家庭作为一个整体考察，对获取的相关信息应进行交叉检验、汇总分析。通常个体户的贷款金额较小，客户也很难提供规范和标准的申贷材料。因此，在贷款调查时，应以客户经理的实地观察和主观判断为主，基于对个体户及其生产经营信息和财务信息的分析，作出贷款决策。

贷款客户经理须通过不同途径对个体户经营及其个人与家庭基本信息、个体户生产经营收入与成本费用、家庭其他收入与支出、个体户及其家庭的资产负债状况、贷款用途、资金缺口、还款来源、贷款担保等情况进行调查，特别要注重调查还款现金流、贷款用途及非财务信息，全面客观地分析借款人的还款意愿和偿债能力。

个体户经营及其个人与家庭基本信息具体包括：个体户生产经营项目、经营历史、行业特征、竞争情况、生产经营规模和场所位置等，借款人的个人基本情况、生产经营能力、人品口碑等，家庭成员的结构、年龄、职业等。

一个信贷员的
陌生拜访

客户经理必须了解个体户的贷款用途及自有资金情况。如商贸类客户贷款用于备货，应关注客户是否旺季来临、上游供货商是否有优惠措施、存货数量和结构等情况；服务类客户贷款用于装修、扩大店面等，应关注客户的经营计划、新合同等；加工类客户贷款用于购置设备，应关注客户自有资金、设备购置厂家、设备型号等信息。真实的贷款目的还应通过了解生意流程及调查细节来确认。

在调查过程中，需要留下相关影像资料。比如，贷款客户经理与客户在调查现场的合影、个体户的生产经营场所、存货（包括主要生产原材料、产成品或商品）、机器设备、家庭住所等。

表5-3   个体工商户贷款调查表

一、客户及家庭信息						
客户姓名		性别		年龄		户籍所在地
婚姻状况		教育程度		家庭人数		本地居住年限
居住地址						
住房状况	□自有 □租赁 □按揭 □经营场所 □与亲属共住 □其他_____					
固定电话			手机号码			
申请金额		期限		还款方式		
贷款用途	总项目成本		项目资金来源计划		贷款使用明细	

信贷历史（包括银行贷款和民间借贷）							
融资来源	金额	期限	还款方式	发放日期	余额	担保	用途

其他需要说明的情况：

二、业务信息
（一）业务信息概述

个体工商户名称			
经营地址			
主营业务		经营年限	
经营场地面积	平方米	雇员人数	

续表

是否有营业执照	□有	□无	营业执照号			
经营历史及资本积累过程						

(二) 采购及销售信息					
主要供应商	采购货物种类	每次采购金额	付款方式	频次	采购占比
主要客户	销货种类	每次销售金额	付款方式	频次	销售占比

(三) 月度季节性分析（"0"表示平均，"+"表示旺季，"－"表示淡季）											
1	2	3	4	5	6	7	8	9	10	11	12

(四) 毛利润计算　　　单位（元）

商品名称	存货数量	价格		毛利率（%）	收入占比（%）	加权毛利率（%）
		进货价	销售价			
合计						

三、财务信息						

(一) 损益表（可根据客户实际情况增减月份数）

项目	月	月	月	月	本年总计	预测月份
销售收入						
小计：						
销售成本						
小计：						
毛利润						

续表

其他成本费用	工资					
	租金					
	水电费					
	运输费					
	通信费					
	维护费					
	招待费					
	税费					
	其他					
	小计.					
营业利润						
家庭收支	经营收入					
	工资收入					
	其他收入					
	收入小计:					
	生活支出					
	教育支出					
	医疗支出					
	人情支出					
	其他支出					
	支出小计:					
每月净收入						
每月偿还其他借款						
每月最高还款额						

（二）资产负债表（上期与本期时间尽量选择有可比性的时间）

资产	上期金额	本期金额	比例	负债	上期金额	本期金额	比例
1. 现金/银行存款				10. 应付账款			
2. 应收款/预付款				11. 预收款			
3. 原材料				12. 银行借款			
4. 库存商品				13. 私人借款			
5. 其他流动资产							
流动资产总额				负债总额			
6. 房产							
7. 设备							
8. 交通工具							
9. 其他非流动资产							

续表

非流动资产总额			所有者权益		
资产合计			负债及所有者权益合计		

补充说明：

四、保证人及联保情况					
（一）保证人信息					
保证人		年龄		性别	教育程度
婚姻状况		户籍所在地		与客户关系	
居住地址					
工作单位		工作部门		月收入	
固定电话		手机号码			

保证人核实方式及其他情况说明：

（二）联保人信息			
是否清楚小组联保责任	□是　　□否	是否愿意提供联保	□是　　□否
小组其他成员姓名	生产经营项目	对客户是否了解	对客户的信用评价

五、调查结论与贷款建议					
贷款额度		贷款期限		贷款利率	
还款方式		月还款额		月净收入	
偿还其他贷款		还款占净收入比例			

调查结论及建议：

管户客户经理：　　　　　　　　辅助客户经理：

年　　月　　日

表5－4　　　　　　　　　　　个体工商户信用评级表

评级指标及权重		评级标准	分值	得分
个人综合素质（15分）	年龄（3分）	18~30岁	2	
		31~45岁	3	
		46~60岁	1	
	婚姻状况（2分）	已婚	2	
		未婚	1	
		离异	0	

续表

评级指标及权重		评级标准	分值	得分
个人综合素质（15分）	户籍所在地（3分）	本地户口	3	
		非本地户口	0	
	经营能力（7分）	负责经营五年以上，社会交往能力强，头脑精明、活络，有很强的专业技能	7	
		负责经营三年以上，社会交往能力较强，有较强的专业技能	5	
		负责经营一年以上，有一定的社会交往能力和专业技能	3	
		负责经营一年以内，具备经营必备的社交能力或专业技能	1	
偿债意愿（40分）	信用状况（11分）	诚实守信，无不良商业或社会记录，无贷款逾期记录	11	
		诚实守信，有轻微不良商业或社会记录，但不影响客户整体信用，无贷款逾期记录或有逾期但已及时还款	8	
		有重大影响客户信用状况的不良商业或社会记录，或有恶意拖欠贷款行为	0	
	社会声望及荣誉（4分）	有较高社会声望及荣誉	4	
		有良好社会声望及荣誉	3	
		在社会上有一定的信誉评价	2	
		在社会上没有负面评价	1	
	营业执照（4分）	有营业执照且办照时间在一年以上	4	
		有营业执照但办照时间在一年以下	2	
		有过期营业执照	0	
	纳税情况（4分）	已登记且有适当纳税额	4	
		不交税，但支付关系费	2	
		没有任何税务相关支出	0	
	家庭成员职业情况（5分）	家庭重要成员（配偶、子女）为公务员或企（事）业单位职工	5	
		家庭其他成员中有公务员或企（事）业单位职工	3	
		家庭成员职业不固定	0	
	家庭责任感（6分）	家庭责任感强（孝敬父母、关爱子女、家庭和睦等）	6	
		家庭责任感一般	3	
		没有家庭责任感	0	
	生活习惯（6分）	生活习惯良好，没有不良嗜好	6	
		生活习惯良好，有轻微不良嗜好，但不影响正常生产或经营活动	4	
		具有酗酒、赌博等不良习惯	0	

续表

评级指标及权重		评级标准	分值	得分
偿债能力 （40分）	营业场地 （4分）	自有房产	4	
		租赁房产	2	
		租赁柜台	0	
	盈利能力 （9分）	月均净利润3万元（含）以上，商品质量高	9	
		月均净利润2万元（含）以上，商品质量较高	7	
		月均净利润1万元（含）以上，商品质量一般	5	
		达不到以上规模的，无假冒伪劣商品	3	
		存在假冒伪劣商品	0	
	家庭年可支配收入水平 （9分）	在当地平均水平200%（含）以上	9	
		在当地平均水平150%（含）~200%	6	
		在当地平均水平100%（含）~150%	4	
		在当地平均水平80%（含）~100%	2	
		在当地平均水平80%以下	0	
	所有者权益 （9分）	在20万元（含）以上的	9	
		在15万元（含）至20万元之间	6	
		在10万元（含）至15万元之间	3	
		在5万元（含）至10万元之间	2	
		在3万元（含）至5万元之间	1	
		在3万元以下	0	
	资产总额 （9分）	30万元（含）以上	9	
		20万元（含）至30万元之间	6	
		10万元（含）至20万元之间	3	
		10万元以下	0	
其他 （5分）	业务往来 （2分）	与本行建立良好的业务合作关系	2	
		有本行建立一般的业务合作关系	1	
		与本行无业务合作关系	0	
	综合印象 （3分）	印象良好	3	
		印象一般	0	
评分合计				

个体户贷款评估与分析案例

　　贷款案例：李女士现年42岁，从2010年开始在当地县城经营服装生意10余年，现有两个品牌男装专卖店。两个店的装修一年前投入了约80万元（店面一般会三年重新装修一次），租金每年共 65 万元，店铺的位置都在县城较好的地段。李女士现有库存服装 95 万元，其中去年及以前的库存价值约 18 万元，当年的春装、夏装、秋装价值约 77 万元。现在要进冬季的服装，首批进货需要 120 万元，李女士现在只有 60 万元的现金，因此申请贷款 60 万元，期限 1 年。李女士丈夫是警察，在当地交警队上班，有一女儿，22 岁，协助自己经营，有一套住房，李女士说自己在省城还有一套住房（但不愿提供产权证明）。当年 8 月在邮储银行贷款 10 万元，按月归还，已还一个月。

贷款评估与分析过程：

（一）对客户的财务评估

1. 销售收入的评估。（1）如借款人有销售记录，可根据其记录计算确定。（2）对于服装专卖店，其供货厂商一般都会与其定期对账，有较明细的对账单，可根据借款人与供货厂商的对账单确定其进货量，再根据其进货量和毛利润率推算其销售额。（3）一般情况下，借款人会通过银行转账的方式支付厂商的货款，通过查看其银行转账记录分析其进货量，再根据其进货量和毛利润率推算其销售额。同时，借款人也会将大部分销售额存入银行账户，通过计算其银行对账单的存入金额可大致推算出销售额。

2. 销售成本的评估。（1）上述销售收入评估中的进货额就是其进货成本。（2）也可访问其供货厂商相关产品的供货价格确定。

3. 费用的评估。（1）门面和仓库租金根据租房合同确定。（2）工人工资根据工资发放表确定，如没有工资表，可询问工人的工资额和工人人数确定。（3）运费、税费、水费、电费等费用。如有单据，按单据计算确定；如没有单据记录，合理估算确定。

4. 利润。用销售收入减去成本费用可计算出利润。

5. 对李女士资产的确定。（1）存货：可清点库存各种款式服装的数量，再根据各自的进货单价确定存货的价值。（2）自有资金 60 万元可查看现金和银行账户余额确定。（3）自有房产根据当地的房价行情和住房面积评估确定（李女士称在省城另有住房，但不愿提供产权证明，不计入资产内）。

关于是否将店铺装修计入其资产的问题：由于此类服装专卖店对装修的要求很高，一般隔几年就要重新装修一次，更新很快；同时，借款人一旦不再经营服装，或将店铺转让出去，其装修将被破坏后重新装修，其原有的装修将变得毫无价值，因此，根据谨慎性原则，以及在实际操作中的经验，店铺的装修不宜计入资产价值内。

6. 对于其负债，可通过查询本人及其家人的征信记录确定在其他金融机构的贷款额，通过询问本人，访问其员工、朋友、供货商、邻居等确定有无其他负债情况。

7. 此类借款人的现金流特点：服装销售的旺季在春季、秋季、冬季，淡季在夏季，因此，其现金流特点是春季、秋季、冬季较大，夏季较小。

（二）对客户的非财务分析

李女士经营服装销售已有10余年，有较丰富的经营经验；店铺经营位置好。

（三）该笔贷款的风险分析

1. 品牌男装有较明显的销售淡旺季。

2. 李女士服装库存产品较多，特别是还有大量以前年度的商品。服装的款式流行趋势变化较快，如在当季不能销售完，由于跟不上流行的款式，就很有可能成为滞销商品。因此，李女士应通过打折促销等方式处理过多的库存商品。

（四）贷款建议

对于这笔贷款，借款人申请60万元，贷款用途合理，可以发放。由于将要进入冬季的销售旺季，借款人现金流充足，因此，适用按月还本付息的贷款产品，同时，为了防止借款人出现意外风险，借款合同除了李女士夫妻签字外，最好要求其女儿作为共同债务人在借款合同上签字。

活动3　审查审批与放贷

全面审查个体户贷款调查内容的合法性、合理性、准确性，重点关注客户经理贷前调查的尽职情况和借款人的偿还能力、诚信状况、担保情况、抵（质）押比率、风险程度等。对于需要补充的申请资料、补充调查的信息，或者真实性有待进一步确认的信息，审查人员与客户经理进一步沟通，或者直接与客户进行交流，必要时需到现场实地补充调查。

对个体户贷款的风险评价应以分析借款人现金收入为基础，采取定量和定性相结合的分析方法，全面、动态地进行贷款审查和风险评估。根据审慎性原则，在授权范围内规范审批操作流程，明确贷款审批权限，贷款审批人员按照授权独立审批贷款。

贷款审批通过后，贷款人应与借款人当面签订书面借款合同（电子银行渠道办理的贷款除外），借款合同应符合《中华人民共和国民法典》的规定，明确约定各方当事人的诚信承诺和贷款资金的用途、支付对象（范围）、支付金额、支付条件、支付方式等，明确借款人不履行合同或怠于履行合同时应当承担的违约责任。

需担保的贷款应同时签订担保合同，依照《中华人民共和国民法典》等法律法规的相关规定，办理相关登记手续或签订相关协议等，规范担保流程与操作。

借款合同生效后，贷款人按合同约定由独立的放款管理部门或岗位落实放款条件，及时发放贷款。贷款人应按照借款合同约定，通过贷款人受托支付或借款人自主支付的方式对贷款资金的支付进行管理与控制。

✉ 【拓展知识 5 – 2】

个体户贷款风险提示与防范

一、借款人自身风险表现与防范

（一）借款人经验及能力不足的风险

风险表现：无行业从业经验或从业时间短，管理能力较差；受教育程度低或能力较弱；频繁更换所从事的行业，且成功率很低；经营项目时间不长。

风险防范：要求从事本项目经营的时间必须至少达到 6 个月，经营正常稳定后才能给予贷款；如有其他收入来源，可在此基础上确定贷款额度；提供担保。

（二）借款人婚姻及家庭不稳定的风险

风险表现：借款人家庭不和、离异或有多次婚姻史；与父母、大部分兄弟姐妹及亲戚等关系恶劣。这样的借款人品德有缺陷，或者没有将主要精力用在经营事业上。对于夫妻双方共同作为借款人的贷款，一旦夫妻离异，通常双方都会逃避债务。

风险防范：如果夫妻双方离异的可能性很大，最好暂时不给予贷款；或者在有担保的情况下放款，同时一定要夫妻双方都作为借款人在"借款合同"上签字。

（三）借款人居住不稳定的风险

风险表现：非本地常住人口，在本地无固定居住地或无住房。

风险防范：要求提供本地居住稳定、有实力的人担保，或是本地居民稳定，对借款人有控制力的担保。如果借款人在本地的经营项目很稳定，投资额很大，不易轻易转让的，居住的稳定性则没有那么重要。

（四）借款人品质及道德风险

风险表现：品行较差，有欺诈或欺骗行为；有不良嗜好，如好赌、涉毒、涉黄等。

风险防范：不应给予其贷款。

（五）借款人及家人的健康风险

风险表现：身体不健康或有严重疾病；家人有重大疾病。

风险防范：对于借款人本人有重大疾病等健康问题的，最好不给予贷款；如果是其家人有重大疾病等健康问题的，可考虑增加担保。

（六）借款人信用风险

风险表现：有不良信用记录；拖欠供货商的货款；拖欠应纳税款、电费、水费等费用；拖欠其员工的工资等。

风险防范：如果是非恶意的，应拒绝为其提供贷款；如果是非恶意行为，且时间都不长，同时借款人有还款能力和认识到信用记录重要性的，可先向其提供小金额的贷款，并要求提供担保；以后还款记录良好，可逐步增加贷款金额。

（七）借款人转移资产风险

风险表现：所有或大部分资产不在自己名下；夫妻之间办理假离婚，将财产转移登记在其中一方，以另一方的名义来申请贷款。

风险防范：面对这种情况，一般不要给予贷款，或要求其办理足值的抵押、质押贷款。

（八）借款人还款能力突然下降或丧失了还款能力

风险表现：突然遭遇资产的重大损失；遭受严重疾病不能自理或死亡。

风险防范：可要求借款人对其资产购买财产保险，并明确规定，在贷款期限内，保险第一受益人是贷款机构。

二、个体户生产经营的风险表现与防范

（一）经营资质风险

风险表现：经营项目需特种许可的，没有特许经营证明，如无安全生产许可证等。

风险防范：最好不要给予贷款。

（二）借款人对其经营的项目管理不足风险

风险表现：财务管理混乱；生产、经营场地脏、乱、差；安全、消防存在重大隐患；生产现场管理不到位，存在窝工、偷工现象；仓库管理混乱，存货乱堆乱放，存在丢料、盗料现象等。

风险防范：客户经理发现有管理不足的现象后，要与借款人沟通，让其尽快纠正；如果情况严重，足以影响还款能力时，要求借款人采取整改措施，有明显效果后才考虑给予贷款。

（三）经营风险

风险表现：使用或经营的原料或产品质量低劣；进货成本费用很高，进货中间环节多；借款人生产技术条件落后，机器设备老化、陈旧，生产工艺差；安全生产条件差，消防安全隐患严重；销售渠道单一，过分依赖少数客户；应收账款收款期长、收款困难；产品技术含量低，无竞争力等。

风险防范：要与借款人沟通，让其尽快扭转这种不利的局面；如果预计将来一段时间内不会损害其还款能力，可考虑提供贷款，视情况要求提供抵押或担保；如果足以影响还款能力时，要求消除或减轻这种风险后，才能考虑给予贷款。

（四）还款能力不足的风险

风险表现：经营项目投资较小或固定资产少，很容易转移或出让；利润少，收入不足；资产负债率过高；现金流入量相比每期的还款额较小。

风险防范：应降低贷款额度，在借款人的还款能力内发放贷款；也可要求提供抵押或保证担保。

（五）贷款用途风险

风险表现：用途不明确；高风险的投资；没有资金保证的项目；效益差的项目；弥补持续性经营亏损；在已有很高债务的情况下，借新债还旧债；搞虚假项目；非法经营活动。

风险防范：不给予贷款。

（六）经营策略风险

风险表现：恶意降价销售，甚至以低于成本价销售。

风险防范：要慎重，可暂时不考虑给予贷款，或办理抵押担保贷款。

（七）发展理念风险

风险表现：盲目扩大规模和投资；对自己不熟悉和没有经验的行业进行大额投资，开展多项目经营。

风险防范：要谨慎，最好不给予贷款，或降低贷款金额，同时要求提供担保。

活动4　贷后管理与贷款回收

贷款发放后，贷款人应采取有效方式对贷款资金使用、借款人的信用及担保情况变化等进行跟踪检查和监控分析，确保贷款资产安全。一般由客户经理进行贷后检查，对借款人进行日常回访和贷款的还款提醒，借款人如没有按时还款，要负责与借款人联系，做好催收；通过账户分析、凭证查验或现场调查等方式，核查贷款支付是否符合约定用途；调查借款人、保证人的经营等是否发生足以影响还贷的变化，查询抵（质）押物是否有被查封、扣押、冻结等情况。

在贷后检查中发现的贷款风险，要及时采取措施进行处理和化解。根据风险的性质和大小，采取相应的风险处置措施。为了能与客户进行长期的合作，客户经理应在贷款全流程中做好客户关系维护。

关于个人贷款展期期限的规定：一年以内的贷款展期期限累计不得超过原贷款期限；期限超过一年的贷款展期期限累计不得超过原贷款期限的一半。

贷款人应按照借款合同约定，收回贷款本息。对于未按照借款合同约定偿还的贷款，贷款人应采取措施进行清收。

✉ 【拓展知识5-3】

不良贷款清收与失信者黑名单法律后果

化解存量和防控新增并重，在化解存量方面，以司法处置为重心、化解分期为抓手，分析形成原因，逐笔制订清收计划。

1. 列入失信人，反客为主。案例：2016年末，某银行向法院申请强制执行，将借款人及相关人员列入失信人名单（中国执行信息公开网）。2017年初，借款人因其被列入失信人名单，护照作废、被限制出入境，难以回国，主动联系银行，希望银行同意分期偿还贷款。双方在其偿还部分本金的前提下，达成协议。

2. 积极保全，掌握主动。借款人吴某，欠贷款150万元，法院判决后，银行与贷款保证人吴某某、余某达成分期偿还协议。但后续贷款保证人未完全按照分期偿还协议履行，且长期失联。2017年初，银行获知吴某某在杭州有一处房产，该行立即联系执行法官，在案件尚未分案的情况下，说服法官为该案件特赴杭州保全。为提高保全效率，银行员工全程予以陪同协助，当日连夜出发至杭州，次日完成查询、查封、现场查看、查封告知等全套手续。查封完成后，吴某某态度立即转变，由长期回避变为立即上门协商。

3. 联合布控，强势化解。借款人陈某欠贷款 90 万元，在诉讼及执行阶段，规避执行和抗拒还款。2017 年初司法机关对其采取联合布控措施，2 月末在借款人欲外出时在火车站实施公安扣留，当天移交法院经办法官。当日晚上银行相关人员与借款人斗智斗勇、几度交锋，最终突破其心理防线，借款人通过亲戚、朋友筹措借款 40 万元，剩余部分金额分期偿还。

"失信被执行人名单"通俗被称为"失信者黑名单"，被纳入"失信被执行人名单"的法律后果如下。

1. 银行等金融机构对纳入"失信被执行人名单"的被执行人限制其贷款、融资等金融活动，降低信用卡额度，并将其存款情况及时通过司法查询平台报告法院。

2. 工商管理部门对失信被执行人降低其信用等级，限制其"守信用、重合同"评比资格。

3. 被执行人为公务员、中共党员、人大代表、政协委员等的，根据有关规定在评优选先、晋职晋级等方面予以限制，或者取消其政治待遇、荣誉称号，直至给予纪律处分。

4. 限制失信被执行人出境，铁路部门不向其出售火车票，民航部门不向其出售机票。

5. 招标投标管理部门限制失信被执行人参加政府采购和工程项目招投标。

6. 建设管理部门暂停受理失信被执行人的工程项目许可、资质审批，暂缓受理建筑市场相关业务事项，暂缓办理建设工程质量竣工验收备案等工作；规划管理部门对失信被执行人享有使用权的土地暂停办理规划报建手续、暂缓办理在建项目的后续规划手续。

7. 其他限制。

资料来源：浙江省农村信用社联合社 . 不良贷款清收与失信者黑名单法律后果［N］. 浙江农信报，2017 - 03 - 14。

 请思考：借款人如执意不还款会有什么后果？

【课后习题】

一、单项选择题

1.《城乡个体工商户管理暂行条例》是（　　）年颁布实施的。
A. 1986　　　　　　B. 1987　　　　　　C. 1988　　　　　　D. 1989

2.《个体工商户条例》是（　　）年颁布实施的。
A. 2008　　　　　　B. 2009　　　　　　C. 2010　　　　　　D. 2011

3.《促进个体工商户发展条例》是（　　）年颁布实施的。
A. 2020　　　　　　B. 2021　　　　　　C. 2022　　　　　　D. 2023

4. 个人经营的个体工商户债务应以（　　）承担。
A. 家庭财产　　　　B. 法人财产　　　　C. 个人财产　　　　D. 个体户财产

5. 家庭经营的个体工商户债务应以（　　）承担。

A. 家庭财产　　　　B. 法人财产　　　　C. 个人财产　　　　D. 个体户财产

6. 个体户贷款需求特点描述错误的是（　　）。

A. 能够承担较高利率　　　　　　　　B. 贷款金额一般较小

C. 贷款期限一般较短　　　　　　　　D. 贷款方式偏向担保

二、多项选择题

1. 个体工商户登记事项包括（　　）。

A. 姓名和住所　　B. 组成形式　　　C. 经营范围　　　D. 经营场所

E. 注册资本

2. 个体工商户"两证整合"的两证是指（　　）。

A. 组织机构代码证　B. 工商营业执照　C. 税务登记证　　D. 统计登记证

E. 社会保险登记证

3. 以下属于不良信用行为的有（　　）。

A. 借款人拖欠其员工的工资

B. 借款人拖欠供货商的货款

C. 借款人拖欠应纳税款、电费、水费等费用

D. 借款人经营不善

E. 借款人已有逾期的拖欠贷款

4. 以下属于借款人还款能力不足的表现有（　　）。

A. 用于高风险的投资　　　　　　　　B. 经营项目收入不足

C. 资产负债率过高　　　　　　　　　D. 遭遇资产重大损失

E. 进货成本费用很高

5. 个体户的贷款需求特点包括（　　）。

A. 贷款次数较为频繁　　　　　　　　B. 偏向需求信用贷款

C. 贷款期限一般较短　　　　　　　　D. 贷款需求时效性高

E. 能够承担较高利率

三、简答题

1. 个体户的概念与债务承担规则有哪些？

2. 个体户如何申请登记？

3. 个体户的贷款需求特征有哪些？

4. 个体户贷款的申请资料一般包括哪些？

5. 个体户贷款的调查内容一般包括哪些方面？

6. 个体户贷款的借款人自身可能存在哪些风险？

7. 个体户经营方面可能存在哪些风险？

四、实训题

1. 分组模拟个体户贷款业务的流程操作。

2. 分组开展调研，调查分析学校、社区、市场等区域的个体户贷款需求和贷款获得情况。

4~6 人为一组，对个体工商户的经营状况、贷款需求和贷款获得等情况进行调查，撰写调查报告。在贷款需求和贷款获得方面，注意重点分析贷款的金额、期限、利率、用途、贷款方式、还款来源、还款方式等贷款基本要素。

参考答案：一、BDCCAD；二、ABCD、BC、ABCE、BCD、ABCDE

项目六
小微企业贷款实务

XIAOWEI QIYE DAIKUAN SHIWU

【知识目标】

　　了解我国小微企业的重要性、划型标准、主要特点、相关管理制度；掌握我国小微企业贷款的界定、现状与问题、相关制度政策、贷款特征等；理解典型小微企业贷款产品特点和小微企业贷款服务创新；掌握小微企业贷款的申请与受理、贷前调查与信用评级、审查审批与放贷、贷后管理与贷款回收等各环节的操作要求。

【能力目标】

　　能够正确认识小微企业及其贷款服务的重要性，能够根据小微企业的贷款需求提供合适的贷款产品和服务，能够开展小微企业贷款分析决策与业务流程操作处理，能够分析和防范小微企业贷款风险。

模块一　小微企业贷款概述

【案例导入】

哈尔滨银行助 10 万小微企业成长

　　作为本土城市商业银行，哈尔滨银行紧紧围绕国家重点支持的行业和产业，通过丰富金融产品、优化担保手段、简化审批流程，"金融活水"持续注入，全生命周期地扶持小微企业创业。截至 2018 年末，哈尔滨银行服务的客户数量达 2000 万，包括小微企业、个体工商户、农户及广大城市居民，其中，小微民营企业贷款客户数超过 10 万户，被誉为"中小企业成长的摇篮"。

哈尔滨银行党委书记、董事长郭志文常说："一家银行，尤其中小银行，如果将一亿元人民币贷款给一家大企业，可谓锦上添花；但是，如果将这一亿元贷给5000个正在创业的人，每笔2万元，而5000笔贷款就是5000家小微企业，至少能解决1万人就业问题，这背后关乎多少家庭的希望、多少个人的发展和社会稳定问题，这样的收益不仅仅是经济效益，更多是社会效益，是雪中送炭！"2019年以来，为更好地支持小微民营企业发展，哈尔滨银行坚守小额信贷本源业务发展定位，加快以小微企业客户为中心的经营转型。

为支持小微民营企业走向高质量发展，哈尔滨银行通过改革优化内部经营模式和管理流程机制，搭建专业组织架构，提升运营服务效率。完善小微金融专门部门设置，在原小企业金融部和微型金融事业部基础上成立小微金融部，在总行、分行间搭建垂直化的小微企业服务架构，组建专业服务团队，推进小微金融业务发展及战略落地。创新搭建"集中管控"及"铁三角"团队运营模式，同步客户营销、风险管理与综合开发，逐步通过标准化流程，提高客户服务效能。针对额度较小的微型金融业务，采取"信贷工厂"模式，实现快速审批、快速放款，满足小微民营企业客户快速融资需求。

2018年11月14日，哈尔滨银行向社会公开发布"服务小微民企八项承诺"，即发挥总部优势、提高服务效率、丰富产品种类、降低融资成本、升级线上渠道、提供增值服务、匹配专项资源、坚持正向激励，全面调动集团资源，帮助小微民企纾解融资难。

资料来源：井洋，薛婧，李健. 哈尔滨银行助10万小微企业成长［N/OL］. 黑龙江日报，2019-07-02（1）. http：//epaper. hljnews. cn/hljrb/20190702/428580. html.

 请思考：基于材料，谈谈哈尔滨银行是如何做好小微企业贷款服务的？

活动1 了解我国小微企业

一、小微企业的重要性

小微企业是小型企业和微型企业的简称。小微企业是国民经济发展的生力军，是提供新增就业岗位的主要渠道，是企业家创业成长的主要平台，是科技创新的重要力量。支持小微企业健康发展，对于保障和改善民生，保持经济平稳较快发展和社会和谐稳定，具有重要意义。我国中小微企业分布在国民经济各主要行业，贡献了50%以上的税收、60%以上的GDP、70%以上的技术创新、80%以上的城镇劳动就业、90%以上的企业数量，是大众创业、万众创新的重要载体。

2014年3月28日，国家工商行政管理总局发布《全国小微企业发展报告》，首次发布有关小微企业的权威统计数据，截至2013年底，全国共有小微企业1169.87万户，占企业总数76.57%。若将4436.29万户个体工商户视作微型企业纳入统计，则小微企业在工商登记注册的市场主体中所占比重达到94.15%。其中，外资企业中小微企业比重最低，仅占53.94%；国有集体企业中小微企业占61.39%；私营企业中小微企业比重最高，占80.72%。若将个体工商户视作私有微型企业，则小微企业中的97%以上都是私营的。根据国家市场监督管理总局发布的数据，截至2023年底，我国登记在册经营主体达 1.84 亿户，同比增长 8.9%。其中，民营企业超过 5300 万户，占企业总量的 92% 以上；个体工商户 1.24 亿户；农民专业合作社 223 万户。可见，小微企业贷款的客户数量规模庞大，普惠金融服务任重道远。

二、小微企业的划型标准

长期以来，我国对小微企业尤其是微型企业的发展问题重视不够，甚至没有微型企业的划型标准和统计数字。1988 年原国家经委等五部门联合发布《大中小型工业企业划分标准》和 2003 年原国家经贸委等四部门联合发布《中小企业标准暂行规定》，均没有设定微型企业标准。

为贯彻落实《中华人民共和国中小企业促进法》和《国务院关于进一步促进中小企业发展的若干意见》，工业和信息化部、国家统计局、国家发展改革委、财政部研究制定了《中小企业划型标准规定》，并于 2011 年 6 月 18 日发布。根据企业从业人员、营业收入、资产总额等指标的具体标准，结合行业特点，该规定首次将中小企业划分为中型、小型、微型三种，首次明确了微型企业的划分标准。

《中小企业划型标准规定》适用的行业包括：农、林、牧、渔业，工业（包括采矿业，制造业，电力、热力、燃气及水生产和供应业），建筑业，批发业，零售业，交通运输业（不含铁路运输业），仓储业，邮政业，住宿业，餐饮业，信息传输业（包括电信、互联网和相关服务），软件和信息技术服务业，房地产开发经营，物业管理，租赁和商务服务业，其他未列明行业（包括科学研究和技术服务业，水利、环境和公共设施管理业，居民服务、修理和其他服务业，社会工作，文化、体育和娱乐业等）。例如，农林牧渔业的划分标准为：营业收入 20000 万元以下的为中小微型企业，其中，营业收入 500 万元及以上的为中型企业，营业收入 50 万元及以上、不足 500 万元的为小型企业，营业收入 50 万元以下的为微型企业；工业的划分标准为：从业人员 1000 人以下或营业收入 40000 万元以下的为中小微型企业，其中，从业人员 300 人及以上、不足 1000 人，且营业收入 2000 万元及以上、不足 40000 万元的为中型企业，从业人员 20 人及以上、不足 300 人且营业收入 300 万元及以上、不足 2000 万元的为小型企业，从业人员 20 人以下或营业收入 300 万元以下的为微型企业。各行业划型标准详见表 6-1。

《中小企业划型标准规定》

表 6-1 　　　　　　　　　　　　中小企业划型标准

行业名称	指标名称	划分标准	中型	小型	微型
农、林、牧、渔业	营业收入	20000 万元以下	500 万元及以上	50 万元及以上	50 万元以下
工业	从业人员	1000 人以下	300 人及以上	20 人及以上	20 人以下
工业	营业收入	或 40000 万元以下	且 2000 万元及以上	且 300 万元及以上	或 300 万元以下
建筑业	营业收入	80000 万元以下	6000 万元及以上	300 万元及以上	300 万元以下
建筑业	资产总额	或 80000 万元以下	且 5000 万元及以上	且 300 万元及以上	或 300 万元以下
批发业	从业人员	200 人以下	20 人及以上	5 人及以上	5 人以下
批发业	营业收入	或 40000 万元以下	且 5000 万元及以上	且 1000 万元及以上	或 1000 万元以下

续表

行业名称	指标名称	划分标准	中型	小型	微型
零售业	从业人员	300 人以下	50 人及以上	10 人及以上	10 人以下
	营业收入	或 20000 万元以下	且 500 万元及以上	且 100 万元及以上	或 100 万元以下
交通运输业	从业人员	1000 人以下	300 人及以上	20 人及以上	20 人以下
	营业收入	或 30000 万元以下	且 3000 万元及以上	且 200 万元及以上	200 万元以下
仓储业	从业人员	200 人以下	100 人及以上	20 人及以上	20 人以下
	营业收入	或 30000 万元以下	且 1000 万元及以上	且 100 万元及以上	或 100 万元以下
邮政业	从业人员	1000 人以下	300 人及以上	20 人及以上	20 人以下
	营业收入	或 30000 万元以下	且 2000 万元及以上	且 100 万元及以上	或 100 万元以下
住宿业	从业人员	300 人以下	100 人及以上	10 人及以上	10 人以下
	营业收入	或 10000 万元以下	且 2000 万元及以上	且 100 万元及以上	或 100 万元以下
餐饮业	从业人员	300 人以下	100 人及以上	10 人及以上	10 人以下
	营业收入	或 10000 万元以下	且 2000 万元及以上	且 100 万元及以上	或 100 万元以下
信息传输业	从业人员	2000 人以下	100 人及以上	10 人及以上	10 人以下
	营业收入	或 100000 万元以下	且 1000 万元及以上	且 100 万元及以上	或 100 万元以下
软件和信息技术服务业	从业人员	300 人以下	100 人及以上	10 人及以上	10 人以下
	营业收入	或 10000 万元以下	且 1000 万元及以上	且 50 万元及以上	或 50 万元以下
房地产开发经营	营业收入	200000 万元以下	1000 万元及以上	100 万元及以上	100 万元以下
	资产总额	或 10000 万元以下	且 5000 万元及以上	且 2000 万元及以上	或 2000 万元以下
物业管理	从业人员	1000 人以下	300 人及以上	100 人及以上	100 人以下
	营业收入	或 5000 万元以下	且 1000 万元及以上	且 500 万元及以上	或 500 万元以下
租赁和商务服务业	从业人员	300 人以下	100 人及以上	10 人及以上	10 人以下
	资产总额	或 120000 万元以下	且 8000 万元及以上	且 100 万元及以上	或 100 万元以下
其他未列明行业	从业人员	300 人以下	100 人及以上	10 人及以上	10 人以下

资料来源：《关于印发中小企业划型标准规定的通知》。

《中小企业划型标准规定》适用于在中华人民共和国境内依法设立的各类所有制和各种组织形式的企业。个体工商户和该规定以外的行业，参照该规定进行划型。

✉ 【拓展知识 6 – 1】

对我国公司及其设立的基本认识

《中华人民共和国公司法》于 1993 年 12 月 29 日第八届全国人民代表大会常务委员会第五次会议通过，后经历 1999 年、2004 年、2013 年和 2018 年的四次修正，2023 年 12 月 29 日第十四届全国人民代表大会常务委员会第七次会议进行第二次修订，该修订版自 2024 年 7 月 1 日施行。

根据《中华人民共和国公司法》，公司是指依照该法在中国境内设立的有限责任公司和股份有限公司。公司从事经营活动，应当遵守法律法规，遵守社会公德、商业道德，诚实守信，接受政府和社会公众的监督，应当充分考虑公司职工、消费者等利益相关者的利益以及生态环境保护等社会公共利益，承担社会责任。公司的合法权益受法律保护，不受侵犯。公司是企业法人，有独立的法人财产，享有法人财产权。公司的合法权益受法律保护，不受侵犯。依照本法设立的有限责任公司，应当在公司名称中标明"有限责任公司"或者"有限公司"字样；依照该法设立的股份有限公司，应当在公司名称中标明"股份有限公司"或者"股份公司"字样。

公司以其全部财产对公司的债务承担责任。有限责任公司的股东以其认缴的出资额为限对公司承担责任；股份有限公司的股东以其认购的股份为限对公司承担责任。

设立公司应当依法制定公司章程。公司章程对公司、股东、董事、监事、高级管理人员具有约束力。公司的经营范围由公司章程规定。公司可以修改公司章程，变更经营范围。

设立公司，应当依法向公司登记机关申请设立登记。依法设立的公司，由公司登记机关发给公司营业执照。公司营业执照签发日期为公司成立日期。公司营业执照应当载明公司的名称、住所、注册资本、经营范围、法定代表人姓名等事项。公司登记机关可以发给电子营业执照，电子营业执照与纸质营业执照具有同等法律效力。公司营业执照记载的事项发生变更的，应当依法办理变更登记，由公司登记机关换发营业执照。

公司可以设立子公司，子公司具有法人资格，依法独立承担民事责任。公司可以设立分公司，分公司不具有法人资格，其民事责任由公司承担。公司设立分公司，应当向公司登记机关申请登记，领取营业执照。

公司的法定代表人按照公司章程的规定，由代表公司执行公司事务的董事或者经理担任。法定代表人辞任的，公司应当在法定代表人辞任之日起30日内确定新的法定代表人。

有限责任公司由1个以上、50个以下股东出资设立。有限责任公司设立时的股东可以签订设立协议，明确各自在公司设立过程中的权利和义务。一般来说，有限责任公司的注册资本为在公司登记机关登记的全体股东认缴的出资额，该出资额由股东按照公司章程的规定自公司成立之日起5年内缴足。股东可以用货币出资，也可以用实物、知识产权、土地使用权、股权、债权等可以用货币估价并可以依法转让的非货币财产作价出资。股东以货币出资的，应当将货币出资足额存入有限责任公司在银行开设的账户；以非货币财产出资的，应当依法办理其财产权的转移手续。

股份有限公司采取发起设立或者募集设立。发起设立，是指由发起人认购设立公司时应发行的全部股份而设立公司。募集设立，是指由发起人认购设立公司时应发行股份的一部分，其余股份向特定对象募集或者向社会公开募集而设立公司。股份有限公司应当有1人以上、200人以下为发起人，其中须有半数以上的发起人在中国境内有住所。股份有限公司的注册资本为在公司登记机关登记的已发行股份的股本总额。在发起人认购的股份缴足前，不得向他人募集股份。以募集设立方式设立股份有限公司的，发起人认购的股份一般不得少于公司章程规定的公司设立时应发行股份总数的35%。发起人应当在公司成立前按照其认购的股份全额缴纳股款。

三、小微企业的主要特点

（一）投资主体和所有制结构多元，私营小微企业是主体

小微企业涵盖城乡各类企业所有制形式，国有集体、外资、私营企业中，小微企业比例各不相同，外资企业中小微企业的比重最低，私营企业中小微企业的比重最高，构成了我国小微企业的主体。

（二）劳动密集型企业为主，两极分化明显

小微企业一方面敢于创新，各类新兴行业和新型业态不断涌现，另一方面又大多集中于以资源开发型、产品初加工型、服务低层次型为主的传统行业，呈现出"锄头与卫星齐飞，高端与低端并存"的现象。工业、批发业和零售业、租赁和商务服务业的小微企业占总数的2/3，科技型小微企业（仅指信息传输业、软件和信息技术服务业）的占比约5%。

小微企业多数为劳动密集型企业，技术装备落后。许多小微企业满足于引进设备仿制产品所带来的短期效益，缺乏自主创新的意识，产品技术含量不高，附加值低，竞争充分，直接制约了其投入产出效益水平的提高。

（三）区域分布不平衡，具有明显的地域集群特色

由于各地经济社会发展水平、产业布局和产业政策导向等存在区域差异，不同地区小微企业的发展水平和产业特点也呈现很大的差别。首先，小微企业区域分布不均衡，集中了2/3的小微工业企业在东部地区。其次，小微企业产业集群的地区分布不均匀，小微企业产业集群程度与区域经济发展水平呈正相关性，经济欠发达地区小微企业则比较分散。最后，区域间分布不平衡呈缩小趋势，西部地区企业实有户数发展速度相对较快，小微企业发展贡献了增量部分的3/4以上，中西部一些地区也出现了产业集群化趋势。

（四）易受外部环境变化影响，具有较强的生命力和进取精神

小微企业因其自身规模小，抗风险能力弱，对外部经济、政策环境的敏感程度普遍较高。此外，小微企业在发展过程中仍旧面临大企业的挤出效应，尤其是在宏观经济环境不景气的背景下，各种社会资源向大中型企业倾斜倾向更加明显。

虽然小微企业发展面临种种困难，但小微企业主普遍对未来的发展前景抱以积极乐观的态度。调查中发现，有超过1/3的小微企业主曾经有过多次创业经历，最终经过不懈努力，找寻到最适合的发展平台。小微企业一旦找到合适机会，会展现顽强生命力和进取精神。

（五）小微企业素质有待提高，经营风险较大

部分小微企业经营规模小、技术水平低、经营管理落后、发展方式粗放、缺乏拥有自主知识产权的产品和技术，在人员素质、创新能力和品牌建设等方面存在不足，抗风险能力不强。因而，小微企业的市场经营风险极易通过财务风险转化为融资风险。

管理体制不健全。大多数小微企业采取家长式的单一管理方式，重大的投资决策由

企业主一人决定，决策往往不具有科学性，而且在企业内部缺乏一套完备的管理体制和内部监督与审计制度。

小微企业的财务管理不规范。小微企业提交给税务部门的财务报表缺乏规范性和透明度，没有标准化的财务信息，部分企业存在"假凭证、假账簿、假报表"的现象，会计信息严重失真。为了避税，个别小微企业没有利润或者有很少利润，使金融机构低估其盈利水平。

缺乏合格的抵押品或担保方。小微企业的固定资产比例低，缺乏银行较偏爱的土地、房产等可供抵押的资产。

四、"五证合一、一照一码"

国务院办公厅《关于加快推进"五证合一、一照一码"登记制度改革的通知》要求在全面实施工商营业执照、组织机构代码证、税务登记证"三证合一"登记制度改革的基础上，再整合社会保险登记证和统计登记证，实现"五证合一、一照一码"，是继续深化商事制度改革、优化营商环境，推动大众创业、万众创新的重要举措。

积极推进"五证合一"申请、受理、审查、核准、发照、公示等全程电子化登记管理，加快实现"五证合一"网上办理。对于已按照"三证合一"登记模式领取加载统一社会信用代码营业执照的企业，不需要重新申请办理"五证合一"登记，由登记机关将相关登记信息发送至社会保险经办机构、统计机构等单位。企业原证照有效期满、申请变更登记或者申请换发营业执照的，登记机关换发加载统一社会信用代码的营业执照。

取消社会保险登记证和统计登记证的定期验证和换证制度，改为企业按规定自行向工商部门报送年度报告并向社会公示，年度报告要通过全国企业信用信息公示系统向社会保险经办机构、统计机构等单位开放共享。没有发放和已经取消统计登记证的地方通过与统计机构信息共享的方式做好衔接。

活动 2　　了解小微企业贷款

一、小微企业贷款界定

小微企业贷款可分为狭义小微企业贷款和广义小微企业贷款。

狭义小微企业贷款是指发放给小型企业和微型企业的贷款，即"央行口径"的小微企业贷款。中国人民银行在 2011 年及以前统计的是小企业（含票据贴现）贷款。自 2012 年第一季度到 2018 年第三季度末，金融机构贷款投向报告统计的是狭义小微企业贷款余额。从 2018 年第四季度金融机构贷款投向仅报告普惠口径的小微贷款。普惠小微贷款是指单户授信总额 2000 万元及以下的小微企业贷款、个体工商户和小微企业主经营性贷款。自 2019 年起，中国人民银行将普惠小微贷款考核标准由"单户授信小于 500 万元"调整为"单户授信小于 1000 万元"，引导金融机构更好地满足小微企业的贷款需求，使更多小微主体受益。2024 年 1 月起，中国人民银行将普惠小微贷款的认定标准由现行单户授信不超过 1000 万元放宽到不超过 2000 万元。

广义小微企业贷款，即"银监口径"的小微企业贷款。自 2012 年起，中国银监会发布年报披露小微企业贷款，明确广义小微企业贷款余额 = 小型企业贷款余额 + 微型企业贷款余额 + 个体工商户贷款余额 + 小微企业主贷款余额。

二、小微企业贷款现状与问题

我国金融机构狭义小微企业人民币贷款余额由 2012 年第一季度末的 10.38 万亿元持续增加到 2018 年末的 26.01 万亿元，占人民币各项贷款的比重由 18.13% 上升到 19.08%，其中 2017 年末占比最高时达到 20.23%。银行业金融机构广义小微企业贷款余额由 2011 年末的 12.34 万亿元持续增加到 2018 年末的 33.49 万亿元，在各项贷款中的占比由 21.21% 提高到 23.63%，其中 2017 年的占比最高达到 24.47%。普惠口径的小微贷款余额由 2018 年的 8 万亿元增加到 2024 年第二季度末的 32.38 万亿元，约占金融机构人民币各项贷款余额的 12.91%。可见，我国政府高度重视加强小微企业金融服务，小微企业贷款余额增加，在各项贷款中的占比也有提高，但明显低于小微企业在税收、国内生产总值、就业等方面的贡献度。

小微企业贷款是一个世界性难题，小微企业贷款难，既有其经济实力差、生命周期短、融资渠道狭窄、企业治理和财务管理不规范等自身原因，也有部分商业银行经营理念滞后，存在重大轻小倾向、信贷技术创新不够等诸多原因。目前，我国小微企业融资渠道少、贷款覆盖率低、贷款难、贷款贵、贷款繁等问题依然突出，也很难通过资本市场进行直接融资。

三、小微企业贷款服务政策

（一）小企业贷款六项机制

2005 年 7 月，中国银监会制定《银行开展小企业贷款业务指导意见》，要求按照市场原则和商业化运作模式，着力引导和督促银行业金融机构建立和完善小企业贷款"六项机制"。

小微企业
贷款难在何处

1. 利率的风险定价机制。小企业贷款有一定风险，为实现小企业贷款业务商业性的可持续发展，银行必须实行风险定价，根据风险程度确定相应利率，以足够利差来弥补小企业贷款的风险。

2. 独立核算机制。由于小企业贷款业务的特殊性，对小企业贷款业务进行独立的成本和利润核算，独立考察小企业贷款业务的经营管理业绩。

3. 高效的贷款审批机制。对有条件的基层行进行合理授权，简化小企业贷款业务的审批程序，减少贷款审批层级，实施"双人""四只眼睛"原则，以适应小企业贷款业务"短、小、频、急"的特点。

4. 激励约束机制。研究制定风险防范与正向激励并重的业绩考核评价办法，使小企业信贷人员的收入水平、职级晋升等个人利益能与其业绩紧密联系，从而充分调动工作积极性。

5. 专业化的人员培训机制。在减少贷款审批层级的同时，必须在各业务环节配备专业的、有经验的业务人员。注重对从事此项业务员工的专业化培训，以提高信贷人员的专业素质。

6. 违约信息通报机制。注意收集和掌握各自业务区域内的恶意违约客户相关信息，并在本地区银行业金融机构内部定期通报，以防范风险，改善信用环境。

（二）两个不低于、四单原则、三个不低于、两增两控

2008 年，中国银监会要求银行对小企业信贷增长实现"两个不低于"，即小企业贷款增速不低于全部贷款的平均增速、增量不低于上年同期水平。同时，推进大中型银行加强小企业专营机构建设，提出了单列信贷规模、单独配置资源、单独信贷评审、单独进行独立会计核算的"四单"原则。

2015 年 3 月，中国银监会发布《2015 年小微企业金融服务工作的指导意见》，要求银行提高服务质效、扩大服务覆盖面，惠及更多小微企业，将以往单纯侧重贷款增速和增量的"两个不低于"调整为"三个不低于"，从增速、户数、申贷获得率三个维度考察小微企业贷款增长情况，即小微企业贷款增速不低于各项贷款平均增速，小微企业贷款户数不低于上年同期户数，小微企业申贷获得率不低于上年同期水平。

为进一步引导银行业聚焦薄弱环节、下沉服务重心，中国银监会办公厅印发《关于2018 年推动银行业小微企业金融服务高质量发展的通知》，要求在继续监测"三个不低于"、确保小微企业信贷总量稳步扩大的基础上，重点针对单户授信 1000 万元以下（含）的小微企业贷款，提出"两增两控"的新目标，"两增"即单户授信总额 1000 万元以下（含）小微企业贷款同比增速不低于各项贷款同比增速，贷款户数不低于上年同期水平，"两控"即合理控制小微企业贷款资产质量水平和贷款综合成本。突出对小微企业贷款量质并重、可持续增长的监管导向。

（三）高质量发展小微企业金融服务

加强小微企业金融服务，是金融支持实体经济和稳定就业、鼓励创业的重要内容。我国高度重视小微企业金融服务，原中国银保监会出台《关于 2021 年进一步推动小微企业金融服务高质量发展的通知》《关于 2022 年进一步强化金融支持小微企业发展工作的通知》《关于 2023 年加力提升小微企业金融服务质量的通知》，要求普惠型小微企业贷款要继续实现增速、户数的"两增"目标，保持增量扩面态势，继续加大小微企业首贷、续贷、信用贷款投放力度；支持住宿、餐饮、零售、教育、文化、旅游、体育、交通运输、外贸等领域小微企业的合理金融需求，扩大内需和稳定就业；支持制造业、科技型、"专精特新"小微企业发展，助力产业升级；重点增加对先进制造业、战略性新兴产业和产业链供应链自主可控的中长期信贷支持；围绕产业链供应链核心企业，制订覆盖上下游小微企业的综合金融服务方案，优化对核心企业上下游小微企业的融资和结算服务，有序发展信用融资和应收账款、预付款、存货、仓单等动产质押融资业务。2023 年 10 月，国务院印发《关于推进普惠金融高质量发展的实施意见》指出，推动重点领域信贷服务提质增效，着力加强对小微经营主体可持续发展、乡村振兴战略的金融支持，加大首贷、续贷、信用贷、中长期贷款投放。

银行创新小微企业金融服务　　　　　　　上海小微企业融资服务合作社

四、小微企业贷款特征

贷款需求呈现"短、小、频、急"四个特点。一是贷款期限短，小微企业融资一般为流动资金贷款，满足短期资金周转需要，期限一般为 3～12 个月；二是贷款金额小，小微企业的规模决定了其贷款金额需求不高，平均贷款额度一般在 100 万元及以下；三是贷款频率高，小微企业的经营方式导致其容易产生临时性的贷款需求，平均一年会有 2～3 次贷款；四是贷款时效性强，资金需求急，小微企业经常为了抓住稍纵即逝的商机而急需用款，一般要求在 1～3 天内就能获得资金，最长时间不要超过一周。

抵（质）押担保不足。小微企业普遍存在缺乏抵（质）押物的问题，无力为其融资需求提供有效担保。小微企业的资产主要是少量的房产、汽车，以及生产用的设备等固定资产。小微企业也很难找到合适的担保人，如果是找专业的担保公司，担保费率一般较高。

利率浮动空间大。因为小微企业成长性良好，边际收益较高，所以有能力支付较高的贷款利息。再加上小微企业融资渠道比较少，对银行贷款依赖性比较强。这就导致商业银行小微企业贷款业务的利息率浮动空间较大。

贷款还款具有相对较大的不确定性。大部分小微企业在经营过程中由于缺乏话语权，往往被迫采用先生产后付款的方式，容易造成大量的应收账款，而这部分应收账款容易被拖欠，且收款期不容易预测。

✉ **【拓展知识 6 - 2】**

浙江泰隆商业银行小微金融服务模式

浙江泰隆商业银行是一家专注小微、践行普惠的城商行，依托根植地方的地缘、人缘、亲缘关系，不断深化灵活高效的经营机制，始终专注普惠、服务小微，走出了一条差异化、可持续的发展道路。

一是推动机构和服务"双下沉"。在机构和人员配置方面，积极向基层一线延伸。在产品和服务方面，坚持"三品三表"和"两有一无"。将小微客群细分为小微企业类客户与普惠类客户：对于小微企业类客户，主要考察企业主人品信不信得过，产品卖不卖得出，物品靠不靠得住，核实水表、电表、海关报表；对于普惠类客户，只要"有劳动意愿、有劳动能力、没有不良嗜好"，都有获贷机会。

二是推行社区化网格化服务。以物理网点为中心，在一定服务半径的范围内，通过网格化运作，划分若干个子社区，按照标准流程"五步法"推进开发。"五步法"即"一选、二找、三进、四沉、五评"。"一选"是指做好市场调研，根据市场容量合理划定子社区，加强社区档案管理。"二找"是指建立关键平台和渠道、社区关键人队伍，进行名单制动态管理。"三进"是指通过社区活动系统化切入，借助平台和渠道开展批量化作业。"四沉"是指开展客户建档和客群细分，开展交叉销售，提供综合服务。"五评"是指通过社区巡查强化过程评估，通过社区评级强化结果评估，不断提高社区产效。

三是降低小微客户融资成本。设立60多个利率档次，做到一户一价、一笔一价、一期一价，并按照人民银行和监管部门要求，推动小微企业贷款利率逐年降低。严格执行"七不准""四公开"的要求，除了落实政府定价、政府指导价的25项手续费减免规定外，还主动减免除利息之外的多项费用，做到简单透明。

四是加强小微产品研发创新。根据小微企业贷款"短、小、频、急"的特点，创新"融e贷"产品，可长期授信、定期年审、分段计息、随用随借、循环使用。积极推广PAD金融移动服务平台和信贷中台集中作业，客户经理人手一台PAD。通过现场采集、批量操作、远程审批，做到客户立等可贷，办理一笔新增贷款只要30分钟，续贷操作仅需3分钟。同时，积极引入工商、司法、反欺诈、海关、黑名单、实名认证、税务等外部数据，将"三品三表"和"两有一无"模型化，并建立250条贷前预评估规则，小微金融的服务能力和服务效率明显提高。

五是实行"三道防线"强化风险治理。推行全面、垂直、独立的风险管理模式，构筑"三道防线"。第一道防线是业务条线、管理条线、支持条线，三个条线相互制衡；第二道防线是风险部与合规部，负责监测、协调、评估、指导本行的风险管理活动，实行平行牵制；第三道防线是审计部，负责对本行风险管理体系的有效性、充分性进行评估、监督。通过三道防线，初步形成了审慎经营、过程管理、全员参与的良性风控机制。

资料来源：中国人民银行，中国银行保险监督管理委员会. 中国小微企业金融服务报告（2018）[M]. 北京：中国金融出版社，2019：21－23.

 请思考：基于材料，谈谈浙江泰隆商业银行小微金融服务的主要经验启示。

模块二　小微企业贷款产品与服务创新

 【案例导入】

杭州银行：创新产品"精准滴灌"　为小微企业纾困解渴

作为国民经济和社会发展的重要组成部分，小微企业、个体工商户是经济的"毛细血管"，小微金融则是流淌其中的血液。杭州银行认真贯彻国家金融监管总局"普惠金融推进月"行动工作部署，围绕"普聚金融服务，惠及千企万户"主题，将普惠金融与杭州银行特色结合，强化数智赋能，持续完善"敢贷、愿贷、能贷、会贷"的长效机制，推动小微企业贷款增量、扩面、提质，助力小微企业高质量发展。

定制产品，优化小微企业融资渠道

"优企贷"是杭州银行响应国家号召，支持科技型中小企业发展的重要产品，办理手续简便，利率优惠，从而能够有效降低企业的融资成本。杭州银行通过"优企贷"产品，有效助力相关科技型小微企业，充分发挥金融服务实体经济的积极作用。

XY 有限公司是杭州银行结算客户，公司在行业内具有先进的技术实力，行业发展趋势也较为良好，目前正全力建设新型城市工程项目，因此有一定的流动资金需求。了解到客户融资需求后，杭州银行钱塘支行通过普惠优势产品为企业提供贷款融资，同时运用针对"专精特新"企业定制的"优企贷"产品，为企业设计符合其经营特点的综合融资方案，并为该企业授信 300 万元，拓宽了企业融资渠道，解决了企业的融资难题。

圈链服务，支持区域共富发展

杭州银行扎实推进"一行一圈链""一团队一行业"的模式。阀门产业是丽水市莲都区的主导产业之一，杭州银行丽水分行将莲都区阀门行业客群作为重点推动目标，锁定该行业组织"耕园"行动，形成综合化金融服务体系。保持每周至少 1 次的高频拜访。明确"优企贷＋e 融通""优企贷＋专利质押"的创新产品组合策略，同时结合客户在票据融通、多账户资金管理、工资代发等方面的服务需求，差异化定制综合服务方案。阀门行业已形成"重点圈链（园区）样板间"模式。

浙江某有限公司从事研发、生产和销售各种大型阀门、泵等产品，于 2017 年获评国家高新技术企业，是杭州银行丽水分行"优企贷"客户。该企业现金流充足，但有一定的敞口开票需求，自"e 融通"新产品上线后，丽水分行第一时间给予了企业 300 万元额度，实现了企业客户授信下贷款和承兑额度互通、共用，进一步降低了企业客户综合融资成本，该产品全流程线上实现了在线提款、随借随还、一键出票、便捷用信等。

资料来源：节选自中国银行业协会网站. 杭州银行：创新产品"精准滴灌" 为小微企业纾困解渴［EB/OL］.［2024－05－17］. https：//www. china－cba. net/Index/show/catid/344/id/43575. html.

☞ **请思考**：基于材料，谈谈对贷款产品创新和贷款服务的启示。

活动1　了解小微企业贷款产品

一、商链通

商链通是银行依托核心企业，针对其上游供应商、下游经销商中的小微客户群体，设计个性化或标准化的小微供应链金融服务产品，提供综合金融解决方案，利用信息流、资金流、物流等交易数据构建授信体系、防范授信业务风险的一种服务模式。

商链通的特色：

1. 担保种类丰富。区别于传统授信产品，供应链金融产品不仅包括货押授信、信用授信等传统产品，还包括易押贷、微贷和基于互联网技术的网乐贷等新型信用贷款产品，支持客户线上、线下申请，满足客户多样化需求。

2. 办理高效快捷。通过核心企业与银行实现系统对接，上游供应商、下游经销商中的小微客户在核心企业原有系统中即可实现线上贷款申请、用款、还款全流程，高效快捷。

3. 综合效益高。商链通可以助力核心企业扩大销售规模、提高市场占比、拓展销售渠道、吸引新经销商，从而帮助核心企业和谐供应关系，体现承担社会责任的正面效应。

以商链通的经营性微贷产品为例。

商链通产品优势：（1）无须抵押、无须担保；（2）贷款额度最高人民币50万元；（3）授信期限最长3年。

商链通贷款条件：（1）具备完全民事行为能力的中国人陆公民，年满18周岁，授信期限届满时不超过60周岁；（2）有经营体且成立并持续稳定经营2年以上，拥有3年以上行业经验；（3）征信记录良好，符合银行准入要求；（4）借款人及名下企业无不良社会记录，无司法、工商行政执法等违法违规记录；（5）具备相应的资产实力及还款能力；（6）在贷款银行开立结算账户，愿意将贷款银行作为主要结算行；（7）银行要求的其他条件。

办理商链通所需的资料如下：（1）借款人和配偶的身份证、户口簿、婚姻状况证明；（2）营业执照，或可佐证承包经营或实际控制人的其他资料；（3）近6个月公司或个人账户银行流水；（4）本地房产证、购房合同、租房协议，三种之一即可；（5）资信证明材料；（6）银行要求的其他资料。

二、丰收创业卡

丰收创业卡是银行面向信用良好、生产经营稳健的个体工商户和小微企业主等个人客户发放的银联标准丰收卡系列产品之一，除具有丰收借记卡的结算功能外，还具有个人循环贷款功能，为准备创业或处于事业成长期的客户提供融资、结算于一体的金融服务。

丰收创业卡的特色：（1）超长授信，最长授信期限可达2年；（2）循环使用，在最高贷款限额100万元内，实行"一次授信，随借随还，循环使用"；（3）担保灵活，可采用保证、抵押、质押、联保等担保种类中的一种或者多种组合担保方式；（4）用款便捷，可在银行任一网点办理放款，还支持在ATM、POS机等自助设备刷卡透支，最高透支金额可达10万元。

丰收创业卡的申请条件：（1）常住地在银行机构辖区服务范围内的个体工商户和小微企业主等个人客户；（2）能提供相关的营业执照、纳税证明等合法经营证明；（3）生产经营状况良好，第一还款来源充足，有按期偿还贷款本息的能力；（4）有合理、真实的贷款用途；（5）经营稳定，近年来无不良信用和不良行为记录；（6）能提供贷款人认可的担保人（物），并办理合法有效的担保手续。

丰收创业卡的申办流程：（1）符合申办条件的客户根据自身需求，向银行提出借款申请并提供基本资料；（2）银行对借款人的借款用途、资金实力、信用状况、还款能力以及提供担保情况进行调查核实；（3）银行根据申请人的情况进行全面风险评价，确定贷款额度，丰收创业卡最高授信额度为100万元，其中自助放款额度为10万元，并根据借款人的贷款用途、生产周期等确定贷款期限，最长不超过2年；（4）申请人办理丰收创业卡，并与银行签订合同文本及借款凭证，办理贷款手续。

三、小企业联合担保贷款

小企业联合担保贷款以无法提供抵押物和他人担保的小企业法人、个体经营户为客户对象。多个借款人，通过参加互助的联合担保体［由3个以上5个以下（含）的小企业自愿组成］并向银行缴存一定额度保证金的形式，共同为贷款提供担保。银行凭此向借款人发放一定额度的贷款。

小企业联合担保贷款的特点：（1）贷款门槛低，没有抵押和保证人也可轻松贷款；（2）互助互利，联合担保体成员互助互利，共担风险。

小企业联合担保贷款的办理条件：（1）由个体经营户组成联合担保体的应具备以下条件：经营稳定、信誉良好，无不良信用及债务记录，具有相应的代偿能力；（2）由法人组成联合担保体的应具备以下条件：经营与资信状况良好，具有相应的代偿能力，拥有的净资产剔除或有负债后应超过担保的贷款金额；（3）银行规定的其他条件。

同类贷款"手拉手组团贷"，是指由4家以上经营良好的小企业自愿组团，在联合担保的基础上，企业缴纳一定比例的资金，组建"共同担保基金"，为组团企业贷款提供担保的贷款产品。组团内企业单户授信最高不超过1000万元人民币，组团最高授信额度1亿元人民币，贷款期限最长不超过1年。

小企业联合担保贷款的优势和特点：（1）客户自愿组团相互联保，无须额外抵（质）押，节省时间和费用；（2）组团客户设立担保资金池，为成员提供担保，同时风险共担；（3）组团贷款成员之间需自由、自愿组建。

四、支小贷

支小贷是使用中国人民银行的支小再贷款资金，向符合条件的小微客户发放的用于正常生产经营的贷款。客户对象是经合法登记的小微企业、个体工商户（主）、小微企业主。

支小贷特色：（1）额度最高3000万元；（2）信用保证灵活选择；（3）手续便捷放款快。

办理支小贷所需的条件：（1）经合法登记的小微企业、个体工商户；（2）信用状况良好；（3）有正常还款来源，有按期偿还贷款本息的能力；（4）贷款用途明确、合法。

办理支小贷所需材料：（1）有效身份证件/企业证照；（2）与生产经营或收入情况相关的佐证材料；（3）贷款用途证明材料等。

业务申请后一般3个工作日内作出明确答复。

五、企惠通

企惠通是银行针对企业客户推出的额度最高1000万元、期限最长5年的小微企业循环贷款业务和中长期流动资金贷款业务。包括仅限放款中心审核、柜面放款的企惠通一般循环贷款和可通过网银、柜面自助放款的企惠通自助循环贷款。

企惠通授信条件：（1）注册登记且正常生产经营至少满6个月的小微企业；（2）有固定经营场所；（3）授信行不超过4家（含本行）；（4）资信状况良好等。

企惠通特点：（1）额度高：最高1000万元；（2）期限长：最长5年；（3）循环贷：随借随还、方便快捷；（4）成本低：一次授信、循环使用，按日计息，节约成本；（5）申请易：可线上、线下多渠道申请。

企惠通申请资料：（1）营业执照、法定代表人身份证明文件、公司章程；（2）经营证明材料；（3）担保材料等。

企惠通办理时限：首笔3个工作日。

活动2　创新小微企业贷款服务

小微企业情况千差万别，不同行业、不同成长阶段的企业融资需求和融资方式不同，对银行业金融机构产品和服务创新提出了较高要求。金融管理部门积极引导银行业金融机构以市场需求为导向，大力开发个性化、差异化、定制化金融产品和服务。

一、推出信用贷款产品

针对小微企业可抵押资产不足问题，各银行业金融机构积极创新信贷模式，更多依托企业良好的信用记录、市场竞争能力、财务状况等，发放无担保、无抵押的信用贷款，降低对抵押担保的依赖。如中国农业银行推出全线上、纯信用的小微企业法人信贷产品"微捷贷"；北京银行为中关村科技园区具备条件的中小企业推出纯信用贷款产品"融信宝"；台州银行创新推出信用贷、快易贷等产品，贷款金额最高300万元；深圳前海微众银行推出全线上、纯信用流动资金贷款产品"微业贷"。

二、开发无还本续贷产品

针对小微企业续贷难、"过桥"资金成本高等问题，各银行业金融机构在风险可控的前提下，简化续贷办理流程，支持正常经营的小微企业融资周转"无缝对接"，开发"无还本续贷"产品。2024年，国家金融监管总局发布《关于做好续贷工作　提高小微企业金融服务水平的通知》，要求持续开发续贷产品，完善续贷产品功能，加大续贷支持力度，明确可以办理续期的贷款产品包括小微企业流动资金贷款和小微企业主、个体工商户及农户经营性贷款等。近年来，商业银行等金融机构进一步优化"无还本续贷"政策，切实解决小微授信到期时需"先还后贷"造成的资金周转压力，让小微企业融资不断档、感受到普惠服务的温度。如中国民生银行的"无还本续贷"服务不仅"零收费、不提高利率、不影响征信"，还可全程线上办理。

三、拓宽抵（质）押物范围

针对轻资产型、初创型和科技型企业抵押担保难等问题，一些银行业金融机构积极创新专利权、商标权等知识产权融资产品，进一步拓宽抵（质）押物范围，有效缓解企业融资难题。如北京银行推出知识产权质押的"智权贷"，软件著作权质押的"软件贷"等；宁夏银行创新开展林权抵押、应收账款质押、存货监管质押等融资担保模式。

四、开展小微企业银行转贷款业务

开发性金融机构、政策性银行以提供批发资金转贷形式与地方性中小银行合作，专门用于投放小微企业，将其政策、资金优势与商业银行资源、人力优势相结合，实现优势互补，进一步拓宽小微企业融资渠道，降低小微企业贷款成本。如国家开发银行加强与其他金融机构分工协作，以低成本资金引导合作银行加大

《银行开展小企业
授信工作指导意见》

对小微企业融资支持力度，将转贷款精准投向亟须资金支持的领域，助力纾解小微企业融资难、融资贵问题；2023 年发放转贷款 3779 亿元，支持小微企业超过 37 万户（次）。

✉ 【拓展知识 6 - 3】

深耕"普惠田"：浙江泰隆银行探路民营小微综合金融服务

民营小微企业融资具有"两高两低"特点，即服务成本高、劳动强度高；户均贷款低、人均产效低。这就决定了银行做小微业务需要"经得起诱惑、耐得住寂寞"，小微金融服务也成为行业内的普遍性难题。浙江泰隆商业银行（以下简称泰隆银行）成立以来，始终专注小微、践行普惠，探索落地以"社区化"为核心的商业模式，运用广义的"三品三表""两有一无"等小微信贷技术，为小微客户提供从"融资"到"融智"的综合服务，在持续深耕"普惠田"中形成具有泰隆特色的普惠金融服务模式。

坚守小微定位，"社区化"模式闯出普惠金融新路

泰隆银行始终把小微定位作为安身立命的根本。该行将小微客群细分为"小"与"微"，"小"指小微企业类客户，包括个体工商户；"微"指普惠类客户，包括农民和市民。通过客群细分，将目标客户锁定在"信贷需求强烈但得不到很好满足"的小微和普惠群体上。

小微企业涉及百行百业，普遍缺乏规范的财务报表，信息的规范性、真实性、标准化程度不高，天然具有"额小、户多、面广、差异性大"的经营特征。为此，泰隆银行在小微服务实践中将"社区化"作为其商业模式的底层逻辑，以物理网点为中心，在一定服务半径内对辖内区域进行网格化管理和服务。

泰隆全行 1.2 万名员工，约 50% 为客户经理，按照社区化模式直接布局在一线，每位客户经理均有自己的"责任田"。他们"沾泥带土"，传承"戴草帽、穿雨鞋"的信贷文化，走到小微客户身边"做朋友"，动态把握客户经营情况及家庭状况、社会关系等"软信息"，以此作出信贷判断。社区化模式既解决了基层作业"天女散花""猴子掰玉米"等问题，有效控制了业务成本，又降低了信用风险。

在对小微客户进行授信决策时，广义的"三品三表""两有一无"是泰隆模式的关键。大力推动模式模型化，加大金融科技建设应用，将"三品三表""两有一无"等关键指标量化，有效融合传统经验与现代技术。实践证明，以上标准能够有效筛选掉高风

险客户，实现商业模式的可持续发展。

泰隆银行在小微服务中构建了"宽严相济"的风控文化，既坚持"眼见为实""四眼原则"等信贷调查要求，实时掌握客户经营情况，赋予一线充分信贷决策权；又设置科学适度的不良容忍，实行"尽职免责"，切实解决信贷人员后顾之忧。2021—2023 年，泰隆银行 90% 的信贷业务在支行审批完成、99% 在分行层级完成审批，尽职免责和不良容忍业务占全部不良业务的 80% 以上，充分让一线"愿贷、能贷、敢贷"。

跳出银行做银行，拓展边界"融资"又"融智"

步入泰隆银行杭州分行营业厅，核心区域摆放的多个人形衣架展示着精美的定制礼服，让人怀疑是不是"进错了门"。"这是我们银行客户的产品，摆在这里帮助客户展示。"该网点负责人告诉记者，"手机银行可办理业务如今越来越多，我们就把实体网点最好的空间留给客户，可以社交、展示，银行柜台在边角保留几个就够了。"这是泰隆银行"跳出银行做银行"、推进网点变革的生动写照。

网点是银行的服务场景和品牌窗口，但随着金融科技发展和客户习惯变化，网点从门庭若市变成门可罗雀。泰隆银行从 2021 年开始启动网点变革，立足社区需求，打通金融和非金融场景，升级网点服务。全行 400 多家网点解放思想，越来越多客户经理成为"资源整合者、市场开拓者、创新推动者"。如杭州钱塘支行定位青年客群打造"鱼跃钱塘青年之家"，提供创新创业、志愿公益、学习培训、婚恋交友等丰富服务，深受社区居民好评。

过去小微企业的主要痛点是融资，"贷款就等于服务"。现在小微企业的需求更加"立体"，从单一的金融服务转向综合化服务，不仅需要融资支持，也需要非金融服务赋能"融智"，这对银行机构提升小微服务的广度和深度提出了更高要求。以泰隆银行为例，近年来该行金融服务不断升级进阶，通过组合运用各类金融产品手段为客户持续赋能。长期以来，泰隆银行扎根农村、下沉服务，纵深推进"沃土计划"，下沉乡镇网点搭建"共富专员"队伍，利用新媒体平台直播助农，打造农村数字化"智治"新模式，着力打通乡村金融服务"最后一公里"，持续为乡村提供融资赋能、融智赋能、品牌赋能和科技赋能。

做好自己，坚定以"金融活水"支持小微实体

当前，市场环境和客户结构发生明显变化，传统小微企业或淘汰出局，或转型升级，小微新业态、新模式、新行业层出不穷。泰隆银行选择"眼睛向内、做好自己"，积极应对外部挑战。泰隆银行积极推进低息资金"应投尽投"，截至 2023 年上半年，低息资金贷款日均余额 541.67 亿元，占全量贷款 22.58%，较年初上升 2.44%，覆盖近 4 万名客户。同时，各类手续费"应免尽免"，坚持"裸费裸利"不动摇，2023 年第二季度累计减免各项费用 4.06 亿元，较 2022 年同比增长 198%。从 2023 年新年伊始，泰隆银行就开展"春雨行动"，通过新春大走访为民营小微企业送上"金融活水"，新增服务小微客户 1 万多户，累计发放贷款近 400 亿元。

资料来源：选编自吕昂. 深耕"普惠田"浙江泰隆银行探路民营小微综合金融服务［EB/OL］.［2023－10－20］. https：//thinktank. cnfin. com/zjgc－lb/detail/20231020/3951809＿1. html.

模块三　小微企业贷款流程操作

【案例导入】

增量扩面，在沪银行优化小微企业金融服务

加大信贷供给，加强产品创新

为持续增加小微民企信贷供给，在沪银行致力于提升首贷、信用贷、中长期贷款占比。上海某农家乐专业合作社主营禽类养殖、花卉苗木和农产品的种植和销售，随着经营规模的扩大，日常经营资金需求不断增加，但因缺少抵质押物，合作社负责人对从银行借入信用贷款毫无信心。平安银行上海分行在对接到该合作社的融资需求后，第一时间介绍了该行的"新微贷——小微经营贷款"，指导合作社负责人在线提交贷款申请，客户经理现场完成贷款尽职调查，上传带有定位的合作社经营场景照片，经过线上和线下审批后，顺利获得300万元信用贷款，并对这次首贷体验非常满意。

为加强首贷支持，农业银行上海市分行建立了首贷户企业信息库，综合运用企业经营信息、交易流水、征信信息、公共信用信息等多维度数据助力首贷户拓展。2023年，该行向下辖经营单位先后下发首贷户潜在客户以及"账户e贷2.0""资产e贷""首户e贷"白名单等各类场景总计8批次营销清单，涉及目标客户超7万户，全年普惠首贷户投放占普惠贷款累计投放户数的15.7%，同比提升2.7个百分点。

同时，在沪银行积极运用续贷方式，丰富中长期贷款产品供给，例如，上海农商银行积极开展以无还本续贷、"T+0"续贷、循环贷等方式为主的无缝续贷工作，2023年累计向中小微企业投放无缝续贷超600亿元。

建设银行上海市分行针对科技型小微企业，推出"善新贷""善科贷"等专项产品，提供在线测额、快速申贷和线上放款，两款产品的合计年增量和新增贷款户数均占该行普惠小微贷款增量和户数增量的近1/3。招商银行上海分行加大供应链融资供给，2023年围绕86家核心企业，为其1604户上下游客户提供线上融资；推出"商超贷"产品，通过自动授信、自动审批、线上签约、自助放款、数据化贷后管理等线上服务，充分提升供应链客户小额、高频、零散业务的服务效率，将单笔融资时效缩短至半小时内。

扩大服务范围，完善内部流程

人民银行上海总部引导辖内银行积极与政府性融资担保机构等部门合作，力求扩大服务半径、提高服务质效。为扩大银担合作范围，交通银行上海市分行针对传统银政担保业务线下流程较慢的痛点，与国家担保基金及上海市融资担保中心合作上线了"普惠e贷——批量担保贷"产品，借助交通银行"普惠e贷"的技术优势，通过与国担系统直连增加保证担保，实现线上签署担保协议并提款，将原本1个月的业务流程缩短至最快仅需1天。

同时，为切实提高小微民营企业贷款便利度，在沪银行积极完善内部流程，着力提升"会贷"水平。建设银行上海市分行在分行层面设立普惠金融服务中心，就普惠贷款全流程实施集约化操作，信贷业务审批办理用时从原来的 22.8 天缩短至 11 天，效率提升一倍；进一步下沉业务，实现网点普惠金融业务全覆盖，建立"百家普惠重点网点"培育机制，2023 年，有 30 家网点的普惠贷款余额突破 10 亿元。建设银行上海市分行共配备普惠金融专员 651 名，提升了一线普惠金融服务专业水平。交通银行上海市分行则积极发挥上海金融业联合会理事长单位作用，参与了 11 个普惠金融顾问服务枢纽的相关工作，及时响应枢纽辐射范围内小微企业的金融需求，获得企业、园区好评，推动普惠金融顾问制度落到实处。华瑞银行将普惠业务开展与绩效奖励、评优评先和提拔任用挂钩，合理提高民营企业贷款中的普惠小微考核占比，激发"愿贷"动力，同时，在内部资金转移定价系统中给予民营企业普惠小微相关业务及产品定价优惠，并将相关业务流程前置，在合规前提下灵活授权，提升审批效率。

为提升一线信贷人员的"敢贷"信心，在沪银行积极落实普惠金融业务尽职免责的管理要求。2023 年，建设银行上海市分行小微企业尽职免责超 800 人次，尽职免责比例为 100%；广发银行上海分行小微企业尽职免责 322 人次，尽职免责比例达 97.3%。

资料来源：节选自周轩千. 增量扩面，在沪银行优化小微企业金融服务［EB/OL］.［2024－02－27］. https：//www. financialnews. com. cn/2024－02/27/content_ 400190. html.

☞ **请思考**：基于材料，谈谈广州农商银行创新解决中小企业"融资难、融资贵"问题的经验。

活动1　贷款申请与受理

客户以企业法人为借款人填写贷款申请书信息，如表 6－2 所示。越来越多的商业银行等信贷机构不需要客户填写纸质的贷款申请书，而是将相关申请信息直接录入信贷业务系统。

提供清单资料主要包括：(1) 营业执照、章程、银行开户信息、特殊行业生产经营许可证或资质等企业基本信息资料；(2) 企业法定代表人、实际控制人、主要股东、财务负责人等的有效身份证件；(3) 近 3 年和当期资产负债表、损益表、现金流量表的基本信息或已编制好的财务报表；(4) 近 1 年的主要银行结算账户对账单；(5) 董事会成员和主要经营管理负责人、财务负责人、技术负责人名单和签字样本等；(6) 董事会或发包人同意申请授信业务的决议、文件或具有同等法律效力的文件或证明；(7) 授信业务由授权委托人办理的，需提供客户法定代表人授权委托书（原件）；(8) 经营场所证明或租赁合同协议书；(9) 其他必要的资料。

客户经理查询企业征信、工商登记信息、税务登记信息等，结合企业经营情况、资产负债情况等对企业能否申请贷款作出初步判

农行小微企业
贷款在线申请

断，对于同意受理的贷款，开展贷前调查。

表6－2　　　　　　　　　　小微企业借款申请书

借款人名称			法定代表人								
地　　址			信用等级								
申请借款金额	人民币 （大写）		千	百	十	万	千	百	十	元	
借款用途			原欠贷款余额								
借款期限			年　月　日起至　　年　月　日								
还款资金来源											
提供担保意向	抵押人（出质人）名称										
	保证人名称										
信用报告 查询授权	兹授权你行在审核本单位借款申请时需要查询本企业信用状况的，可以向中国人民银行企业信用信息基础数据库查询、保存、打印本单位的信用报告。		申请借款人（盖章）： 法定代表人/负责人（签字）： （或代理人） 　年　月　日								

✉ 【拓展知识6－4】

了解小微企业信用报告

中国人民银行征信中心将小微企业和其关键人信息进行整合，设计了单独的小微企业信用报告，以便全面反映小微企业的信用状况。小微企业信用报告包括信息概要、基本信息、信贷信息、非信贷交易信息、公共信息和声明信息六部分。报告主体部分既保持了目前银行版企业报告主体内容，又突出小微企业信用报告自身特点。

信息概要置于报告第一部分，满足金融机构快速了解小微企业信用状况的需要。与一般企业信用报告相比，信息概要部分增加了关键人信息概要和查询历史信息（近3个月内查询历史记录）。关键人是指小微企业主等对企业经营活动有重要影响的自然人，来自个人信用报告中的信贷概要，由查询用户自行判定并在输入查询条件时录入。近3个月内查询历史记录主要是反映小微企业近期信贷需求。基本信息和信贷信息与银行版企业信用报告保持一致。增加了非信贷交易信息，包括公共事业缴费记录和商务付款信息，反映小微企业的信用历史。

资料来源：中国人民银行，中国银行保险监督管理委员会．中国小微企业金融服务报告（2018）[M]．北京：中国金融出版社，2019.

活动2　贷前调查与信用评级

一、贷前调查概述

客户经理应根据小微企业贷款业务种类收集和核实客户的财务信息和非财务信息，有效识别信息的"真伪"，并能够基于财务分析和非财务分析，对能否贷款和如何贷款提出建议，是每个贷款调查人员必须掌握的核心技能。

客户经理根据调查和所收集信息情况，编制有关小微企业或其业主个人或主要股东的资产负债表、损益表和现金流量表，作为分析小微企业财务状况和偿还能力的主要依据。基于非财务信息的分析对小微企业的还款意愿和可持续发展能力作出评价。

小微企业的非财务信息主要包括：

1. 客户业主或主要股东个人及其家庭其他投资、资产负债及或有负债情况。

2. 客户业主或主要股东家庭成员情况、家庭居住情况，婚姻状况，家庭大致日常收入、生活开支情况。

3. 客户业主或主要股东个人资信情况，信贷登记咨询系统和个人征信系统信息，在工商、税务、海关等部门的信用记录情况。

4. 客户关键人员如经营决策人员、主要执行人员和技术人员的个人职业经历、受教育程度、品行、身体健康状况等。

5. 客户的资产、职工人数、收入情况，主要供应商和销售商情况。

6. 客户近一年的水电费或其他公用事业收费清单、纳税清单、现金流情况。

7. 客户近一年的设备运转和开工率，主要生产设备的技术水平，成品仓库的入库、出库情况。

客户经理应根据核实、分析结果，出具适用、精练和标准化的书面贷款调查报告，客户经理对调查报告中所含信息的真实性及调查结论负责。调查报告应对客户基本情况、借款事由、还款能力、现金流量、业主或主要股东个人信用情况、贷款风险进行分析，并对贷款的品种、金额、用途、期限、利率、还款方式、担保条件等提出建议。

二、贷前调查要点

（一）调查准备

1. 申请资料的确认

（1）是否具备申请资格，包括申请人提供的证件是否有效，企业是否为本人经营等。

（2）经营实体是否符合规定，包括企业经营业务范围是否符合法律规定、企业是否有合法经营手续、经营地址是否在本机构规定的服务区域范围内、是否有相应的盈利能力偿还贷款，若以个人名义申请的申请人是否为企业实际经营者或股东等。

（3）担保物是否符合条件。对于房产抵押的，房屋产权类型是否符合规定、产权是否清晰、能否办理抵押登记。

（4）提交资料的完整性。客户是否提交了完整的申请资料，对于资料欠缺的，还应补充哪些资料。

2. 经营与财务状况分析

在调查之前，应根据申请和受理信息，对企业经营状况及法定代表人或实际控制人进行简要分析，以便在调查过程中更有针对性地获取信息。

（1）经营行业特点分析。应根据企业经营业务内容，了解该行业的经营特点，包括业务流程、进销渠道、行业利润水平、主要经营风险等。

（2）资产负债分析。应根据客户提交的申请表、资产负债凭证等信息，了解客户或经营企业的资产负债情况，大致判断客户净资产是否满足对应的申请额度要求，以及哪些资产还没有提供相应的凭证。

（3）盈利能力分析。根据客户提交的申请表、银行对账单等信息进行了解。

（4）调查方法分析。在调查前，应明确客户已经提供了哪些数据，哪些数据需要补充，是否还需要提供其他反映其还款能力和还款意愿的资料。针对客户能提供的资料和企业经营特点，初步设定适合该客户的调查方法和步骤，以及注意事项等。

（二）主要调查内容

1. 客户总体情况

（1）基本情况。调查客户主体资格、历史沿革、地理位置（包括注册地）、产权构成、组织形式、职工人数和专业构成、土地使用权取得方式等。在调查基础上，形成客户经营历史简介，对其经营的合法性、主要股东结构及对经营的影响进行分析，对员工结构进行评价，对客户的生产要素进行分析评价。

（2）管理水平。主要了解经营者素质与整体管理水平。通过与业主谈话，调查其经营思路；通过工商、税务、行业协会、主管部门、海关、法院、统计局、供电、供水、保险机构、担保公司等机构或部门对经营者个人的社会形象和资产负债情况等进行调查，对其个人的品质、学历、经历、能力、业绩等进行评价。

公司管理方面主要了解企业组织结构的合理与稳定性，员工凝聚力及其工作干劲，生产管理方面是否科学、有序、严密，财务制度是否健全。通过对企业现场的生产组织与运行情况观察，评价企业组织结构、车间管理和财务管理水平。

（3）经营情况。了解客户近 3 年的经营情况，最近 12 个月的生产、销售或营业收入、纳税额、平均盈利水平、现金流量表等情况。

2. 销售真实性分析

（1）核实纳税销售额

查看企业总账及明细账核实销售额，核实总分类账、总账与报表是否一致。对账实不符的，要了解情况，并要求企业提供真实销售依据。

查看企业增值税、营业税开票情况，进一步核实销售额。

查看企业基本户和其他账户的开票部分货款回笼、现销情况和应收账款增减情况，分析纳税销售的真实性。

（2）推断企业真实销售额

查看企业电费发票，了解年度用电量，比较上年同期用电量，估计判断企业年度销售情况。

根据客户提供情况，了解其避税部分销售的结算方式、资金流向，以及有关合同、结算凭证，结合个人结算账户进出情况核实其销售额。

销货款回笼调查。根据企业提供的销售周期检查销货款回笼情况，重点调查各种账户销货款归行额、现销时反映在现金日记账金额。

检查应收账款。核实应收账款分户账的真实性，检查应收账款质量及增减变化，注意应收账款中开票部分与未开票部分的比重及企业处理方法。

判断销售的合理性。根据上述相关数据分析，按"真实销售＝账户汇入货款（含可认定的个人账户）＋现金日记账现销款项＋应收账款净增减额"来判断真实销售情况。

（3）盈利能力判断

对企业净资产的变动进行分析，关注企业资产的真实性和存在形式。

分析企业个人借款、其他应收款及应付款中属于股东个人借款的增减情况，判断企业盈利是否存在转移情况。

分析客户个人消费资产特别是不动产的变动情况，辅助判断企业盈利情况。

分析客户存货的账实是否相符，判断企业利润转移情况。

3. 偿债能力分析

在分析确认企业销售、盈利真实的前提下，分析资产负债率、应收账款坏账情况、存货质量、分析资产与债务的流动性匹配，观测客户在各金融机构融资借新还旧情况和自有资金的还贷能力，对偿债能力进行评价。

4. 现金流量情况分析

贷款资产的安全性保障依赖于企业的第一还款来源，即经营性现金流量净额。对于一般的小微企业客户，信贷员要分析客户最近 12 个月的销售收入或营业收入总额、回笼的销售款或营业款总额和占比，进而了解客户市场竞争力情况。通过客户提供的结算账户开立明细情况表，掌握其现金流入流出的所有路径。包括其结算账户的数量、结算占比、各银行的占比情况，并分析原因；同时，对以前年度客户账户的结算情况进行调查，掌握其结算偏好并分析原因。

5. 贷款担保情况

调查客户可用于贷款抵（质）押担保的权属、财产价值，预计变现的难易程度，客户实收资本情况等。

拟以房地产为抵押物的，要分析抵押物是否为合法有效、易变现的个人住房或商用房，房地产抵押物是否为借款人所有，是否出租、自用或空置，是否存在产权纠纷，房地产抵押物的评估价值是否合理。

拟以土地使用权抵押的，要分析是否依法出让的土地使用权。对于附有地上建筑物的国有划拨土地使用权抵押，抵押物价值应剔除须补交的土地出让金，同时适当地降低抵押率。

拟以存单等有价证券或其他物权质押的，要核实质物的真实性及权属的有效性，要分析质物价值的稳定性和变现的可能性。

6. 融资及信用状况

企业主的信用及其对信用的重视程度直接关系到贷款能否按期收回。必须通过访谈、外部调查以及人民银行征信系统查询等措施，调查了解客户的融资水平、融资方式、还本付息情况、上年存贷比情况、偿债能力变化、对外担保等情况。根据企业历史融资与非融资信用记录，通过与业主个人言谈和对客户的侧面了解，评价其信用状况和还贷意愿。

7. 客户发展前景

调查企业所处行业目前的发展状况、在当地行业所处位置、生产企业客户的产品适销程度、产品档次、同行和用户的评价、流通企业客户的地理环境、购销渠道、同行和服务对象的评价等。根据客户过去三年及最近一年的发展趋势分析客户发展及盈利前景。

《商业银行小企业
授信工作尽职
指引（试行）》

✉ 【拓展知识 6 – 5】

实地调查与侧面调查的思路

一、实地现场调查

整体思路设计为"先全面后局部"。

1. 热身（活跃气氛）：通过赞美客户服饰、小孩学习成绩等营造融洽的谈话气氛。

2. 了解经营履历、经营沿革：判断其从业时间、合伙情况、初始投资及经营历史，整体上把握客户经营情况。

3. 了解行业：通过了解行业的经营特点及发展前景，分析行业的周期性风险、核心竞争力、政策性风险、客户自身风险规避措施。

4. 了解总产值（总营业额）：了解企业的总产值（总营业额），衡量客户的生产规模、盈利能力。

5. 了解收入情况：以便接下来进行权益积累检验。

6. 了解总资产情况：以便运用"资本积累历史"交叉检验。

7. 了解负债：银行借款直接能通过征信系统了解，而私人借款常因客户隐瞒而无法直接了解，故建议可通过资本积累历史进行交叉检验。

8. 分析资本积累历史：使用"资产－负债＝初始投资＋期间净利积累"对客户权益真实性进行初步验证。

9. 了解、分析借款原因：了解客户因什么事件和原因导致其发生资金短缺，评价客户还款可能性。

10. 了解、分析借款用途：了解其贷款金额、时间与其实际资金需求、经营项目、经营周期是否相符，判断其是否挪用贷款。

11. 了解、分析还款来源：分析客户还贷资金来源，判断其是否正常。

12. 分析经营风险：对其采购、中间成本控制、销售各环节作了解。

13. 分析管理风险：内部组织架构是否健全，是否建立科学的决策程序、人事管理制度、质量管理与成本控制措施等。

14. 了解具体资产项目：包括现金（存款）、应收款、预付款、存货、房产、厂房、设备、其他投资等。

15. 了解具体的主营业务收入：了解产品种类（各种产值占比）、主要产品销量（单个）、售价（单个）等。

16. 了解具体的主营业务成本：了解主要产品原材料消耗量、原材料成本（单个）、工资、水电费、财务费用、税收等。

17. 向借款人询问担保人情况，安排到担保人处调查。

18. 担保人调查应参照借款人的调查方法，将各项风险弄清楚。

二、侧面调查

1. 向担保人及其家人确认担保意愿。

2. 向担保人侧面了解客户：客户的人品、诚信、资产实力、道德风险等。

3. 向内部股东、财务人员、工人了解：收入、成本、行业风险、前景、生产是否正常、生产能力如何等。

4. 向同行了解：经营规模的匹配性、生产设备的匹配性等。

5. 向邻居了解：生产是否繁忙、运输批次多少等。

6. 向朋友了解：社会关系、诚信、资产实力等。

小微企业贷款调查报告主要包括：小微企业及其贷款需求的基本情况、财务情况分析、非财务情况分析、风险因素及调查建议四个方面，示例如下。

一、基本情况 单位：万元

企业名称		主营业务			
经营地址					
注册资本		成立时间		雇员人数	
统一社会信用代码				信用等级	
法定代表人		身份证号码		联系电话	
婚姻状况		配偶姓名		身份证号码	
借款金额		申请期限		贷款方式	
上年日均存款			本年日均存款		
本行合作年限			银行融资家数		
最高信用额度			本行用信额度		

续表

对外担保情况：
主要股东及其出资与股权占比情况：
历史沿革及资本积累情况：
企业主主要履历：
关联方情况：

二、财务情况分析　　　　　单位：万元

（一）资产负债表

资产	上期	本期	负债及权益	上期	本期
银行存款			银行借款		
短期投资			其中：本行借款		
应收票据			应付票据/敞口		
应收账款			非银行机构融资		
其他应收款			民间融资		
预付账款			预收账款		
存货			应付账款		
其他流动资产			其他应付款		
流动资产合计			其他流动负债		
固定资产			流动负债合计		
长期投资			长期负债		
其他资产			其他长期负债		
非流动资产合计			负债合计		
资产合计			所有者权益		

（二）损益简表

营业收入	年	上期	本期
减：营业成本			
营业税金及附加			
营业费用			
管理费用			
财务费用			
资产减值损失			

续表

加：公允价值变动收益			
营业利润			
加：营业外收入			
减：营业外支出			
利润总额			
减：所得税			
净利润			

（三）现金流及还款来源分析

（四）财务比率分析

项目		上期	本期	项目		上期	本期
偿债能力	流动比率（％）			营运能力	应收账款周转天数		
	资产负债率（％）				存货周转天数		
盈利能力	毛利润率（％）			其他比率			
	净利润率（％）						
财务状况评价							

（五）财务数据交叉检验	
销售额检验	
权益检验	

三、非财务情况分析

（一）经营能力分析	
供应环节	1. 主要供应商： 2. 供应评价：
生产环节	
销售环节	1. 主要客户： 2. 销售评价：
环保情况	

（二）管理能力分析

（三）行业与产品分析	
行业特征、优劣势	
产品情况	

（四）近一年重大投资及下一阶段发展前景

（五）信用状况分析	
非现场调查情况	
侧面了解	

四、风险因素及调查建议

（一）主要风险点分析	
（二）风险控制措施	
（三）调查人建议及调查结论	

表 6 − 3 　　　　　　　　　　小微企业信用评级打分表

序号	指标大类	评价指标名称	指标分值	打分标准	标准分值	得分
一	信用履约评价（15）	1. 贷款资产形态	5	无关注，无次级、可疑、损失贷款	5	
				有关注，无次级、可疑、损失贷款	3	
				有次级、可疑、损失之一者	0	
		2. 到期信用偿还记录	5	按期还本	5	
				存在逾期 1 个月（含）以内的贷款	2	
				存在逾期 1 个月以上的贷款	0	
				有借新还旧贷款	0	
				分期还款方式出现 3 次以内逾期	2	
				分期还款方式出现 3 次以上逾期	0	
		3. 利息信用偿还记录	5	至测评日止按期付息	5	
				存在拖欠利息 1 个月（含）以内	2	
				存在拖欠利息 1 个月以上	0	
二	偿债能力评价（40）	4. 实收资本（万元）	10	实收资本≥100	10	
				80≤实收资本＜100	9	
				65≤实收资本＜80	8	
				50≤实收资本＜65	7	
				40≤实收资本＜50	6	
				30≤实收资本＜40	5	
				20≤实收资本＜30	3	
				10≤实收资本＜20	1	
				实收资本＜10	0	
		5. 抵（质）押能力	5	抵（质）押物价值≥1000 万元	5	
				800 万元＜抵（质）押物价值≤1000 万元	4	
				500 万元＜抵（质）押物价值≤800 万元	3	
				300 万元＜抵（质）押物价值≤500 万元	2	
				100 万元＜抵（质）押物价值≤300 万元	1	
				100 万元以下或其他抵押物	0	

续表

序号	指标大类	评价指标名称	指标分值	打分标准	标准分值	得分
二	偿债能力 评价（40）	6. 抵（质）押物 变现能力	5	县级以上城区、省级以上开发区、省道或国道两侧的房地产	5	
				主要城镇的城区的房地产	3	
				其他区域的房地产	0	
		7. 货款归行情况	10	归行额≥1000万元	10	
				900万元≤归行额＜1000万元	9	
				800万元≤归行额＜900万元	8	
				700万元≤归行额＜800万元	7	
				600万元≤归行额＜700万元	6	
				500万元≤归行额＜600万元	5	
				400万元≤归行额＜500万元	4	
				300万元≤归行额＜400万元	3	
				200万元≤归行额＜300万元	2	
				100万元≤归行额＜200万元	1	
				归行额＜100万元	0	
			10	归行额对银行债务比率＞240%	10	
				230%＜归行额对银行债务比率≤240%	9	
				220%＜归行额对银行债务比率≤230%	8	
				210%＜归行额对银行债务比率≤220%	7	
				200%＜归行额对银行债务比率≤210%	6	
				190%＜归行额对银行债务比率≤200%	5	
				180%＜归行额对银行债务比率≤190%	4	
				170%＜归行额对银行债务比率≤180%	3	
				160%＜归行额对银行债务比率≤170%	2	
				150%＜归行额对银行债务比率≤160%	1	
				归行额对银行债务比率≤150%	0	
		8. 日均存贷比	5	存贷比≥25%	5	
				20%≤存贷比＜25%	4	
				15%≤存贷比＜20%	3	
				10%≤存贷比＜15%	2	
				5%≤存贷比＜10%	1	
				存贷比＜5%	0	
		9. 或有负债比率	5	或有负债比率≤100%	5	
				100%＜或有负债比率≤125%	4	
				125%＜或有负债比率≤150%	3	

续表

序号	指标大类	评价指标名称	指标分值	打分标准	标准分值	得分
二	偿债能力评价（40）	9. 或有负债比率	5	150% < 或有负债比率≤175%	2	
				175% < 或有负债比率≤200%	1	
				或有负债比率 >200%	0	
三	盈利能力评价（15）	10. 销售毛利润率	10	毛利润率≥20%	10	
				19% < 毛利润率≤20%	9	
				18% < 毛利润率≤19%	8	
				17% < 毛利润率≤18%	7	
				16% < 毛利润率≤17%	6	
				15% < 毛利润率≤16%	5	
				14% < 毛利润率≤15%	4	
				13% < 毛利润率≤14%	3	
				12% < 毛利润率≤13%	2	
				11% < 毛利润率≤12%	1	
				毛利润率≤10%	0	
		11. 所得税纳税额	5	所得税纳税额≥5 万元	5	
				4 万元≤所得税纳税额 <5 万元	4	
				3 万元≤所得税纳税额 <4 万元	3	
				2 万元≤所得税纳税额 <3 万元	2	
				1 万元≤所得税纳税额 <2 万元	1	
				所得税纳税额 <1 万元	0	
四	经营及发展能力评价（15）	12. 货款归行额增长率	6	归行额增长率≥10%	6	
				8%≤归行额增长率 <10%	5	
				6%≤归行额增长率 <8%	4	
				4%≤归行额增长率 <6%	3	
				2%≤归行额增长率 <4%	2	
				0≤归行额增长率 <2%	1	
				归行额增长率 <0	0	
		13. 增值税纳税额增长率	5	纳税额增长率≥10%	5	
				8%≤纳税额增长率 <10%	4	
				6%≤纳税额增长率 <8%	3	
				4%≤纳税额增长率 <6%	2	
				2%≤纳税额增长率 <4%	1	
				0≤纳税额增长率 <2%	0	

续表

序号	指标大类	评价指标名称		指标分值	打分标准	标准分值	得分
四	经营及发展能力评价（15）	14. 用（水）电量增长率		4	增长率≥5%	4	
					4%≤增长率<5%	3	
					3%≤增长率<4%	2	
					2%≤增长率<3%	1	
					增长率<2%	0	
五	综合评价（15）	15. 经营者素质	品质	1	艰苦创业，谈吐诚实，社会反映良好	1	
					其余	0	
			经历	1	从事本行业经营年限≥3年	1	
					从事本行业经营年限<3年	0	
					曾从事经营的企业发生关、停、破产	0	
			能力	1	管理规范、经营稳健、思路清晰	1	
					其余	0	
			健康	1	年龄在50周岁以内，身体健康	1	
					其余	0	
			业绩	1	纳税额逐年增加	1	
					其余	0	
		16. 法人治理结构	治理结构	2	法人治理结构完善	2	
					基本完善	1	
					其余	0	
		17. 发展前景	市场竞争力	2	企业产品供不应求或具有独有技术	2	
					企业产品供求平衡或为大企业配套	1	
					其余	0	
			行业发展前景	2	行业发展前景良好	2	
					行业发展前景一般	1	
					其余	0	
		18. 开户情况	开户情况	2	在本行独家开户	2	
					在2家以上商业银行开户，在我行开立基本结算账户	1	
					其余	0	
		19. 与我行业务合作关系	合作关系	2	全部业务在我行办理	2	
					在我行办理与贷款业务份额相应的存款、结算或中间业务	1	
					仅办理贷款业务，无存款、结算或中间业务	0	

续表

序号	指标大类	评价指标名称	指标分值	打分标准		标准分值	得分
五	综合评价（15）	20. 特殊扣分	−5	发生 3 个月以内欠税（费、工资）现象		−3	
				发生 3 个月以上欠税（费、工资）现象		−5	
				没有发生拖欠现象		0	
		21. 特殊加分	5	净资产≥1000 万元		5	
				500 万元≤净资产＜1000 万元		2	
				净资产＜500 万元		0	
评分总汇						100	
评定等级							

活动3　审查审批与放贷

一、审查审批与放贷概述

贷款审查人员应对小微企业的贷款申请表、清单资料、调查报告等贷款材料的合规性、有效性和完整性进行审查。审查人员应根据小微企业或其业主（主要股东个人）的资产、负债、现金流状况等，对影响客户财务状况的各项主要因素进行分析评价；对客户经营状况、资信情况、抵（质）押物或保证情况及其他非财务信息等进行分析评价。

审查人员应根据审查与分析结果，出具书面审查意见。对审查同意的贷款，审查意见应明确授信品种、金额、用途、利率、服务收费、期限、偿还方式、担保条件、授信条件等内容，并提示贷款风险。审查人员对审查意见负责。

审查结束后，报给有权审批人审批，必要时经过贷审会审议。经审批同意贷款的，通知客户在规定时间内签署借款合同，办妥相关手续后就可以放贷。

对于小微企业贷款，可分别授予客户经理、审查人员一定的贷款审批权限。经审批同意的贷款业务，审批意见应明确贷款品种、金额、用途、利率、期限、偿还方式、担保条件等内容。审批人员对审批意见负责。

二、贷款审查要点

（一）审查小微企业股东及实际控制人的诚信情况

以定性审查为主。主要对小微企业的股东特别是实际控制人的发展历史、个人品行、信用状况、个人资产、负债状况、是否存在其他投资、从业经验和技术背景、经营管理能力、有无对外担保进行审查。对于经办业务人员及相关领导与贷款申请人是否存在利益关系要进行审查。

（二）审查分析小微企业所在行业情况

申请人所处行业在当地具备明显产业集群特点的，首先要看小微企业是否处于当地主流行业，该行业是否为本机构支持的行业，同时需要分析申请人在同类企业中在各项要素上的地位（盈利能力、负债水平、销售渠道、上下游关系）。

申请人所处行业在当地不具备明显集群特点的，重点分析销售渠道和消费市场的稳定性、产品的特殊性、盈利能力的保障程度和保障方式。

对于为大型企业配套的小微企业要分析大型企业所处行业的特点、竞争程度、发展趋势、产品寿命周期等因素。

（三）审查分析小微企业的发展前景

通过分析小微企业近 2 年来产品的产销量、产成品及原材料，产品的寿命周期、销售渠道等，判断企业的销售前景及盈利能力。对于给大企业提供配套产品的，尤其是大企业的经营将直接影响其生存的小微企业，要对大企业经营状况进行分析和判断。

（四）审查贷款金额及用途是否合理

主要是对贷款用途的合法性、真实性，贷款资金监控的有效性进行审查。可通过对客户近 2 年销售情况及增长率、原材料采购需求、购销结算方式、资金占用时间、自有资金状况、资金缺口情况等方面的分析判断贷款需求是否真实、合理。通过审查客户资金使用控制措施是否有利，判断贷款是否可能被挪用，是否存在潜在风险。

（五）审查还款来源是否充足、贷款期限是否合理

1. 还款来源审查

一般来说，企业的流动资金贷款都应以其正常经营活动产生的现金流作为还款来源，因此应重点审查客户的生产经营活动是否正常，销售回款是否及时。客户的财务报表分析可以作为判断还款能力的辅助手段。

对于有其他银行债务的客户，要审查以往履约记录，分析债务到期时间，判断其在偿还其他银行债务之后是否会出现资金缺口，是否会影响生产经营，是否有充足资金偿还贷款。如果有对外担保，要分析被担保企业的情况，判断担保履约的可能性及给客户还款可能造成的影响。

2. 贷款期限审查

要结合申请人的生产周期，生产淡旺季及销售回款时间，审查贷款期限是否合理。比如，对于贸易型企业，要结合申请人的购货及销售时间，收款方式，判断还款来源是否充足及授信期限是否合理。

（六）审查贷款担保能力

能否对小微企业进行贷款，应首先判断贷款申请人的第一还款来源是否充足。但是考虑到小微企业抗风险能力相对较弱，因此对额度超出信用贷款的小微企业贷款必须重视担保能力的审查，原则上应以控制能力强，价值稳定，变现能力强的抵押担保作为担保的主要方式，并由其主要股东或实际控制人提供无限连带责任保证担保。

1. 对于抵押担保，要重点审查抵押物变现能力及变现价值。

以商品住宅、门市房、写字楼（均含土地使用权）、土地使用权抵押的，要根据抵押物所处地段建筑物及土地的可比价格，变现能力确定抵押物的评估价值是否可以为本机构接受。以土地使用权设定抵押的，原则上采用以出让方式取得且权属清晰、转让行为不受限的出让土地设定抵押。

以厂房、机器设备抵押的要确认抵押物的权属关系，计算并判断抵押价值是否合

理。由于设备、厂房变现能力相对较差，所以接受这类抵押主要是作为约束申请人的还款行为的手段，不能以此作为还款来源。

2. 如由专业担保公司提供担保，担保人原则上应该是有政府背景的担保公司。要重点审查担保公司选择担保单位的标准，以往赔付情况，对外担保总额与净资产相比是否适度。

3. 如果代偿能力较强的优质企业或大型生产厂商为配套企业提供连带责任保证担保，应该审查大型生产厂商的经营和财务状况，以确定其担保能力。由担保单位董事会或股东会出具同意提供担保的函（根据担保单位公司章程决定）。

4. 如果是出口信用保险公司保险，要审查出口信用保险公司给申请人核定的保险额度，要审查申请人出口是否有违反出口信用保险公司保险规定的行为。要对保单的免责条款进行审查。

（七）对客户经理的调查质量进行评估

对客户经理的调查过程、次数、基本方法、从业经验、与贷款申请人的关系及熟悉程度进行评估。

（八）审查小微企业贷款定价是否合理

由于小微企业发展过程中存在一定不确定性，因此其贷款的风险成本和管理成本要高于大中型企业。为覆盖贷款风险，在定价时要充分考虑风险成本与管理成本，确定高于大中型企业的合理的价格水平。

活动 4 贷后管理与贷款回收

贷款发放后，贷款客户经理必须对其负责的客户及时进行贷后跟踪检查，并做好贷后检查记录。小微企业应按照借款合同约定的还款方式、还款计划按期偿还贷款本息。

商业银行等信贷机构应动态监测，及时发现小微企业客户的潜在风险并进行风险预警提示，对于发生影响小微企业履约能力的重大事项时，应及时形成书面报告。根据贷后监测结果和风险状况及时采取措施，调整风险分类结果，并视情况决定是否对贷款进行调整，包括展期、缩减授信、要求借款人提前还款、终止授信等。对

企业贷款后检查

出现逾期或欠息的贷款要及时清收处置，对核销的损失类贷款做到"账销、案存、权在"。

商业银行应将客户违约信息及时录入本行信贷管理信息系统或在内部进行通报；应定期向银行业监管机构报告；应通过银行同业协会和新闻媒体，对恶意逃废银行债务的小微企业予以通报、曝光、联合制裁。

✉ 【拓展知识 6 - 6】

小微企业贷款的预警信号风险提示

（一）与客户品质有关的信号

1. 客户关键人员如经营决策人员、主要执行人员和技术人员失踪或无法联系。

2. 客户拒绝提供与信用审核有关的文件。

3. 客户隐瞒重要信息或提供虚假信息，如隐瞒资产、债务真实情况。

4. 客户无恰当理由突然改变会计政策或核算方法以及折旧计提方式、存货计价方式等。

5. 客户无正当理由撤回或延迟提供与财务、业务、税收或抵押担保有关的信息或要求提供的其他文件。

6. 竞争者、供应商或其他客户对授信客户的负面评价，以及媒体负面报道。

7. 客户改变主要授信银行，向许多银行借款或不断在这些银行之间借新还旧。

8. 客户频繁更换会计人员或主要管理人员。

9. 客户卷入法律纠纷。

10. 客户有破产和解或破产重整经历。

（二）企业主及主要股东个人的风险预警信息

1. 有赌博、涉毒、嫖娼等违法或违反社会公德的行为。

2. 持有外国护照或拥有外国永久居住权，或在国外开设分支机构。

3. 被公众媒体披露的其他不端行为。

4. 社会公众对客户法定代表人或经营者个人品质、行为反映不良。

5. 客户法定代表人或经营者个人纳税额大幅度下降。

（三）客户在银行账户变化的信号

1. 客户在银行的存款不断减少或出现异常变化。

2. 对授信的长期占用。

3. 缺乏财务计划，如总是突然向银行提出借款需求。

4. 短期授信和长期授信错配。

5. 经常接到供货商查询核实存款情况的电话。

6. 突然出现大额资金向新交易商转移。

（四）客户管理层或关键技术人员变化的信号

1. 关键管理人员或技术人员行为异常。

2. 财务计划和报告质量下降。

3. 主要业务频繁变化。

4. 对竞争变化或其他外部条件变化缺少对策。

5. 核心盈利业务削弱和偏离。

6. 以往的合作伙伴不再与其合作。

7. 不遵守授信承诺。

8. 管理层能力不足或构成缺乏代表性。

9. 缺乏技术工人，工资不能正常发放或有劳资争议。

（五）业务运营环境变化的信号

1. 存货异常变化。

2. 工厂维护或设备管理落后。

3. 主要业务发生变动。

4. 缺乏操作控制、程序控制、质量控制等。

5. 主要产品线上的供货商或客户流失。

6. 水电费或其他公用事业收费的支出显著减少。

（六）财务状况变化信号

1. 付息或还本拖延，经常申请延期支付，或申请实施新的授信，或不断透支。

2. 申请实施授信支付其他银行债务，授信抵押品情况恶化或再次用于抵押。

3. 客户或其业主或其主要股东向其他企业或个人提供担保。

4. 客户主要股东向其他人转让或拟转让股权。

5. 客户财务比率指标恶化，包括：

（1）流动性比率，如流动比率、速动比率等过低；

（2）杠杆比率，如负债比率过高，经常用短期债务支付长期债务或作为长期资金使用；

（3）保障比率，如利息保障倍数过低，现金流不足以支付利息；

（4）获利能力比率，如资产收益率、资本收益率等大幅下降。

6. 应收、应付项目发生异常变化。

7. 支票受益人要求核实客户支票账户的余额。

8. 定期存款余额减少。

9. 授信需求增加，短期债务超常增加。

10. 客户自身的配套资金不到位或不充足。

11. 其他银行提高对同一客户的利率。

12. 客户申请无抵（质）押授信产品或申请特殊还款方式。

13. 银行无法控制抵押品和质押权。

14. 客户无形资产占比过高或者无形资产估价过高。

15. 客户或有负债大幅增加。

16. 客户关联交易增多。

（七）客户履约能力变化信号

1. 客户现金流出现问题。

2. 客户产品或服务的市场需求下降。

3. 客户还款记录不正常或未按合同还款。

4. 客户欺诈，如在对方付款后故意不提供相应的产品或服务。

5. 客户弄虚作假（如伪造或涂改各种批准文件或相关业务凭证）。

6. 客户主要业务或经营环境的重大变动。

资料来源：《商业银行小企业授信工作尽职指引（试行）》。

【课后习题】

一、单项选择题

1. 根据《中小企业划型标准规定》，对于房地产开发经营，营业收入（   ）万元以下或资产总额（　　）万元以下的为微型企业。

 A. 100，1000 B. 200，2000 C. 100，2000 D. 200，1000

 2. "五证合一、一照一码"登记制度改革中，"一码"是指（　　）。

 A. 二维码   B. 统一社会信用代码

 C. 营业执照代码   D. 统一机构代码

 3. 当前，普惠小微贷款的认定标准是单户授信不超过（　　）万元。

 A. 1000   B. 1500   C. 2000   D. 3000

 4. 银行应创新小企业授信业务，完善业务流程、风险管理和内部控制，着重建立和完善小企业授信的（　　）。

 A. 三项机制 B. 四项机制 C. 五项机制 D. 六项机制

 5. 客户经理应关注并收集小微客户的（　　）信息，包括业主或主要股东个人信息及家庭资信情况、企业经营管理、技术、行业状况及市场前景等。

 A. 财务   B. 非财务   C. 正式   D. 非正式

 6. 银行开展小企业贷款业务实行（　　）。

 A. 客户经理制 B. 专管员制度 C. 团队制度 D. 外包制度

 7. 银行在小企业贷款上引入贷款利率的（　　）机制。

 A. 风险定价 B. 自由竞争 C. 双方协商 D. 最大收益

二、多项选择题

 1. 中小企业划分为中型、小型、微型三种类型，具体标准根据企业以下哪些指标，结合行业特点制定。（　　）

 A. 营业收入 B. 从业人员 C. 利润   D. 资产总额

 2. 推进"五证合一、一照一码"登记制度改革，以下属于"五证"的是（　　）。

 A. 工商营业执照   B. 组织机构代码证

 C. 税务登记证   D. 社会保险登记证

 E. 统计登记证

 3. 对小微企业贷款进行实地调查的内容包括（　　）。

 A. 企业主的信用状况   B. 资产负债情况

 C. 保证人的保证意愿和担保能力 D. 企业市场环境状况

 4.《商业银行小企业授信工作尽职指引（试行）》规定，审查人员应根据客户或其业主或主要股东个人的（　　）等，对影响客户财务状况的各项主要因素进行分析评价，必要时可重新编制客户资产负债表和现金流量表。

 A. 收入   B. 资产   C. 负债   D. 现金流状况

 5. 小企业授信工作尽职是指商业银行从事小企业（　　）等各项授信业务活动的工作人员履行了本指引规定的最基本的尽职要求。

 A. 授信业务调查 B. 授信审查 C. 授信审批 D. 授信后管理

三、简答题

 1. 小微企业的重要性和主要特点有哪些？

2. 我国对小微企业贷款的界定是怎样的？

3. 两个不低于、四单原则，三个不低于、两增两控的具体内容是什么？

4. 小微企业的贷款特征有哪些？小微企业贷款面临哪些问题？

5. 小微企业贷款产品有哪些主要特点？

6. 小微企业客户申请贷款通常需要提供哪些方面的材料？

7. 小微企业贷款调查内容主要包括哪些方面？

8. 小微企业贷款审查要点主要包括哪些方面？

四、实训题

1. 分组调查某小微企业的基本情况、生产经营情况、企业管理情况、贷款需求情况等，撰写调研报告。

2. 根据本项目的小微企业贷款调查报告示例，分组完成被调研小微企业的贷款调查报告。

参考答案：一、CBCDBAA；二、ABD、ABCDE、ABCD、BCD、ABCD

项目七

小额信贷绩效评价

XIAO'E XINDAI JIXIAO PINGJIA

【知识目标】

了解小额信贷机构绩效评价的相关理论知识；理解和掌握财务绩效评价的生产率指标；效率指标、收益率指标，了解财务可持续的评价方法；理解社会绩效与财务绩效的关系；了解小额信贷机构社会绩效管理的基础知识、流程和评价指标。

【能力目标】

能够客观分析小额信贷机构绩效评价的重要性，能够阐释小额信贷机构财务绩效与社会绩效的关系，能够运用相关指标对小额信贷机构的财务绩效和社会绩效进行评价。

绩效是一个管理学概念，是机构期望的结果，是机构为实现其目标而展现在不同层面上的有效产出。在小额信贷领域有两个并存且同等重要的绩效概念，即财务绩效（也可称为经济绩效）和社会绩效。

小额信贷发展初期，其全部目标就是服务于扶贫减困。1997年2月，在美国华盛顿举办的首届小额信贷高峰会议上，小额信贷的领军人物为小额信贷设计了一个"双赢"目标，即建立可持续发展的小额信贷机构，同时也能最大限度地减轻贫困。其中，实现机构自身的可持续发展是小额信贷的财务绩效目标，最大限度地减轻贫困是小额信贷的社会绩效目标。社会绩效目标和财务绩效目标，前者是目的，后者是手段，当两者发生矛盾需要取舍时，将社会绩效目标作为优先目标更符合小额信贷的本来意义。

模块一　财务绩效评价

【案例导入】

小额信贷：寻求公益性和盈利性的平衡

以 2005 年在中国举办的"国际小额信贷年"为起点，中国银行业协会（花旗集团）微型创业奖（以下简称微型创业奖）即将走过第 10 个年头。10 年来，微型创业奖覆盖的范围从客户个人到信贷员再到机构，从公益扩展到商业，不断地完善自身的制度，以确保评选结果的公平合理。

中国银行业协会农村合作金融工作委员会副主任耿博则表示，中国银行业协会每年都会对评奖做一些改进，包括评审规则的制定，一些定性定量指标的完善，还有专家组成员更新；并对评选规则及一些指标做一些更加合理的修改和进一步完善，使这个评选更加公平、公正、公开透明。

"公益小贷的占比很低而且范围很小，虽然社会绩效很高但是影响不足。"中国小额信贷联盟理事长杜晓山说，"微型创业奖需要更大的范围，我们始终强调有代表性：既要有公益的，又要有商业的；既要有银行等传统金融机构的，又要有新兴的非银行金融机构的。"

在杜晓山看来，小额信贷机构的可持续发展离不开对其公益性和盈利性的平衡，"金融的特点就是安全性、流通性、效益性"。传统金融机构更追求安全性和效益性，小额信贷则要反其道而行之，这样才能解决传统金融不能解决的问题。"普惠金融的意义，就在于要求所有人的资源为所有人服务，既要公平又要效益。"他说。小额信贷机构必须要做到财务效益与社会绩效的平衡。

他认为小额信贷机构面临着 3 个挑战：项目的覆盖规模如何达到尽可能大，业务能否尽可能深入贫困群体，成本和效益的性价比最高。

"正是通过微型创业奖的评选，很多机构才了解到什么是真正的小额信贷。"小额信贷联盟秘书长白澄宇表示，"微型创业奖的评选基本上是按照国际上公认的小额信贷理念来设定评选指标，机构参评的过程也是培训过程。"

耿博同样认为，获奖机构通过微型创业奖的评选扩大知名度后，会更加注重社会责任。而通过专家的实地走访、现场答辩等系列严格程序，也能对机构以后的工作起到促进和提高的作用。

资料来源：小额信贷：寻求公益性和盈利性的平衡 [EB/OL]．[2014 - 12 - 09]．http：//finance.ce.cn/rolling/201412/09/t20141209_4080168.shtml.

请思考：基于材料，谈谈小额信贷机构的财务效益与社会绩效的关系。

活动1　理解财务绩效评价指标

财务绩效体现的是小额信贷机构在经营管理中的财务状况和盈利能力，财务绩效指标可以帮助我们明确小额贷款机构在经营方面的成果和不足。小额信贷机构通常使用的财务绩效评价指标主要包括生产率指标、效率指标和收益率指标。

一、生产率指标

许多生产率指标用于衡量一定投入（如职员、信贷员、分支机构）水平下的产出量（如贷款数量、贷款资本或客户数）。以下常用的四个生产率指标从不同角度衡量生产率，所有的生产率指标含义相似，即指标值越高，机构产出越多。

1. 有效贷款客户总数/职员总数

这个指标测量小额信贷机构的贷款客户数量与在职员工总数之比，包括后台员工（管理信息系统、会计、行政人员）、管理人员和前台员工（信贷员）。许多分析人员认为，该指标可以较好地衡量小额信贷机构自身对提供金融服务的适应性。较低的指标显示有较多的职员从事行政工作，而较高的指标则表示有较多的职员直接从事贷款业务或提供金融服务。

2. 有效贷款客户总数/信贷员总数

这个指标是有效贷款客户与信贷员，或直接从事金融服务的职员总数之比。有些分析人员怀疑这个指标在进行机构间比较时的有效性，因为各机构的贷款技术、人员结构以及金融服务的类别有很大的不同。然而，小额信贷机构可以在内部运用这一指标来比较各分支机构之间或分支机构内部职员的生产率。一般而言，成功的小额信贷机构在这个指标上的标准值为：个人信贷是250个有效贷款客户/信贷员；小组信贷是350个有效贷款客户/信贷员。

3. 有效贷款客户总数/分支机构总数

这个指标对借款人或者客户与小额信贷机构的分支机构进行比较，反映每个信贷分支机构的平均生产率，也能够反映小额信贷机构的业务能力。

4. 总贷款余额/信贷员总数

这个指标用于衡量财务生产率，它比较的是总贷款余额与信贷员总数。该指标根据贷款方法、贷款规模和目标市场的变化而有很大的不同。小额信贷机构管理层用这个指标来跟踪信贷员一段时间内的财务生产率。

二、效率指标

效率指标衡量的是为产生收益而提供的服务（如贷款）的成本。小额信贷机构的效率指标反映的是贷出一个单位货币的成本。与生产率指标相反，效率指标值越低，机构越有效率。对于吸收存款的小额信贷机构，效率指标会由于有额外的吸收存款的经营成本而较低。因此，吸收存款的小额信贷机构的效率指标不能与未吸收存款的小额信贷机构的同类指标相比。常用的两个效率指标如下。

1. 经营费用/平均贷款余额

这个指标也称为管理效率，需要强调的是，这里的成本指的是经营费用，不包括资金财务成本和贷款损失准备金。为了进一步分析，经营成本可以拆分开来，以衡量特殊成本因素的效率，如工资和津贴，工资和津贴通常在经营成本中占比较大。因为管理效率不包括财务成本和贷款损失准备金，便于进行机构间的效率比较，因为不同机构的资金结构不同，要求的贷款损失准备金也可能不同。

2. 总经营成本/平均贷款余额

这个指标也称为经营效率，需要强调的是，这里的成本指的是总经营成本，它包括资金财务成本和贷款损失准备金，在机构内部使用这一指标更有意义。

实物捐赠对小额信贷机构经营的好处在于它不会产生直接成本。实物捐赠通常包括设备捐赠、捐赠者支付的审计费用、技术支持、租金补贴或者其他形式用于机构运营的非现金补贴。为了评估在没有补贴的情况下，小额信贷机构如何进行可持续经营，需将小额信贷机构的财务报表进行调整，以消除这些补贴对机构业绩的影响。然而，实际上并非所有的实物捐赠都能帮助小额信贷机构实现其目标，在没有捐赠者援助时，它也能运营。事实上，一些实物捐赠实现的是捐赠者的目的，并不代表这是没有捐赠的机构在经营中所必须付出的成本。因此，这一类型的实物捐赠不会出现在调整项中。

对于上述两个效率指标，如果机构存在实物捐赠，且符合需要对财务报表进行调整的情况，应在指标计算公式的分子（经营费用或总经营成本）上加上实物捐赠。另外需注意的是，这两个公式衡量的是一个时期而非一个时点的效率，在这种情况下，分母用的是总贷款余额的时期平均数。

生产率与效率指标提供了有关小额信贷机构获得收益与其成本费用间的比率关系的信息。通过计算和比较长期的生产率和效率指标，小额信贷机构能够确定它们是否在最大限度地使用其拥有的资源。生产率和效率指标都能够用来比较一个小型信贷机构的长期财务绩效并衡量其经营上的改善状况。通过把小额信贷机构的财务绩效作为一个整体进行跟踪分析，包括经营良好的分支机构、信贷人员或者其他经营机构，一个小额信贷机构能够确定在各个主要的经营机构间的"理想"关系。如果指标是适用的，那么，各分支机构的管理人员能够将自己管理的机构与其他机构相比较，以确定自身在什么地方需要降低成本，在什么地方需要增加收益。

三、收益率指标

收益率指标衡量的是小额信贷机构的与其资产平衡表相关的净收入。收益率指标有助于投资者和管理者确定他们是否能够从小额信贷机构投资中获得适当的回报。

1. 资产收益率（ROA）

$$资产收益率（ROA）=经营利润/平均总资产$$

$$调整后的资产收益率（AROA）=调整后的经营利润/平均总资产$$

ROA是用来衡量小额信贷机构运用其总资产获取收入能力的指标，分母为该期间的平均总资产，即该期间的期初和期末资产值的平均数。由于不同机构间存在的通货膨胀、补贴、实物捐赠等差异，ROA指标不适用于不同机构之间的比较。当根据标准的调整办法（通货膨胀调整、补贴资金成本调整、实物捐赠调整）将分子进行调整计算后，不同机构调整后的资产收益率（AROA）就能进行比较了。

2. 净资产收益率（ROE）

$$净资产收益率（ROE）=经营利润/平均净资产总额$$
$$调整后的净资产收益率（AROE）=调整后的经营利润/平均净资产总额$$

ROE 是用来衡量利润水平的重要指标，它可以反映出股东投资的回报率。ROE 衡量的也是某个给定期间的收益，因此，净资产必须取平均值，即该期间的期初和期末净资产值的平均数。

AROE 是一个类似于 AROA 的财务分析工具，它衡量净资产在为机构资产提供融资所得的回报，而不是机构资产自身带来的回报，因为资产也可以通过负债融通。通货膨胀对小额信贷机构的净资产有较大影响，如果 AROE 小于零，那么意味着机构的净资产年复一年地被侵蚀。

3. 贷款收益率

$$贷款收益率=贷款收入/平均贷款余额$$

贷款收益率衡量的是小额信贷机构通过其贷款业务获取了多少收益。收入即收益，包括所有现金利息和费用收入，但不包括应收利息。

贷款收益率在区分小额信贷不同的利息和费用结构的实际现金流方面尤其有用。它衡量在某一期间贷款业务获得的实际收入额，并与带来收益的同期平均未偿贷款余额进行比较，反映了小额信贷机构获得必需收入的能力，是可持续发展的首要指标。

【拓展知识 7-1】

相关财务指标的界定

扶贫协商小组（CGAP）、世界银行集团于 2003 年出版的《微型金融共识指南：微型金融财务术语、比率以及调整的释义》中对相关财务指标的界定如下。

经营（总）收入（Total Operating Revenue）：包括所有金融收入和其他经营收入。金融收入是指从贷款资产和投资活动中获得的收入，其他经营收入是指从其他金融服务中获得的收入。经营收入不包括捐赠，或任何与小额信贷机构贷款和提供金融服务这些核心业务无关的收入。当然，如果小额信贷机构认为其培训师的金融服务是不可分割的组成部分，那么培训收入也应被包括在经营收入内。

经营（总）费用（Total Operating Expense）：包括员工费用和管理费用，但不包括财务成本和贷款损失准备金，也不包括与非金融服务相关的费用。其中员工费用（Personnel Expense）包括员工的工资、奖金、福利以及就业税。它同时也指工资和福利或人员费用。它也可以包括招聘员工的费用和（或）最初的岗位设定费用。它不包括为现有员工提供的继续教育或专业培训费用，这种费用应被视为管理费用。管理费用（Administrative Expense）是与小额信贷机构金融服务或其他服务直接相关的非财务费用，这些服务构成机构与客户金融服务关系的一部分。如折旧、水电、办公用品、广告、交通、通信以及咨询费用。它不包括对员工、收入或利润的征税，但包括交易税和购置税，如增值税。

财务成本（Financial Expense）：也称金融费用，指为所有负债所支付的利息、费用和佣金，这些负债包括小额信贷机构持有的客户存款账户、商业和优惠贷款、抵押及其他负债，也可能包括协调信贷额度的费用；既包括已经用现金支付的利息，也包括应付未付利息。

贷款损失准备金（Loan – loss Allowance）：是指为因拖欠而导致的损失所耗费（预留）的那部分总贷款余额。这一科目是指累计的贷款损失预提费用减去累计贷款注销额所剩余的部分。应该注意的是，贷款损失准备金通常不是现金储备，而是一个账户设置，用于向财务报告的读者提供预计贷款损失规模的信息。

经营净收入（Net Operating Income）：总营业收入减去与经营小额信贷机构核心金融服务相关的费用合计，包括经营（总）费用、财务成本及贷款损失准备金。它不包括捐赠和来自非金融服务的收入。

活动2　了解财务可持续性评价

一、小额信贷机构的可持续性

第一种，是指小额信贷机构的利息和手续费收入不足以覆盖运营成本，世界上大多数小额信贷机构属于此类。这类机构大多依靠赠与或捐赠者及政府提供的低息贷款，他们严重依赖补贴。总体来看，这类机构会耗尽资金最终走向结束，他们客户的期望往往无法满足。

第二种，这类小额信贷机构的收入能够覆盖运营成本，但不能够覆盖获得资金的商业成本。虽然这类机构能够覆盖运营成本，但是由于无法覆盖财务成本，他们仍然需要资助，资助的程度取决于他们获取资金的成本。

第三种，这类小额信贷机构能够实现完全的自给自足，不仅能够覆盖所有成本，而且能够获得盈利。这类机构发放的贷款利率还包括通货膨胀溢价。他们在不需要资助的情况下盈利，而且股权回报率可以达到私人部门的股权回报率。这类机构能够吸收公众储蓄并能够利用国内外的投资资金。而能否获取资金是小额信贷机构提供商业化金融服务的重要衡量指标。

二、财务可持续的评价方法

（一）经营自足与财务自足

财务可持续是小额信贷可持续发展的最重要指标。国际上，多数小额信贷机构一般采用"自足"指标和补贴依赖指数来衡量机构的可持续发展能力。

经营自足（Operational Self Sufficiency，OSS），即经营自负盈亏率，也称操作自负盈亏率。这是实现可持续发展的最低标准，它测量经营收入补偿经营费用的程度，反映了在给定的期间内，小额信贷机构用其所有的经营收入补偿其出现在利润表中所有的经营费用的能力。

财务自足（Financial Self Sufficiency，FSS），即财务自负盈亏率，也称金融自负盈亏率，测量经营收入补偿所有费用的程度，反映了小额信贷机构在微利水平上运营的能力。实现财务自足的小额信贷机构能在接受很少或完全不接受捐赠的情况下，提供可持续性的服务，从而实现机构的可持续发展。具体计算公式如下：

经营自足（OSS）＝经营收入÷（经营费用＋财务成本＋贷款损失准备金）

财务自足（FSS）＝经营收入÷（经营费用＋财务成本＋贷款损失准备金＋资本成本）

财务自足指标计算公式中的资本成本项，是一个费用调整项，包括通货膨胀率调整、资金成本补贴调整、非现金补贴调整、不良贷款调整、外汇损益调整等。

（二）补贴依赖指数

世界银行的雅各布·耶伦（Jacob Yaron，1992）开发了补贴依赖指数（SDI）来衡量小额信贷机构对财政补贴的依赖程度和可持续发展能力。SDI 主要用来计算一个小额信贷机构为保证其收益与资本的机会成本相等时所需要的资金补贴程度，用来对补贴依赖性进行评估并定量计算。

具体衡量在其他条件不变的情况下，一家小额信贷机构为了抵销其所收到的补贴，以及为了使其股权回报等于以市场利率借入资金的成本，而所需要提高平均贷款利率的百分比。这个指标将补贴作为小额信贷机构当前经营和利息收入水平的一部分，在清晰反映机构未来持续经营对补贴的依赖程度方面具有明显优势。具体计算公式如下：

补贴依赖指数（SDI）＝$S \div (LP \times I)$

其中，$S = A \times (m - c) + [(E \times m) - P] + K$

S ＝小额信贷机构收到的年度补贴额；

LP ＝平均年度贷款余额；

I ＝发放贷款的加权平均利率；

A ＝小额信贷机构以优惠利率借入的资金余额（年度平均值）；

m ＝借贷资金的市场利率；

c ＝小额信贷机构实际借贷资金的年度加权平均利率；

E ＝平均年度净资产；

P ＝年度报告利润（税前，如需要，对贷款损失准备金、通货膨胀及其他因素进行调整）；

K ＝收到其他补贴的年度总和（如国家对小额信贷机构营业成本作出的部分或全部补偿）。

SDI 为 0 或负数意味着小额信贷机构取得了完全的自我可持续发展。SDI 为 100% 意味着如果完全取消补贴，小额信贷机构需要将平均贷款利率翻番才能实现可持续发展。负的 SDI 意味着小额信贷机构不仅完全取得了自我可持续发展，而且它的年度利润在减去以合适的市场利率计算的资本成本后，还能超过它的年度补贴总额（如果这家小额信贷机构接受补贴的话），负的 SDI 还意味着小额信贷机构可以在不接受任何补贴的同时降低平均贷款利率。

如何做到扶贫与

经济双赢——

河北易县扶贫

经济合作社调查

模块二　社会绩效评价

【案例导入】

中和农信：资本向善，企业要把好"自身发展"与"社会责任"的方向

作为一家扎根农村的小微金融服务机构，中和农信为农村金融体系作出了自己的努力。自成立以来，中和农信就以"打通农村金融最后一百米"为使命，为县域内中低收入的群体提供小额贷款服务，希望让他们能够有能力去追求幸福生活。而在这个过程中，中和农信也强调理想要与现实并行。作为资本向善的企业，既要关注自身的经济回报，也要有社会责任感，这样才能实现企业的可持续发展。在关注自身经济回报方面，中和农信通过为这一类群体量身定制以小额信贷为主的多元化金融服务产品来帮助他们获得贷款，摆脱之前被传统金融机构拒之门外的窘境。为了实现这个目的，中和农信从两个方面来设计适合这类人群的金融产品。

在借款方面，中和农信提供的信贷额度呈现"有上限、无下限"的特点，精准锁定农村中的目标客户，既能为农户提供启动资金，又能改善农户的生活；在还款方面，考虑到这一类人群大多没有贷款的经历，没有合适的抵押品，所以中和农信在信贷产品的设计上，侧重考察他们的未来现金流量及还款意愿。同时采用多种还款模式，让农户可自主选择还款方式，有效减轻了农户的还款压力。合适的金融产品让更多人愿意去中和农信贷款，这也让中和农信获得了长足发展。

在履行社会责任方面，中和农信最直接的表现就是帮助全面提升客户的综合能力，帮助客户实现可持续发展。例如，中和农信将金融教育融入服务当中，定期举办各类金融知识宣传活动，比如学会辨别 APP 的真伪、辨别正规金融机构，开展防范金融诈骗、个人信息保护培训等，这些金融知识的普及对于提升客户综合能力，规避金融风险起到了很大的作用。

资本向善的意义在于既能促进自身的发展，也能对社会发展有所助益。中和农信作为一家深耕农村的小微金融服务机构，在解决农户贷款难的问题上作出了有效的努力，让更多中低收入人群有机会去追求自己的幸福生活，而这也是吸引其他向善资本投资的原因。

资料来源：中和农信：资本向善，企业要把好"自身发展"与"社会责任"的方向［EB/OL］.［2020－01－22］. https：//cj. sina. com. cn/articles/view/5675440730/152485a5a02000qpjb.

☞ 请思考：基于材料，谈谈中和农信的可持续发展与社会责任的关系。

活动1　了解社会责任与社会绩效

企业社会责任是指一个企业在其运营和活动中对其所有利益相关者应承担的责任或

义务，这种义务是基于基本的道德规范和社会准则。企业社会责任具有三重基本原则，即对经营绩效的考核要兼顾社会、环境和经济三个相互关联的领域。企业社会责任不仅考量企业如何运用其利润，也考核企业如何获得利润。

企业社会绩效虽然也是企业社会责任所要求的行动，但社会绩效与社会责任有区别，不同学者对社会责任和社会绩效内涵的认识不尽相同，具体见表7-1。

表7-1　　　　　　　　　　社会责任和社会绩效的区别和联系

维度	一般企业社会责任		小额信贷社会绩效
	层次1	层次2	
企业目的和责任	经济目的是企业唯一的目的，社会目的是实现经济目的的手段	企业目的是多元的，追求利益相关者的整体利益	企业目的是多元的，追求利益相关者的整体利益
动力来源	外部压力要求的	自觉、自愿的	自觉、自愿性
行动模式	社会事务参与	社会事务参与	纳入企业经营管理
行为特征	可不纳入内控系统 可不纳入考核评价 可不纳入报表报告	可不纳入内控系统 可不纳入考核评价 可不纳入报表报告	纳入内控系统 纳入考核评价 纳入报表报告

资料来源：杜晓山，孙同全，张群. 公益性及商业性小额信贷社会绩效管理比较研究 [J]. 现代经济探讨，2011 (5).

对社会责任的认识有两种不同的层次，显示了概念的演进和深化。"层次1"认为经济目的是企业唯一的目的，所有非财务和非经济的目的都被看作是获得目的的手段。企业在外部压力，如法律、社会期望、市场等逼迫下履行其社会责任，是一种社会事务性参与，表现为慈善捐赠等形式，没有纳入企业的战略范围，从而不纳入企业内控系统、考核评价、报表报告体系。

"层次2"深化了"层次1"的认识，"层次2"认为，企业目的是多元的，除了经济目的以外，企业也应当有社会目的和环境目的，应追求利益相关者的整体利益，而不仅仅是某个主体的利益，"层次2"能够自觉、自愿履行其社会责任。但是在行动模式上仍然停留在社会事务参与的层级，并没有纳入企业日常管理活动中。

社会绩效是指一个机构根据其宗旨自觉地进行经营管理所产生的社会效益。小额信贷社会绩效是建立在利益相关者视角下进行讨论的，机构追求利益相关者的整体利益，而不仅仅是某个主体的利益，重要利益相关者包括客户、捐助者、投资者、员工以及社区。他们不仅关注机构的财务绩效，还考虑机构的社会成果。社会绩效将社会成果与机构的社会宗旨目标相联系。在设定机构社会宗旨目标时必须明确各利益相关者所关注的绩效。企业的社会绩效内生于企业宗旨和目标，实现社会绩效是企业的一种自觉行为，强调对社会绩效进行管理，要将社会绩效管理纳入企业内控系统、对员工的考核评价体系，以及报表报告。

活动2　理解企业社会绩效与财务绩效的关系

对于企业的社会绩效与财务绩效之间的关系，存在着不同的观点。

一、社会绩效促进财务绩效

良好的社会绩效将导致较高的企业利润。20 世纪 50 年代到 90 年代，强生、可口可乐、IBM、3M、施乐等社会绩效良好的企业的利润增长率达到 11.3%，而同期道琼斯行业平均增长率水平约为 6.2%。一些学者试图解释这种现象，主要理论观点如下。

社会影响假说（The Social Impact Hypothesis）认为，良好的社会表现会导致较高的财务绩效，企业可以通过提高企业声誉来降低商业风险，获得监管机构更多的支持，吸引财政市场上更多的投资，满足不同利益相关者的需求和期望，增进财务绩效（Cornell 和 Shapiro，1987）。

利益相关者契约成本论（Stakeholder Contract Costs Theory）认为，良好的企业社会绩效可降低利益相关者的管理成本，从而提高企业经济效益（Sen，1997；Swanson，1995）。

二、提高社会绩效导致财务绩效下降

企业将资金、资源投入社会行为，用于提高企业社会绩效，将增加企业的成本，无法达到利润最大化的目标，从而降低了财务绩效和企业整体绩效，主要理论观点如下。

交易假说（The Trade – off Hypothesis）认为，高社会责任表现会导致低财务绩效，企业履行社会责任会导致财务支出，从而降低盈利能力，尤其是当其他公司不积极参与社会活动时，会导致该企业处于竞争市场中的不利地位与处境。

私有成本理论（Private Costs Theory）假定企业社会绩效造成企业成本的增加，却无法获得相对的报酬（Friedman，1970；Preston 和 O'Bannon，1997）。

经营阶层的狡黠理论（Managerial Guile Theory）认为，即使某些企业社会行为会损害企业的整体绩效，一些经理人仍会基于私人利益而从事企业社会行为，因为监督经理人的行为是很困难的，尤其是在大型企业。这一理论意味着经理人将资源用在社会目标上，而不将这些资源用在有高生产力的产品上，将使企业的财务绩效无法达到最大化的目标。

三、社会绩效依赖于良好的经济绩效

良好的财务绩效增加了企业在社会绩效领域投资的可能性，进而影响企业社会绩效，主要理论观点如下。

可利用资金假说（Available Funds Hypothesis）认为，企业的社会表现取决于可供利用的财务资源，良好的财务绩效使企业能够在社会责任上投入更多的资金，产生良好的社会表现。

闲置资源假说（The Slack Resource Hypothesis）认为，财务绩效良好的企业，将有更多的闲置资源（财务的或其他的），并给予企业更多在社会绩效领域投资的机会，例如，社区关系、员工关系或环境等。

可负担理论（Affordability Theory）考虑到社会绩效的成本，认为参与社会行为成本是昂贵的，只有财务绩效良好的企业才有能力提高社会绩效，即良好的财务绩效是企业实现社会绩效的前提。

四、财务绩效与社会绩效间存在反作用

企业财务绩效越好，企业越不会去从事社会责任行为；企业财务绩效越不好，企业越会去从事社会责任行为。管理机会主义假说指出，高财务绩效将导致低社会绩效。由于管理者追求个人目标的实现以及个人利益的最大化，当企业财务绩效良好时，企业经理人将会减少对社会责任的投资以增加个人的短期收益；当财务绩效不佳时，管理者会通过参加一些突出的社会活动来抵消令人失望的经营业绩或使之合理化。

以可持续商业模式服务农村发展的"最后一百米"

活动3　　了解小额信贷机构社会绩效管理

一、什么是社会绩效管理

社会绩效管理（SPM）是小额信贷机构为实现其社会目标，通过设定战略和指标、开展经营管理、产生社会绩效的过程，它是一个衡量、分析、报告和使用社会绩效信息的过程。社会绩效管理是小额信贷机构将社会绩效目标转化为现实成果的制度化过程，包括制定明确的社会目标、管理达到社会目标的过程以及利用信息以提高绩效的实践。

社会绩效管理在小额信贷行业内所起的作用日益显著。小额信贷机构是寻求财务和社会效益，具备双重底线的机构。财务目标和社会目标有时可能会冲突，社会绩效管理能够让小额信贷机构的管理人员在财务绩效与社会绩效之间进行权衡管理。对一个机构来说，有效的社会绩效管理体系将产生相关信息以更具战略性的有效方式处理两者之间的权衡。尽管社会绩效管理在小额信贷领域相对较新，但它在其他领域的发展却有着很长的历史。

社会绩效目标是小额信贷机构社会绩效管理所要达到的目标。社会绩效目标的设定有助于小额信贷机构实现其社会绩效。小额信贷机构的社会绩效目标通常包括三个方面：第一，惠及目标客户，以可持续的方式扩大和深化对中低收入群体和被正规金融机构排斥群体的服务；第二，满足客户需求，通过对目标客户的具体需要进行系统评估，改善对目标客户的服务质量和便利程度；第三，改变客户生活，为小额信贷客户及其家庭和社区创造利益，包括改善其社会资本、社会关系和资产，降低家庭经济的脆弱性，增加收入，使小额信贷客户能获得必要服务，并满足他们的基本需求等。

二、社会绩效管理流程

对于一个小额信贷项目或机构而言，社会绩效管理的基本路径：首先，制定项目或机构的服务宗旨，对服务的客户对象进行定位。其次，为实现宗旨制定战略，确定要实现的长期以及短期目标，设立社会绩效考核指标，设计产品和服务内容等。再次，制定和实施经营管理制度，配备人力资源，设置内控系统，运用信息系统开展经营活动，去实现宗旨和目标。最后，产生经营管理活动的成果，惠及目标客户，满足客户需求，以及改变客户生活。

这一路径的每一环节都会对最后的成果产生重要影响，或者内部或者外部影响。此外，社会绩效管理产生信息必须融入小额信贷机构的经营、运作程序和价值系统，以影响业务和战略层面的决策，从而利用社会绩效信息提高机构的整体绩效。

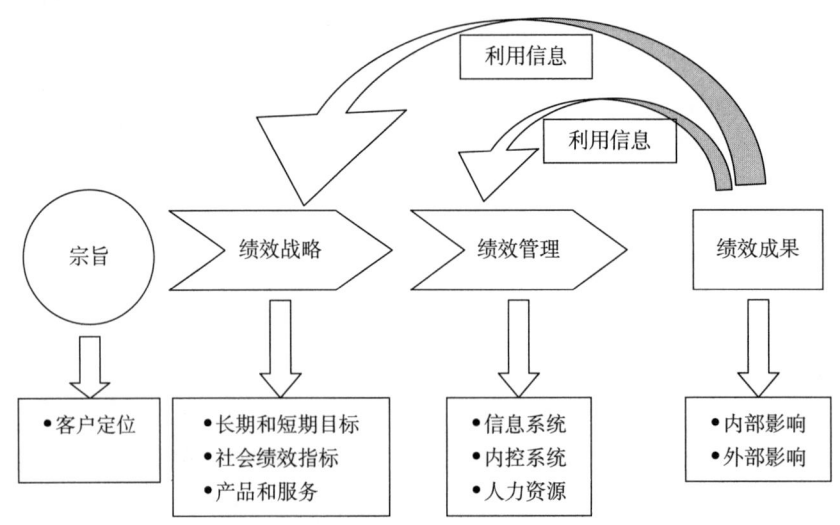

图7-1 社会绩效管理流程

(资料来源：刘文璞. 小额信贷管理［M］. 北京：社会科学文献出版社，2011)

三、社会绩效评价指标

小额信贷机构的社会绩效成果需要通过社会绩效评估才能体现。社会绩效评估是一个相对狭窄的概念，特指对社会绩效进行具体的评估。社会绩效评估既可以是机构内部的自我评估，也可以是外部对机构的评估。对内部评估来说，社会绩效评估可以是一种内部审计；而外部评估则与社会绩效评级相关。

社会绩效评级是使用标准的评级打分表对小额信贷机构的社会绩效进行的独立评估，是近年来在小额信贷领域兴起的业务。国际小额信贷评级公司（Micro – Credit Rating International Limited，M – CRIL）、微型金融评级机构（Microfinance Rating）、沛丰评级公司（Planet Rating）、微型评级公司（Micro Rate）是国际上在该领域开展评级业务的代表性机构。

从社会绩效的不同评价角度，有三种评价模式：利益相关者评价模式、制度管理评价模式、社会议题评价模式。

利益相关者评价模式是运用利益相关者理论来探寻企业社会责任和社会绩效问题，它认为任何一个公司的发展都离不开各种利益相关者的投入或参与，企业追求的是利益相关者的整体利益，而不仅仅是某个主体的利益。

制度管理评价模式是将利益相关者理论与新制度经济学相结合，从战略管理、企业伦理理论和组织行为学的角度研究利益相关者理论，从而更好地平衡不同利益相关者的利益要求，解决企业管理社会绩效的现实问题。

社会议题评价模式是从小额信贷应该重点关注的社会议题角度制定相应的指标。该模式认为，小额信贷社会绩效研究的议题至少有四个值得认真重视的方面：服务覆盖面、消费者保护、机构管理的平衡和报告制度（见表7-2）。

表7-2　　　　　　　　　　　小额信贷社会绩效议题评价模式

服务覆盖面	消费者保护	机构管理的平衡	报告制度
①服务深度 ②服务广度 ③服务质量 ④服务跨度 ⑤服务品种	①避免过度负债 ②透明化的定价机制和披露机制 ③适宜的收贷制度 ④员工行为的道德规范 ⑤对客户不满投诉的反馈、纠正和补偿机制 ⑥客户数据的保护机制	①机构的治理结构 ②服务成本要适宜	①社会绩效指标体系 ②报告的形式 ③报告时间及时限 ④报告的使用对象

1. 服务覆盖面。服务覆盖面主要关注以下问题：（1）服务深度，即产品和服务能达到社会底层的程度，通常用平均贷款额度来反映，额度越小表示服务的人群越贫困，为了使国家间的指标具有可比性，通常将平均贷款额度除以该国家的人均国民收入，抵消国家收入水平不同带来的差异；（2）服务广度，即客户数量，通常用"活跃借款人数"（有效贷款客户总数）来衡量，是指目前向小额贷款机构有借款的个人或单位总数，通常拥有多笔贷款的个人算作一个借款人；（3）服务质量，即服务是否符合适用性、有效性和经济性等一般要求；（4）服务跨度，即客户获取金融产品和服务的时间长度；（5）服务品种，即提供给客户的服务是否具有多样性，是否适于客户需求。

2. 消费者保护。关于消费者保护，国际上公认有六个基本原则：避免过度负债；透明化的定价机制和披露机制；适宜的收贷制度；员工行为的道德规范，对客户的态度；对客户不满的投诉有没有完整的反馈、纠正和补偿机制；客户数据的保护机制。

3. 机构管理的平衡。首先，机构的治理结构要制衡，包括独立及相互支持和制衡的负责人；平衡的技能、定位和经验；员工轮岗；规则和约束机制；收入的分配机制；适宜的利润水平；对客户提供更多的支持服务上有投入的激励等。其次，服务成本要适宜。这包括服务成本、信贷利率、储蓄利率等方面的定价区间。小额信贷应有一个合理的存贷差界限，同时要尽量控制服务客户的成本，确定一个机构和借款人双方都能接受的成本范畴。从供给方来看，机构的可持续发展能够引发市场竞争，而竞争使得客户有多元化的融资渠道，这是有益的，但客户不要因此过度负债。

4. 报告制度的支撑。社会绩效报告制度支撑是指建立起全面反映社会绩效活动情况、及时有效提供相关信息、加强内部管理的内部报告制度。

✉ 【拓展知识7-2】

小额信贷信息交流中心的社会绩效指标体系

2005年3月，来自世界各地的小额信贷相关人士齐聚巴黎，组建了小额信贷"社会绩效工作小组"（Social Performance Task Force，SPTF），其目的是推动全行业对社会绩效工作的支持，动员利益相关者参与并在一些问题上达成共识，包括：社会绩效的术语和定义、社会绩效项目活动的协调、信息的发布和共享、建立共同的社会绩效框架、开发社会绩效报告和绩效标准体系。

　　工作组在调查基础上形成了一套共同的（核心）社会绩效指标，用于监测、报告和比较不同小额信贷机构的社会绩效。工作组将这套指标提供给了小额信贷信息交流市场（MIX MARKET），由在 MIX MARKET 上注册的机构提供并发布社会绩效数据，并形成行业基准数据。小额信贷信息交流市场采用的社会绩效指标体系如图 7－2 所示。

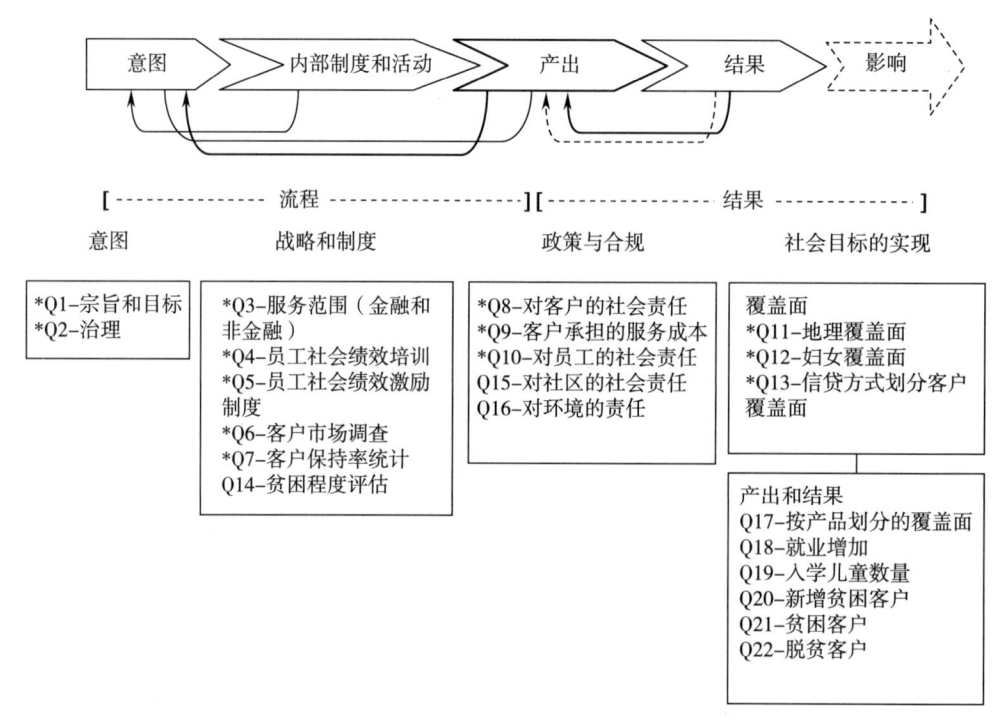

图 7－2　小额信贷信息交流市场的社会绩效指标体系

（注：＊是 MIX MARKET 期望注册机构填写的指标）

　　在原有 22 个指标体系的基础上，MIX 综合了小额贷款机构、投资者以及网络的反馈以及前几年的 MIX 数据分析，对小额贷款机构社会绩效的指标进行了改进。2011 年的新指标列表包含 11 项核心指标。该 11 项指标及指标衡量内容如下。

　　1. 宗旨和社会目标（Mission and Social Goals）：机构对社会宗旨、目标市场和发展目标作出书面承诺。

　　2. 治理（Governance）：机构理事会成员是否都接受了社会绩效管理培训，设立了专门的委员会对社会绩效进行监管。

　　3. 产品和服务的范围（Range of Products and Services）：机构提供的金融和非金融产品与服务。

4. 对客户的社会责任（Social Responsibility to Clients）：机构对客户保护原则的实施情况，包括防止过度负债、信息透明化、合理定价、公平公正对待客户、有效的投诉解决机制、保护客户隐私权。

5. 对客户服务成本的透明度（Transparency of Cost of Services to Clients）：机构如何向客户说明利率。

6. 人力资源和员工激励（Human Resources and Staff Incentives）：机构对员工的社会责任的政策，包括人力资源政策，理事会与员工构成，员工更换率以及员工与社会绩效目标挂钩的激励机制。

7. 对环境的社会责任（Social Responsibility to the Environment）：机构是否制定政策减少所支持企业对于环境的影响。

8. 贫困覆盖面（Poverty Outreach）：客户在加入时的贫困水平以及加入后的脱贫情况。

9. 不同信贷方法的客户覆盖面（Client Outreach by Lending Methodology）：机构提供的不同放贷方法。

10. 支持企业与创造就业（Enterprises Financed and Employment Creation）：机构贷款支持的企业数量与这些企业创造的就业机会。

11. 客户保持率（Client Retention Rate）：机构的客户保留率。

小额信贷信息交流中心（Microfinance Information Exchange，MIX）是为小额信贷行业提供商业信息与数据服务的主要服务商。MIX 致力于通过提高透明度来加强小额信贷行业，它提供与行业相关的小额贷款机构、投资者、网络和服务供应商的综合绩效信息。MIX 通过丰富多样的公共平台提供服务，这些平台包括 MIX Market（www. mixmarket. org）、MicroBanking Bulletin 和 MIX Microfinance World。

MIX 是由扶贫协商小组（Consultative Group to Assist the Poor，CGAP）创建的一家非营利性公司，并与 CGAP、花旗基金会（the Citi Foundation）、德意志银行美国基金会（Deutsche Bank Americas Foundation）、Omidyar Network、万事达基金会（MasterCard Foundation）、国际农业发展基金（IFAD）、比尔及梅琳达·盖茨基金会（Bill & Melinda Gates Foundation）、迈克尔和苏珊·戴尔基金会（Michael & Susan Dell Foundation）、福特基金会（Ford Foundation）和其他组织协同开展工作。

资料来源：刘文璞. 小额信贷管理［M］. 北京：社会科学文献出版社，2011.

☞ 请思考：基于材料，谈谈对小额信贷机构开展社会绩效评价的认识。

✉ 【拓展知识7－3】

中国公益性和商业性小额信贷社会绩效管理比较

表7－3是国内学者借鉴小额信贷信息交流中心（MIX）的22个社会绩效管理评估指标，对我国公益性小额信贷和商业性小额信贷社会绩效管理现状进行的比较研究。

表7－3   我国小额信贷社会绩效管理评价

小额信贷机构	公益性	商业性
Ⅰ 宗旨		
1. 机构宗旨和社会目标	大多具有明确的社会目标，商业化趋势，但机构面临"宗旨和目标偏移"的挑战	少数机构的宗旨和目标中含有社会绩效的元素
2. 机构治理	治理类型多样，理事会成员由利益相关方组成	实行"三权分立"制度，但董事会成员、利益相关方代表性不全面
Ⅱ 战略		
3. 产品和服务的范围	供给导向，只为受益人提供确定的服务，较少考虑产品开发	需求导向，最大限度地开发适应客户不同需要的产品
	提供综合性的扶贫服务	多数仅提供微型金融服务
4. 社会绩效培训	重视客户参与，通过客户参与实现社会绩效培训	员工培训中含有社会绩效内容，但是没有明确的社会绩效教育导向
5. 员工绩效考核和激励	对社会绩效的有效定量衡量不多，缺乏以"双重目标"为导向的人力资源管理战略和措施	以经济绩效考核为主，欠缺社会绩效考量
6. 客户的市场调研	通过小组（或中心会议）以及建立自治组织的形式，收集客户经济以及生活状况信息	对客户（尤其是低端客户）的经济状况变化没有专门的调查安排
7. 衡量客户保留	注意收集客户保留率信息	缺乏客户保留率信息
8. 贫困评估	有意识，有要求，有跟踪，但缺乏有效工具	没有专门的考虑和安排
Ⅲ 政策与执行		
9. 对客户的社会责任	通过信贷以及技术培训、健康服务等社会服务，帮助客户成长	通过改善经营服务来体现社会责任，但仍然缺乏对消费者权益保护的关注
10. 客户服务成本的透明度	不以盈利为目标，利率低于商业银行贷款利率，同时并不很计较成本核算，很多公益性小额信贷机构不向客户公布贷款定价的依据和运营成本的构成	有些贷款利率高于商业银行贷款利率，定价相对灵活，不够透明
11. 对员工的社会责任	问题较多：专职化、激励机制、社会保障、职业生涯规划等差别较大	较好。专职员工、基本的福利保障、提供晋升通道、具有绩效考核激励机制
12. 对社区的社会责任	关注社区发展	缺少对社区发展的重视，但有一定的公关政策和投入
13. 对环境的社会责任	没有正式的制度安排，没有重视	有国家法规政策的约束和内部政策措施
Ⅳ 产出与成果：社会目标的成效		
14. 地理覆盖面	地域狭窄，多在贫困和传统金融覆盖不到的地方	点多面广，但贫困地区覆盖率低

续表

小额信贷机构	公益性	商业性
15. 妇女覆盖面	特别重视妇女，有的达到100%	不区分性别
16. 客户覆盖面	客户覆盖面较低	客户覆盖面广，但深度不够
17. 非金融服务的覆盖面	赋权、能力培训	覆盖范围有限
18. 就业	帮助贫困人口实现"雇用就业"和"自我就业"	有更多的方式促进就业
19. 儿童上学率	由于我国实行9年义务教育，在儿童上学方面并不存在很大的问题，因此笔者认为这一指标并不适合中国的实际情况	
20. 刚加入机构的贫困及非常贫困的客户	有要求，有统计，不准确	不统计
21. 加入机构3年或5年后仍处于贫困状态的客户	有要求，有统计，不准确	不统计
22. 加入机构3年或5年后脱贫的客户	有要求，有统计，不准确	不统计

资料来源：杜晓山，孙同全，张群. 公益性及商业性小额信贷社会绩效管理比较研究［J］. 现代经济探讨，2011（5）.

☞ 请思考：公益性与商业性的小额信贷在社会绩效管理方面有什么不同？如何更好地管理和实现商业性小额信贷的社会绩效目标？

【课后习题】

一、单项选择题

1. 以下属于小额信贷机构财务绩效评价的生产率指标的是（　　）。
A. 总经营成本/平均贷款余额　　　　B. 经营费用/平均贷款余额
C. 有效贷款客户总数/信贷员总数　　D. 贷款收益率

2. 以下属于小额信贷机构财务绩效评价的效率指标的是（　　）。
A. 总贷款余额/信贷员总数　　　　　B. 总经营成本/平均贷款余额
C. 有效贷款客户总数/分支机构总数　D. 贷款收益率

3. 以下属于小额信贷机构财务绩效评价的收益率指标的是（　　）。
A. 总贷款余额/信贷员总数　　　　　B. 总经营成本/平均贷款余额
C. 有效贷款客户总数/分支机构总数　D. 经营利润/平均净资产总额

二、多项选择题

1. 以下属于财务绩效评价指标的是（　　）。
A. 总经营成本/平均贷款余额　　　　B. 资产收益率
C. 有效贷款客户总数/职员总数　　　D. 服务深度

2. 以下属于社会绩效评价指标的是（　　）。

A. 经营费用/平均贷款余额　　　　　　B. 服务广度

C. 新增贫困客户　　　　　　　　　　D. 服务范围

3. 以下哪些指标值表明小额信贷机构实现了可持续发展（　　）。

A. OSS≥1　　　　　B. FSS≥1　　　　　C. SDI≤0　　　　　D. SDI＞0

4. 以下反映小额信贷机构服务覆盖面的指标是（　　）。

A. 服务深度　　　　B. 服务广度　　　　C. 服务品种　　　　D. 服务跨度

5. 小额信贷社会绩效评价模式重视的方面有（　　）。

A. 服务覆盖面　　　B. 消费者保护　　　C. 机构管理的平衡　　D. 报告制度

三、简答题

1. 小额信贷机构的财务绩效与社会绩效的关系是怎样的？

2. 财务绩效与社会绩效的内涵是什么？

3. 社会责任与社会绩效的区别是什么？

4. 简述小额信贷机构的可持续发展及其评价方法。

5. 简述小额信贷机构的社会绩效管理与目标。

6. 小额信贷机构的社会绩效评价模式是怎样的？

7. 小额信贷信息交流中心的社会绩效评价核心指标有哪些？

四、实训题

小组作业：搜集某小额信贷机构的相关数据和资料，对其进行财务绩效和社会绩效评价，形成书面报告并进行交流。

参考答案：一、CBD；二、ABC、BCD、BC、ABCD、ABCD

参考文献

［1］杜晓山．小额信贷与普惠金融体系［J］．中国金融，2010（10）．

［2］杜晓山，孙同全，张群．公益性及商业性小额信贷社会绩效管理比较研究［J］．现代经济探讨，2011（5）．

［3］何华平．一本书看透信贷——信贷业务全流程深度剖析［M］．北京：机械工业出版社，2018．

［4］何良刚，黄武．小额贷款业务管理［M］．北京：中国金融出版社，2018．

［5］何忠伟．农村金融与农户小额信贷［M］．北京：金盾出版社，2009．

［6］黄革，戴鸿广，邢增艺．小额贷款技术的国际经验及启示［J］．中国金融，2010（9）．

［7］黄武．小额贷款评估技术与风险控制［M］．北京：中国金融出版社，2013．

［8］焦瑾璞．小额信贷在中国［J］．中国金融家，2007（4）．

［9］焦瑾璞，王爱俭．普惠金融：基本原理与中国实践［M］．北京：中国金融出版社，2015．

［10］金永熙，邹挺骞，陈娟娟．小额贷款法律规范与风险防范［M］．北京：法律出版社，2016．

［11］汪海粟，姜玉勇．个体工商户的行业分布、生存状态及其或然走向［J］．企业发展，2014（4）．

［12］黄波，魏伟．个体工商户制度的存与废：国际经验启示与政策选择［J］．改革，2014（4）．

［13］李凤文．做好金融服务小农户"大文章"［N］．上海金融报，2019-02-26（002）．

［14］李直，朱忠明．中国小额贷款公司实践与发展［M］．北京：中国发展出版社，2013．

［15］刘文璞，张保民，孙同全，张红．小额信贷管理［M］．北京：社会科学文献出版社，2011．

［16］秦志辉，于春晖．促进小型微型企业健康发展［N］．人民日报，2012-04-27（007）．

［17］宋徐徐，许丁．软信息收集在中小企业贷款"信贷工厂"模式中的重要作用［J］．经济体制改革，2012（1）．

［18］汤建国．浅议小微企业贷款调查的交叉验证［J］．时代金融，2015（1）下

旬刊.

　　［19］王芳. 大数据时代背景下 IPC 信贷技术的应用研究 ［D］. 北京：北京邮电大学，2019.

　　［20］王海净，田原，杨伟坤. 如何做到扶贫与经济双赢——河北易县扶贫经济合作社调查 ［J］. 银行家，2016（3）.

　　［21］王颂吉，白永秀. 一个多元化农村金融组织体系框架——基于不同类型农户信贷需求的视角 ［J］. 延安大学学报（社会科学版），2011（1）.

　　［22］王晓青. 我国农村转型期农户小额贷款行为研究 ［M］. 北京：经济科学出版社，2012.

　　［23］卫恩祥，张卫峰. 基于银行视角探析农户贷款风险成因及防范对策 ［J］. 现代金融，2020（1）.

　　［24］翁一. 从 IPC 微贷技术再看大数据风控 ［N］. 第一财经日报，2019 – 11 – 05（A12）.

　　［25］阎敏. 银行信贷风险管理案例分析 ［M］. 北京：清华大学出版社，2015.

　　［26］袁亚光. 关于个体工商户 ［J］. 标准科学，2015（9）.

　　［27］曾刚，陈才东. 小企业融资：外部环境与贷款技术 ［J］. 金融与经济，2012（8）.

　　［28］张双英，谢瑞芬. 对易县扶贫经济合作社发展状况的调查与思考 ［J］. 华北金融，2008（10）.

　　［29］中国金融教育发展基金会，中国人民银行金融研究所. 中国小额信贷案例选编 ［M］. 北京：中国市场出版社，2009.

　　［30］中国人民银行，中国银行保险监督管理委员会. 中国小微企业金融服务报告（2018）［M］. 北京：中国金融出版社，2019.

　　［31］庄文君. 两种小企业信贷技术介绍 ［J］. 金融电子化，2011（3）.

　　［32］中国银行业协会银行业专业人员职业资格考试办公室，银行业专业人员资格考试统编教材个人贷款 ［M］. 北京：中国金融出版社，2018.

　　［33］中国小额信贷社会绩效管理研究课题组. 商业性小额信贷社会绩效评价——基于哈尔滨银行的案例分析 ［J］. 农村金融研究，2011（4）.

高职高专金融类系列教材

一、高职高专金融类系列教材

货币金融学概论	周建松			主编	25.00 元	2006.12 出版
货币金融学概论习题与案例集	周建松	郭福春等		编著	25.00 元	2008.05 出版
金融法概论（第二版）	朱 明			主编	25.00 元	2012.04 出版
（普通高等教育"十一五"国家级规划教材）						
商业银行客户经理	伏琳娜	满玉华		主编	36.00 元	2010.08 出版
商业银行客户经理	刘旭东			主编	21.50 元	2006.08 出版
商业银行综合柜台业务(第四版)	董瑞丽			主编	47.00 元	2021.07 出版
（国家精品课程教材·2006）						
商业银行综合业务技能	董瑞丽			主编	30.50 元	2008.01 出版
商业银行中间业务	张传良	倪信琦		主编	22.00 元	2006.08 出版
商业银行授信业务	王艳君	郭瑞云	于千程	编著	45.00 元	2012.10 出版
商业银行授信业务（第四版）	邱俊如	金广荣		主编	55.00 元	2025.08 出版
商业银行业务与经营	王红梅	吴军梅		主编	34.00 元	2007.05 出版
金融服务营销	朱莉妍			主编	39.00 元	2024.09 出版
金融服务营销（第二版）	徐海洁			编著	34.00 元	2013.09 出版
商业银行基层网点经营管理	赵振华			主编	32.00 元	2009.08 出版
商业银行网点经营管理(第二版)	王德英			主编	39.00	2022.09 出版
银行柜台实用英语（第三版）	汪卫芳	屠莉佳		主编	42.00 元	2023.09 出版
银行卡业务	孙 颖	郭福春		编著	36.50 元	2008.08 出版
银行产品	赵振华			主编	39.00 元	2023.06 出版
银行产品	彭陆军			主编	25.00 元	2010.01 出版
银行产品	杨荣华	李晓红		主编	29.00 元	2012.12 出版
反假货币技术（第二版）	方秀丽	陈光荣	包可栋	主编	58.00 元	2015.03 出版
小额信贷实务（第三版）	凌海波	邱俊如		主编	49.00 元	2025.07 出版
商业银行审计	刘 琳	张金城		主编	31.50 元	2007.03 出版
金融企业会计	唐宴春			主编	25.50 元	2006.08 出版
（普通高等教育"十一五"国家级规划教材）						
金融企业会计实训与实验	唐宴春			主编	24.00 元	2006.08 出版
（普通高等教育"十一五"国家级规划教材辅助教材）						
新编国际金融	徐杰芳			主编	39.00 元	2011.08 出版
国际金融概论	方 洁	刘 燕		主编	21.50 元	2006.08 出版
（普通高等教育"十一五"国家级规划教材）						
国际金融实务	赵海荣	梁 涛		主编	30.00 元	2012.07 出版
国际金融实务（第三版）	李 敏			主编	49.00 元	2019.09 出版

风险管理	刘金波		主编	30.00 元	2010.08 出版
外汇交易实务	郭也群		主编	25.00 元	2008.07 出版
外汇交易实务	樊祎斌		主编	23.00 元	2009.01 出版
证券投资实务	徐 辉		主编	29.50 元	2012.08 出版
国际融资实务	崔 荫		主编	28.00 元	2006.08 出版
理财学（第三版）	徐慧玲	边智群	主编	56.00 元	2022.01 出版

（"十二五"职业教育国家规划教材/普通高等教育"十一五"国家级规划教材）

投资银行概论	董雪梅		主编	34.00 元	2010.06 出版
金融信托与租赁（第二版）	蔡鸣龙		主编	35.00 元	2013.03 出版
公司理财实务	钭志斌		主编	34.00 元	2012.01 出版
个人理财规划（第二版）	胡君晖		主编	33.00 元	2017.05 出版
证券投资实务	王 静		主编	45.00 元	2014.08 出版

（"十二五"职业教育国家规划教材/国家精品课程教材·2007）

金融应用文写作	李先智	贾晋文	主编	32.00 元	2007.02 出版
金融职业道德概论	王 琦		主编	25.00 元	2008.09 出版
金融职业礼仪	王 华		主编	21.50 元	2006.12 出版
金融职业服务礼仪	王 华		主编	24.00 元	2009.03 出版
金融职业形体礼仪（第二版）	钱利安	王 华	主编	36.00 元	2019.01 出版
金融服务礼仪（第二版）	伏琳娜 安 畅 孟庆海		编著	43.00 元	2021.01 出版
合作金融概论	曾赛红	郭福春	主编	24.00 元	2007.05 出版
网络金融	杨国明	蔡 军	主编	26.00 元	2006.08 出版

（普通高等教育"十一五"国家级规划教材）

现代农村金融	郭延安	陶永诚	主编	23.00 元	2009.03 出版
农村金融基础	郑晓燕		主编	30.00 元	2021.09 出版
"三农"经济概论（第三版）	凌海波		编著	39.00 元	2024.01 出版
商业银行网点经营管理（第二版）	王德英		主编	39.00 元	2022.09 出版

二、高职高专会计类系列教材

管理会计	黄庆平		主编	28.00 元	2012.04 出版
商业银行会计实务	赵丽梅		编著	43.00 元	2012.02 出版
基础会计	田玉兰	郭晓红	主编	26.50 元	2007.04 出版
基础会计实训与练习	田玉兰	郭晓红	主编	17.50 元	2007.04 出版
新编基础会计及实训	周 峰	尹 莉	主编	33.00 元	2009.01 出版
财务会计（第二版）	尹 莉		主编	40.00 元	2009.09 出版
财务会计学习指导与实训	尹 莉		主编	24.00 元	2007.09 出版
高级财务会计	何海东		主编	30.00 元	2012.04 出版
成本会计	孔德兰		主编	25.00 元	2007.03 出版

（普通高等教育"十一五"国家级规划教材）

成本会计实训与练习	孔德兰		主编	19.50 元	2007.03 出版

（普通高等教育"十一五"国家级规划教材辅助教材）

管理会计	周 峰		主编	25.50 元	2007.03 出版

| 管理会计学习指导与训练 | 周　峰 | | 主编 | 16.00 元 | 2007.03 出版 |
| 会计电算化 | 潘上永 | | 主编 | 40.00 元 | 2007.09 出版 |

（普通高等教育"十一五"国家级规划教材）

| 会计电算化实训与实验 | 潘上永 | | 主编 | 10.00 元 | 2007.09 出版 |

（普通高等教育"十一五"国家级规划教材辅助教材）

财政与税收（第三版）	单惟婷		主编	35.00 元	2009.11 出版
税收与纳税筹划	段迎春	于　洋	主编	36.00 元	2013.01 出版
金融企业会计	唐宴春		主编	25.50 元	2006.08 出版

（普通高等教育"十一五"国家级规划教材）

| 金融企业会计实训与实验 | 唐宴春 | | 主编 | 24.00 元 | 2006.08 出版 |

（普通高等教育"十一五"国家级规划教材辅助教材）

| 会计综合模拟实训 | 施海丽 | | 主编 | 46.00 元 | 2012.07 出版 |
| 会计分岗位实训 | 舒　岳 | | 主编 | 40.00 元 | 2012.07 出版 |

三、高职高专经济管理类系列教材

经济学基础（第四版）	高同彪		主编	40.00 元	2020.08 出版
管理学基础	曹秀娟		主编	39.00 元	2012.07 出版
大学生就业能力实训教程	张国威	褚义兵等	编著	25.00 元	2012.08 出版

四、高职高专保险类系列教材

保险实务	梁　涛	南沈卫	主编	35.00 元	2012.07 出版
保险营销实务	章金萍	李　兵	主编	21.00 元	2012.02 出版
新编保险医学基础（第二版）	任森林		主编	40.00 元	2018.06 出版
人身保险实务（第二版）	黄　素		主编	45.00 元	2019.01 出版
国际货物运输保险实务	王锦霞		主编	29.00 元	2012.11 出版
保险学基础	何惠珍		主编	23.00 元	2006.12 出版
财产保险	曹晓兰		主编	33.50 元	2007.03 出版

（普通高等教育"十一五"国家级规划教材）

人身保险	池小萍	郑祎华	主编	31.50 元	2006.12 出版
人身保险实务	朱　佳		主编	22.00 元	2008.11 出版
保险营销	章金萍		主编	25.50 元	2006.12 出版
保险营销	李　兵		主编	31.00 元	2010.01 出版
保险医学基础	吴艾竞		主编	28.00 元	2009.08 出版
保险中介	何惠珍		主编	40.00 元	2009.10 出版
非水险实务	沈洁颖		主编	43.00 元	2008.12 出版
海上保险实务	冯芳怡		主编	22.00 元	2009.04 出版
汽车保险	费　洁		主编	32.00 元	2009.04 出版
保险法案例教程	冯芳怡		主编	31.00 元	2009.09 出版
保险客户服务与管理	韩　雪		主编	29.00 元	2009.08 出版
风险管理	毛　通		主编	31.00 元	2010.07 出版
保险职业道德修养	邢运凯		主编	21.00 元	2008.12 出版

| 医疗保险理论与实务 | 曹晓兰 | | 主编 | 43.00 元 | 2009.01 出版 |

五、高职高专国际商务类系列教材

国际贸易概论	易海峰		主编	36.00 元	2012.04 出版
国际商务文化与礼仪	蒋景东	刘晓枫	主编	23.00 元	2012.01 出版
国际结算	靳 生		主编	31.00 元	2007.09 出版
国际结算实验教程	靳 生		主编	23.50 元	2007.09 出版
国际结算（第二版）	贺 瑛	漆腊应	主编	19.00 元	2006.01 出版
国际结算（第三版）	苏宗祥	徐 捷	编著	23.00 元	2010.01 出版
国际结算操作	刘晶红		主编	25.00 元	2012.07 出版
国际贸易与金融函电	张海燕		主编	20.00 元	2008.11 出版
国际市场营销实务	王 婧		主编	28.00 元	2012.06 出版
报检实务	韩 斌		主编	28.00 元	2012.12 出版
国际航空货运代理实务(第二版)	戴小红		主编	43.00 元	2020.01 出版

如有任何意见或建议，欢迎致函编辑部：jiaocaiyibu@ 126. com。